U0023754

新世紀叢書

當代重要思潮・人文心靈・宗教・社會文化關懷

作者◎羅福惠（華中師範大學教授）

黃禍再現（初版書名：黃禍論；二版書名：誰怕黃禍?!）

【目錄】本書總頁數共416頁

成吉思汗

西元四世紀，匈奴人長途跋涉到達歐洲，用武力打造一個囊括中東歐的強大西匈奴帝國，是史上黃種人對歐洲的第一次大規模征服。八百年後，蒙古人再構築了中華帝國的西部屏障——欽察汗國，並統治了兩個半世紀。匈奴和蒙古鐵騎西侵的恐怖記憶如夢魘一樣始終盤旋在一些西方民族主義知識份子的心頭……

上圖：世界唯一留存的匈奴都城遺址——位於今陝西靖邊縣的統萬城
下圖：當強大的蒙古鐵騎橫掃歐亞後，元世祖忽必烈為加強統治，遷都大都城。圖為元大都城門遺址。

《黃禍圖》德皇威廉二世繪

1895 年歐洲政治油畫《黃禍圖》，由德皇威廉二世構圖。德國的化身天使正引領一群代表歐洲諸國的天使，遙望遠處代表黃禍的中國佛——坐在一條龍身上，正在濃煙與烈焰中升起，向西方靠近……此畫是德皇威廉二世送給俄國沙皇的禮物，象徵西方文明正遭受崛起的東方民族的挑戰。

7

炮製《黃禍圖》的德皇威廉二世戎裝照

《黃禍的輝煌》

1899 年的美國漫畫《黃禍的輝煌》，一頭蓄長辮，口啣利刃，手執火把與手槍的中國人，地下躺著的是一個白人女性。

這是美國醜化亞裔的動畫系列片《黃先生》（1899）的主角。他是一個皮膚蠟黃、骨瘦如柴、長著齙牙、像抽了鴉片的華人男僕。（美國「亞美研究中心」「黃禍」展覽，2005 年 7 月。大洋網圖片）

1930 年代美國一款涉嫌種族歧視中國功夫的服裝及面具。這套將 Kung Fu（功夫）諧稱為 Kung Fool（愚蠢）的服裝還包括面具和頭巾，面具上是一雙斜眼（嘲笑亞裔人的眼形）加上兩隻齙牙，那頭巾上則寫上「敗」中文字樣。（美國「亞美研究中心」「黃禍」展覽，2005 年 7 月。大洋網圖片）

美國電影《傅滿洲博士》海報（1929）

美國電影《傅滿洲的奸計》海報（1980）

《真正的黃禍圖》

《真正的黃禍圖》1890 年日本東京畫家久保田作。（載於呂浦、張振鵾《「黃禍論」歷史資料選輯》）

二十世紀初年，辛丑約簽定後時人製作的《時局圖》。圖中顯示中國正面臨列強瓜分，表明中國人的感受和「黃禍」論者針鋒相對。

1898 年歐洲報紙上登載的反黃禍論者所做的漫畫，畫面上列強正用刀瓜分中國這塊蛋糕，後面為無可奈何的清朝官吏。

西元 1900 年沙俄軍隊在中國東北殺害平民。

西元 1900 年沙俄軍隊在北京殺害義和團團民。

1902 年上海《點石齋畫報》，批評清政府的屈辱外交。

上圖：被視為「工業黃禍」實景的南通大生紗廠紡織學校實習車間（1903年攝）

下圖：用武力彌補「黃禍」（八國聯軍 1900 年登陸天津大沽口）

1908 年的難民圖。

1911 年上海《民呼日報》刊載的漫畫，反映外國人在中國掠奪礦藏。

中國中央電視臺製作的大型電視紀錄片《大國崛起》，客觀回顧了世界歷史上九個大國的興盛過程及其結局，表示中國會從歷史中吸取經驗教訓，走向和平發展之路。

前言

「黃禍論」是十九世紀後期在西方主要國家出現的，針對中國和日本的煽動、污衊和詆毀的核心話語之一，一直流行到二戰結束。其敗壞中國人和中國的形象，對中國造成了很大困擾和不良影響。西方國家和日本對「黃禍論」不乏研究，上世紀五十年代以來，原西德的海因茨・哥爾維策爾的《黃禍論》（中國有一九六四年商務印書館作為「內部讀物」的譯稿）、美國湯普森的《黃禍論》（未譯成中文）、英國亨斯曼的《中國，是黃禍還是紅色希望》（未譯成中文）、日本橋川文三的《黃禍論》（未譯成中文），是最主要、最有代表性的四本著作。此外有關研究文章更不勝枚舉。不過這些研究成果很少，甚至基本沒有涉及當時中國人的回應情況。

而在中國，五十年代以來，此一問題的研究幾為空白。出版的資料文獻，也只有兩種一是翻譯過上面提到的哥爾維策爾的《黃禍論》（因是內部讀物，傳播範圍有限），一是呂浦、張振鵾等編譯的《黃禍論歷史資料選輯》（中國社會科學文獻出版社一九七九年出版）。該書收集了部份國內外有關資料。可以說，對這一問題尚無深入系統的研究（詳見引言中之黃禍論論辯史和黃禍論研究史）。

作者對此問題關注和研究前後已有七年之久，正是由於這一問題的重要研究價值和學術現狀，該項研究二〇〇三年被列入國家社會科學基金研究計畫，本書稿就是這項研究的最終成果，也可以說是迄今中國人自撰的第一本研究「黃禍論」的作品。

本書稿建立在充分利用中外文獻資料的基礎上。國內資料方面，從十九世紀末開始直到現在的報刊上、專著中有涉及黃禍論者，幾乎全部收齊並作了認真辨別；國外方面，我們在中譯資料外，設法收集各種外文文獻，前面提到的四本代表作中未譯的三本，我們全部找到並做了中譯。因此，在資料的完備性上，有充分的信心。

書稿的內容，十分之四用於再現和分析近代幾個西方國家喧嚷「黃禍論」的背景、言論及其特色；另十分之四則系統發掘並分析近代中國人對「黃禍論」的各種回應；十分之二寫日本對此問題的關注和反應，這一結構安排，既彌補了外國成果中對「中國回應」的研究不足，又可讓今日的讀者對西方、日本相關情形有所了解，寫作中盡可能集中體現出「黃禍論」這一特定思想文化問題的動態的攻辯過程，並在這種歷史軌跡中尋找思考解決現實問題的策略。

作者寫作意圖和結論，書稿的具體結構，請參看目錄、引言和結語。

引　言

西方文化的古老源頭有希臘和希伯來精神。而「兩希」精神共同的特色之一是對人類（實指自我）無法避免的「命運」之預言。預言原本是「神啟」或由「祭司」表達出來的對自己可能遭遇厄運的憂患意識，此後西方歷代的「智者」和思想家都帶有這種特徵。所謂「黃禍」就是來自外部災禍的預言；所謂「白種人的衰落」和「歐洲的沒落」，則是出自內部災難的預言。此類預言對於人們的思想影響，並不在於預言實現與否或者以某種變形出現，而是首先在於使人產生憂患和惕怵，或先發制人預杜外部可能出現的所謂災禍，或設法療治自身，提高和改善自己應對災禍的能力。預言、歷史記憶、現實感受三者結合，從消極面來說會使「災禍」的陰影揮之不去；從積極面來說，則有可能轉化為持續不斷的進取力。

近現代的西方人既然以支配世界、按照其價值觀安排世界的等級秩序為「使命」，就決定了他們儘管對別人知之不多不深，卻依然要說三道四、指手劃腳。自古希臘開始的「好辯」傳統一脈相承，使得西方的政治領導人和外交家一般都辯才無礙，而現代化的社會更造就了一大批或專門「生產思想」，或以舞文弄墨為職的才俊之士，普及的教育和發達的輿論，更有助於將各種學說、觀點、思想傳播給大眾。這當中當然有許多真知灼見和合理性的價值，但也會有謬誤、偏見和謊言。在東方人尤其是中國人看來是子虛烏有、不值一駁的「黃禍論」，在西方世界卻長期占有一定的市場，其中應有多種原因。

「黃禍」由歐洲人對中世紀的一個歷史記憶，在十九世紀後期發展成為引人注目的思想學說，顯然與當時歐美國家各種「學說」的發達有關。閱讀西方有關「黃禍論」的著作或論文，即可發現「黃禍論」者在援引為根本依據或具體問題的分析方法時，廣泛運用和涉及到哲學、歷史學、地理學、社會學、語言學、民族學、心理學、人種學、政治學。具體地說是涉及知識論與思維方法、人性論、人口論、進化論、國民經濟學說、貿易和幣值理論、地緣政治理論，外交學說、軍事與戰爭學說等等。反映出當時的西方不僅具有巨大的政治、經濟、軍事優勢，而且也是各種「學說」、思想、輿論的產生和發散中心。用今天的話說，就是西方掌握了「話語霸權」。

(一)歷史記憶與現實焦慮的倒錯重疊

自有人類就有各種矛盾衝突，而矛盾衝突最嚴重的形式就是戰爭和屠殺。發生在國內、族群和種群內的戰爭和屠殺，記憶深刻的首先是國內、族群和種群內的人；而發生在國家、族群和種群之間的戰爭和屠殺，則可能成為多數國家、族群和種群的共同記憶。

按照西方以歐洲為中心的世界史敘述，古代歐洲與非歐洲（主要指亞、非兩洲），或者說白色人種與有色人種的重大衝突，大體有七八次之多，按照時間順序依次是：

(1)西元前十三世紀左右，起於北非的腓尼基人的艦隊曾侵入地中海北部，甚至說到過大西洋、黑海以及波羅的海。由於時代太久遠，相關傳說並不準確。

(2)西元前五世紀發生的波斯與希臘的戰爭。這是歐亞大型衝突之始，在希羅多德（Herodotus）的《歷史》中有濃墨重彩的記載。

(3)西元前四世紀後期，遊牧於中亞的匈奴族由於中國北部長城的陸續興築，阻礙了其向南的發展，於是部分匈奴族開始西遷，西元前三七二年渡過伏爾加河。經過數百年的生息，到西元五世紀中葉匈奴王阿提拉（Attila）建立了以匈牙利為中心，東到伊朗，西到萊茵河，南到多瑙河，北到斯堪的納維亞南部的龐大國家。阿提拉王進攻時，所經過和被占領的城市受到巨大破壞。在東羅馬的歷史學家筆下，這些源出於亞洲的遊牧人都是軀幹矮胖，由於生長在馬背上而成為羅圈腿，皮膚發黑，耳朵鼓出，鼻子扁平，斜眼（眼角上吊），頭髮倒豎的野蠻人。這類書中所寫的匈奴人的可憎面孔與剽悍、殘忍的性格，使歐洲人留下了強烈的恐懼感。

(4)從西元前三世紀到西元前二世紀，北非的迦太基（Carthage）和羅馬帝國曾發生長期戰爭，迦太基名將漢尼拔（Hannibal Barca，即孫中山先生所說的漢拿比），曾使歐洲人聞風喪膽。

(5)西元八世紀回教國撒拉遜（Saracen，又譯薩拉森）進攻歐洲。七世紀初穆罕默德創立伊斯蘭教，百餘年後伊斯蘭教形成西起西班牙，東到印度半島，南到阿拉伯半島和北非的巨大勢力圈。撒拉遜人跨過地中海，在今法國南部與歐洲軍隊激戰失敗。

(6)西元十一世紀末，由天主教教皇烏爾班二世（Urban II）號召從伊斯蘭教徒手中奪回基督聖地耶路撒冷為發端，在其後二百年間，歐洲人向土耳其人和阿拉伯人發起了八次「十字軍東征」。在此之前的千餘年間，歐洲人在對亞洲人的戰爭中雖有少數戰鬥獲勝，但總體上處於守勢。十字軍東征是歐洲人反攻之始，不過在這場長達近兩百年的東西衝突中，歐洲人與對手各有勝負。

(7)蒙古人的進攻和對東歐的長期統治。蒙古族成吉思汗（Temudschin Dschingis Khan）在一二一五年攻占中國北部和西北的部分之後，一二一九年西征，占領中亞細亞和今伊朗大部及歐洲東部，一二二三年侵入俄羅斯。一二二七年成吉思汗死後，他的孫子拔都（Batu）於一二三五至一二四四年又率軍西征，打敗俄羅斯，以伏爾加河下游的薩萊作為首都，建立欽察（亦稱金帳）汗國。拔都死於一二五六年，但欽察汗國一直存在到一五〇二年。其間另一個蒙古汗王帖木兒（Tamerlan，一三三六—一四〇五）也因為征服和統治中亞而為歐洲人所畏懼。

(8)奧斯曼帝國雄踞歐、亞、非三洲之匯。信奉伊斯蘭教的土耳其人在十三世紀末建立奧斯曼帝國，之後迅速強大，到一四五三年把歐洲的整個巴爾幹半島納入版圖，統治匈牙利，甚至威脅到維也納。非洲西北部和亞洲西部均為其國統治。

在古代歐、亞兩大洲的衝突中，歐洲有大部分人涉及，但亞洲則只有少部分人涉及，甚至可以說在上述所有的大衝突中，歷代王朝治理下的中國人和孤懸東北亞海隅的日本人，都與衝突無關。而近現代的西方人在談論「黃禍」的時候，無不把西元四、五世紀的匈奴人西遷和十三至十五世紀蒙古人西侵的歷史作為口實，煽起西方人的恐懼。他們先把古代的匈奴人和蒙古人「放大」為「亞洲人」或「蒙古人種」，然後又具體地縮小到中國人、日本人，有時還包括印度人，而一律沿用「黃禍」之說。所以無論是孫中山、魯迅，還是日本的大隈重信、桑原隲藏，在批駁「黃禍論」時都首先指出了西方人在這個問題上的引喻失義。

由於十三至十五世紀蒙古人、土耳其人阻塞了陸上的東西通道，迫使歐洲人尋找海上的新航路。十六世紀歐洲人終於再度到達東方，他們給中國人的見面禮就是「十七世紀菲律賓群島上的殘殺和十八世紀爪哇的屠殺」①。當時西方殖民者所殺害的亞洲人，除了少數當地居民之外，絕大部分是移居此地的華人移民。

在西力東漸的前期，從十八世紀中葉到十九世紀中葉，英國用了將近百年的時間，直接控制了印度三分之二的土地和四分之三的人口，此後印度支那半島和南洋群島上的共十餘個國家，無一不成為歐美人的殖民地。中國在一八三〇年代末的鴉片戰爭中失利之後，在半個多世紀的時期內，接連遭受一八五六至一八六〇年的英法聯軍之役、一八八四至一八八五年的法軍之役、一九〇〇年的八國聯軍庚子之役的軍事打擊，被迫割地賠款，開放口岸。而俄國在一八六〇至一九〇〇年期間，掠奪中國東北、西北部一百四十餘萬平方公里土地。至於各國在中國建立租界，劃分勢力範圍，駐軍於京畿和中國要地，修築鐵路，開發礦藏，挾制中央和地方政府，干涉內政，奴役中國人的種種霸權行徑，使當時的中國人留下的泣血文字，遠比歐洲人的「黃禍」夢囈真切。

在十九世紀末二十世紀初，西方「黃禍論」甚囂塵上的時候，中國人完全是另外一種感受。他們說：「今日之時代，帝國主義最發達之時代也。」②指出發達的帝國主義國家，必然要把各後進國家置於其統治奴役之下，「若夫列強所以施行此帝國主義之方針，則以殖民政略為主腦，而以租界政略、鐵道政略、礦產政略、傳教政略、工商政略為眉目，用以組織此殖民政略，使達於周密完全之地」③。而在此一時代和帝國主義方針、政略之下的中國，已處於亡國滅種的危殆之境：「嗚呼！今日之世界，非競爭風潮最劇烈之世界哉？今日之中國，非世界競爭風潮最劇烈之漩渦哉？俄虎、英豹、德法貔、美狼、日豺，眈眈逐逐，露爪張牙，環伺於四千餘年病獅之旁。割要地，租軍港，以扼其咽喉；開礦山，築鐵路，以斷其筋絡；借債索款，推廣工商，以朘其膏血；開放門戶，劃勢力圈，搏肥而食，無所顧忌。官吏黜陟，聽其指使，政府機關，使司轉捩。嗚呼！望中國之前途，如風前燭、水中泡耳，幾何不隨十九世紀之影以俱逝也。」④中國人感受到帝國主義的全面侵略給中國造成了空前深重的生存危機，這種恐懼與「黃禍論」者的「恐懼」構成了完全相反的鮮明對照。

西方人在向全球蔓延、擴張的過程中，總是打著「傳播福音」，完成白人的「使命」，「開化」野蠻人和半野蠻人等旗號，以證明自己行為的合理。但這些詞藻掩蓋不住他們追求自己的利益的實質，事情的本質就是他們不僅要維護自己的既得利益，還要始終不斷地擴大這些利益。但十九世紀後半期，當西方人在東亞大力擴張的時候，出現了兩個意外情況。

一是西方在東亞的擴張遇到了較大的阻礙，這是西方在向非洲、南北美洲和澳洲擴張時未曾遇到的問題。首先是日本通過學習西法後，不僅迅速強大起來，逐漸擺脫了西方的箝制，而且有跡象表明日本人可能「以其人之道還治其人之身」。其次是中國，雖然她的「自強」運動頗形艱難竭蹶，但畢竟在工業化和軍事現代化上開始了起步。尤其是中國的儒學文明，還在東亞與基督宗教文明分庭抗禮。而且中國人口眾多，不僅能為工業化提供足夠的勞動力，為軍隊補充兵員，還四出移民。日本國土狹小，也在向澳洲、夏威夷群島和美國西海岸移民。上述諸因素使西方人感到有一種潛在的或現實的威脅。

二是西方國家的發展有先有後，先強者與後強者也有利益衝突，再加上歷史宿怨和出自各種目的的締約或結盟，使西方內部也充斥著猜忌與矛盾。由於俄國幅員遼闊，始終以「歐洲憲兵」自居，所以西歐對俄國並無好感，自拿破崙時代到二十世紀初年，一直有「俄禍」、「東禍」、「泛斯拉夫禍」之說。十九世紀末二十世紀初，由於德國的興起和英德之間的矛盾，英國又流行過「日耳曼禍」之說。而在十九世紀後期，美國漸漸強大，雖然它此時正在奉行美洲門羅主義，對歐洲事務未多參與，但在歐洲尤其是德國和法國也一度流行「美禍」之說⑤。中日甲午戰爭之後，俄、德、法三國為聯手對抗英、日而結成三國聯盟，更使得西方國家之間的矛盾公開化。

當十九世紀中葉西方在東亞高歌猛進之際，歐洲內部實則紛擾不堪，這不能不引起歐洲學者們的憂慮。法國貴族、外交家、人種學家約瑟夫·亞瑟·戈賓諾（Joseph Arthur Gobineau, 1816-1888）在一八五三年寫有著名的《論人類種族的不平等》（*Essai sur l' negalite des races humaines*），極力論證白色人種比有色人種優越。但其思想還有另外一面，即在經歷了一八四八年歐洲革命之後，心中充滿了悲觀情愫，擔憂歐洲文明的沒落和白種人的衰退⑥。而白色人種中的拉丁人面對英國的依然強大和德國、美國的興起，首先出現了「拉丁衰落論」，為了不自外於白色人種，因而掀起了一股「歐洲衰落論」的說詞。法國社會學家、人類學者喬治·瓦雪爾·拉布若（Georges Vacher Lapouge）在一八八九年到一八九〇年多次的講演中指出，如果黃種人和黑種人的文明程度達到和西方民族一樣的水準，白種人將面對空前的困難和危險。而法國文學史家兼政論家埃米爾·法蓋（Emile Faguet）在一八九五年曾認為歐洲征服世界的行動半途而廢，因而「非但失敗了，還把有色人種的世界發動起來了」，未來「也許黃種人會徹底戰勝白種人，再看得遠點，將是黑種人又戰勝黃種人。也許幾世紀以後，或是一二百年以後，將會出現一個黃種人的歐洲」⑦。可見十九世紀後期，在西歐尤其是法國，出現了一股引人注目的「白人衰退論」或「歐洲沒落論」的判斷或預測，這股思想是後來史賓格勒（Oswald Spengler）和湯恩比（Arnold Joseph Toynbee）思想的前驅。

因而，一方面是東亞崛起或東亞「覺醒」論，一方面是相對的「歐洲衰落論」，兩者相形相映，自然只會擴大「黃禍論」的市場。何況「歐洲衰落論」者中如戈賓諾、法蓋等人本身就是「黃禍論」者，在情感和心理上是集「白種人優越感」和「受迫害妄想症」於一體的類型。

近代東西方圍繞「黃禍論」或者其變調而展開的百年攻辯，就是在這樣的場景中進行的。這是一場時而激烈、時而消歇的馬拉松論辯，也是一個難解之結。它如同陰霾罩在東西方人的心頭，使雙方難以消除猜疑，互不信任，有時更為雙方的對立與衝突火上加油，造成人類的不幸。歧見的由來，當然首先在於攸關各自生存和發展的根本利益與由此產生的矛盾，也在於各自價值觀的差異。任何較為牢固的思想觀念，都是所在社會的經濟、政治、文化長期發展與相互作用的結果。在西方的「黃禍論」與東方人不大多說但未必完全以為是子虛烏有的「白禍論」背後，實際上都存在著各自的人性論、知識論、思維方式和價值觀念的基礎的支持，這樣才使得若干具體的認識與看法很難在較短的時間裡發生改變，或者會使歷史中的「亡靈」在變化了的時代環境中多次「復活」。

對於西力東漸一事，當時多數西方人認為是給東方賜福；「二戰」後東方民族國家獲得獨立自主，至今還有西方人認為是他們的賜予。因此東方人如果譴責西方人的作為，或者不聽從西方大國的安排，他們就視其為「反叛」。西方人不重視非西方人發出的聲音，也根本難以理解東方人的感受，以為一切與西方觀念相悖的言論和著作都不可相信。這裡除了自恃強大和自認優越的原因之外，也在於西方人難以超越自身的經驗和價值觀而真正理解和認識東方⑧。反之，東方人或者說中國人同樣難以從自身的經驗和價值觀之外來完全了解西方。因而面對同一現象和事物時，雙方的感受、認識和判斷會有同有異，甚至完全相左。於是爭辯也就不可避免。

(二)圍繞「黃禍論」的論辯史

圍繞「黃禍論」展開攻辯的有關重要人物的著述、講演等等，作為本書的基本內容，將會在下面的章節中依照國別及時間順序做詳細探討。為了避免重複，此處擬先把「黃禍論」在近代的復活、高潮、變化過程略做回溯與劃分，然後對「黃禍論」的「禍由」加以歸納，最後概括日本人與中國人的回應。

從一八四〇、五〇年代到九〇年代以前是「黃禍論」在西方醞釀形成的階段。在本階段的前期，來到東亞的西方人主要是軍人、商人和傳教士，前兩者文字著述不多，也尚未形成對中國和日本的整體看法，而傳教士們對東亞人的看法也很分歧。有些傳教士在著述中指出東亞封閉落後，人民愚昧野蠻，但也有人如德國傳教士郭士立（Karl Gützlaff）在其著作《中華帝國史》中讚揚中國的傳統文化，認為中國「會有偉大的前途」⑨。但隨著東西雙方接觸的增多，從一八六〇年代以後，認識上的敵意和實際上的衝突隨之加深，其中有兩件事可為代表。

一是一八七〇年代初，俄國的無政府主義者米哈伊爾．巴枯寧（Michail Bakunin）就認為歐美「自由世界」的人民受到了奴隸般的亞洲人的「威脅」，因而只能要麼通過從美國和澳洲回移的中國僑民改造中國，要麼由俄國領頭征服中國。巴枯寧叫嚷亞洲人的「威脅」，實際比德皇威廉二世炮製「黃禍圖」早二十餘年，所以二十世紀初年中國研究「黃禍論」的人，就曾指出「去今三十三年以前，俄國有豪傑名巴克寧其人者」，就曾揚言：「今者日本汲汲於泰西之事物，不惜棄其故步，取法列強……其鄰又有中國，疆域之廣，人民之眾，物產之豐，非吾全歐所豔道而稱許者乎？他日者，以日本之雄，與之聯合，則黃色之蠻族如潮而來，氾濫橫流，不可抑遏。雖盡全歐之兵力，烏足以禦之？……此論一出，而當時人士同聲贊和，以曩者覬覦東亞之心，變而為操刀必割之計。」⑩可見二十世紀初年的中國人即已知道俄國的巴枯寧是比德皇威廉二世更早的「黃禍」鼓吹者。

二是一八七〇至一八九〇年代，美國掀起了強烈的排斥中國移民勞工的浪潮。至於美國的排華運動，雖然沒有多採用「黃禍」之類的字眼，但人種歧視觀念的作用是非常明顯的。如美國一位署名斯陶特（A. B. Stout）的人寫於一八六二年、修改重印於一八七一年，後來又用在一八七六年十至十一月的「調查中國移民問題」聽證會上的一本小冊子，就說過如下的話：「中國人可能會高高興興地請求美國人移居到他們的國家裡去，因為每一個結合都可以改進和提高他們那衰弱了的種族；相反，每有一個中國佬在我們的土地上永久定居下來，都會使我們的血統品質降低。」他強調，如果美國允許亞洲人自由移民，那麼二百年以後，「中國人、日本人、馬來人和蒙古人的每一個階層都會布滿了我國的土地；到那時，他們會生育出無數種的混血兒後裔……這一群一群的人將會使我們的國家退化」⑪。體現人種歧視的「黃禍論」已經呼之欲出了。

從一八九〇年代到二十世紀第一次世界大戰之前，是「黃禍論」的流行高潮時期。甲午中日之戰一方面使西方感受到了日本崛起，另一方面使得他們猜測中國或許會因戰敗的刺激而奮起效法日本，或者與日本聯合甚至接受日本的指導，但無論屬於何種情況，都非西方之福。於是**德皇威廉二世（William II）廣為人知的「黃禍圖」及其後他與俄皇尼古拉二世（Nicholas II）的通信幾乎成為一時的輿論中心。**一九〇四年日俄戰爭爆發並且以日本獲勝之後，「黃禍論」再度氾濫，當時日本報紙上就有文章指出：「歐洲人有黃禍論也，起於甲午以後日本初勝中國，列強視線幾咸集於日本之海陸軍。及三國干涉、遼東撤兵，而黃禍之聲又頓歇。今者日俄開戰，日本連戰連勝，黃禍論又起。歐陸諸國不待言矣，即英美人素表同情於日本者，亦往往於新聞雜誌中附攄其黃禍之論。然則黃禍論之消長，若與日本武功之大小為比例。」⑫可見這段時間「黃禍論」者的主要目標是日本的軍事力量，日本人也完全了解這一點。但是到了中國發生辛亥革命之後，西方的「黃禍論」者又把中國包括進去了。當時西方人士看到，「革命風潮倏忽澎湃於亞東之大陸，共和黨人竟以至短之期間達偉大之目的，以數億之漢人逐數百萬之滿族。鞏固共和政體，施行泰西文明政治，謀國家之富強。其勢力之驟漲，當有一日千里之態於是一般人士，遂來黃禍之虞」⑬。西方人顯然是擔心革命可能給中國帶來新的機運，中國可能會從此振作強大起來。這從反面證實了西方人希望中國永遠衰弱不振的陰暗心理。當然，辛亥革命並沒有取得如西方人擔憂的那種巨大成功。

從第一次世界大戰開始到第二次世界大戰結束，是「黃禍論」者主要把矛頭對準日本的時期。其先是歐洲國家困於歐戰，但美國與日本的矛盾加劇，故一九二二年有以限制日本軍力發展為目標的華盛頓九國公約的簽訂，企圖束縛日本的手腳。日本與英美的積怨越來越深，矛盾也越來越大，終於抑制不住狂妄的侵略野心，在一九三〇年代初發動了對中國的侵略，標榜黃種人團結的大亞洲主義在中國人心目中徹底破產。十年之後日本人又發動了主要以英美為對手的太平洋戰爭。戰爭中日本人以「亞洲的解放者」自居，繼續鼓吹只有他們自己相信的大亞洲主義。《黃禍物語》的作者橋川文三教授認為：「所謂大亞洲主義固然和黃禍論沒有直接關係，一般和人種歧視問題也沒有直接關聯。但是……伴隨著日中戰爭開始的『東亞共同體論』，伴隨著太平洋戰爭而發展的『大東亞共榮圈論』等，把這些理論的某種理念與『黃禍』、『白禍』等人種論的先後關係加以貫通理解，未必是沒有意義的。」他明確地說：「在太平洋戰爭的過程中，肯定少不了跟人種問題或是『黃禍』有關聯的現象。即當事國為表示對對手的憎惡而屢次使用（語言）煽動，並在相互發生的暴力行為、虐殺事件之中顯示出來。原子彈的使用也不例外。」⑭意思是說，在日本人看來，對華戰爭、太平洋戰爭雖然不能完全從「人種戰爭」的意義來解釋，但與人種之間的敵意未必完全無關。**日本人始終認為，美國人在把原子彈用於實戰試練時首先選定日本，這裡面包含著人種意識。**

從一九四〇年代後期直到目前，是「黃禍論」延續及其變種出現的階段，其醜詆、尋釁的對象始終是中國。當然對這半個多世紀的時間又可以劃分為兩個時期。前一個時期是從四〇年代末到七〇年代末，由於在此期間中國共產黨執政並表示向蘇聯「一邊倒」（真實狀況則未必，由於中國共產黨人保持了自己的獨立性，中國與蘇聯的「蜜月」期不到十年就宣告結束），加入「社會主義陣營」，因此這段時間裡西方醜詆中國時，有時沿用古老的說詞「黃禍」，有時也沿用自蘇俄革命和中國共產黨誕生後出現的新詞「赤禍」。但無論是「黃禍」還是「赤禍」，此時已沒有多少人種學意義，而是顯示出強烈的意識形態意義。到六〇年代蘇聯領導人加入「黃禍」合唱，則更顯示出國家利益的衝突。後一個時期從七〇年代末開始，中國擺脫了孤立與封閉，實行改革開放。由於實施市場經濟路線，對外招商引資，大力加強基礎設施建設，工業化速度大大加快，科技研發水平提高，至今已成為全球第四大經濟體；在國際事務上，中國重新以大國身分出現，不僅與全球多數國家和地區建立越來越密切的經貿往來關係，在國際政治活動中也積極發揮重大作用。總之，中國的重新崛起成了世界輿論的一個重要話題，能正面看待或以平常心對待這一事態的人，也能客觀、冷靜甚至以欣喜之情待之；而抱持嫉視、猜疑或者敵意者，則抓住一切時機宣揚、兜售「中國威脅論」。

概括百餘年間西方「黃禍論」者言說的內容，其「想像」和推理的路徑不外以下數條：

其一是**人種對西方構成「威脅」**。白種人自以為是「上帝的選民」，血統高貴，智力發達，道德高尚，體形優美；而有色人種或智力幼稚，或頑固守舊而缺乏創造力，又多不講衛生，野蠻、落後。如果白種人與有色人種通婚混血，白色人種就會「衰退」。前述美國人斯陶特就說：「高加索人種（包括它的各種類型）被賦予了超越所有其他人種的最高尚的心靈和最美麗的身體，它高居其餘一切種族之上……不論哪一個種族加入到它裡面來，都會對它起破壞作用。」「由於血液退化，種族也將退化。而一個退化的民族既不能指揮在肉體上和智力上具有較高天賦的民族，也不能比這個民族生存得更久。」⑮斯陶特的話是特指應該禁止中國人與美國人通婚而言的。在他的認識中，中國人在肉體上和智力上不及高加索人種，但在有色人種中又是「具有較高天賦的民族」。唯其如此，對白色人種的威脅可能更大。

其二是**人口的威脅**。中國人口眾多，在十九世紀末已超過四億，在部分西方人和日本人眼中，中國面積雖大，但相當大面積的地方不宜生產和人居，因而中國人為了生存，必然四出移民，與其他國家的人爭占土地。早在十九世紀初，英國駐馬來亞總督拉斐爾斯（Thomas Stamphord Raffles）就危言聳聽地說東南亞的華人移民在「建立第二個中國」；七〇年代俄國的巴枯寧說中國人因國內「擁擠」而溢出境外，「不僅將充塞整個西伯利亞，而且將越過烏拉爾，直抵伏爾加河邊」⑯；同時期美國主張排華的人士就說：「我斷定，（中國人）這個民族，如果加以鼓勵，將會成為世界上移民的最好民族。」⑰加上中國人對環境的適應能力很強，對生活水準的要求很低，因而很容易「搶走白種人的飯碗」，甚至擠占白種人的生存空間。

其三是**中國文明的威脅**。中國文明對西方文明而言具有極大的挑戰性，西方人認為中國人不理解、更難以接受民主、自由、平等之類的價值觀，頑固、守舊而且蔑視異類。他們或者稱中國人「野蠻」、「排外」、「不開放」、「不文明」、「不道德」和「不誠實」，或者認為這種文明帶有一種「原罪」，說：「這些人（指中國人——作者）已經達到了四千年的罪惡的頂點，達到了一種文明——這種文明是由於人口過剩產生的——罪惡的頂點。」⑱更重要的是，中國文明自成體系，對試圖進入中國的西方文明極力排拒，即使移民境外的中國人，也「在一切環境中和一切變化之下仍然保持著他們獨有的民族特性」⑲，因此不會被西方文明「同化」。兩種文明難以融洽相處，而且最終會使西方文明「喪失生氣」。下面將會談到的英國人皮爾遜（Charles Henry Pearson）的著述《民族生活和民族性格——一個預測》就是這種觀點的代表。

其四是**經濟發展和政治獨立造成的威脅**。十九世紀晚期日本工業生產的成就已使歐美國家感到恐慌，如果中國也逐步實現工業化，以中國具有大量廉價勞動力，豐富資源和廣闊市場的優越條件，將會使歐美國家的經濟貿易處於不利地位，「鑑於中國人在工業方面的優越性，誰會對最後的結局還會有所懷疑呢」⑳？尤其是如果「黃種民族在政治上完全解放，他們在現代化武器的配備之下站了起來，他們由於人數數量上的優勢，能夠把歐洲人和美國人趕出東亞，奪得亞洲甚至世界的霸權」㉑。這種擔憂無疑從反面證明了西方國家無論如何也要保持自己在經濟上的優勢地位，在政治上要牢牢控制東亞的霸主心態。

其五是**最後的也是最危險最重大的「軍事黃禍」威脅**。西方有人認為：「軍事的黃禍和經濟的黃禍是密切聯繫的。龐大的和日益增長的亞洲人口將迫使他們從事擴張，而為了擴張他們將進行戰鬥。」為此他們做了簡單的兵力測算，說：「**四億五千萬人口的歐洲有五百萬武裝人員。人口比歐洲多一倍以上的亞洲，能夠輕而易舉地維持八百萬名陸軍。**」「這就是東亞日益成長的力量，這個力量在幾年之內就要把英國趕出印度和澳洲，把法國趕出印度支那，把荷蘭趕出荷屬東印度。而在由此加強之後，就要併吞西伯利亞，最後則壓服俄國本土，再一次像一二四一年那樣把難以數計的蒙古軍隊帶到德國邊界上。」㉒在十九世紀末和二十世紀初，西方尤其是美國出現了一批「未來戰爭小說」，虛構日本軍隊或日中聯軍在中亞、南洋群島和澳洲，甚至在太平洋與美國西海岸與西方軍隊大戰的故事。在一九五、六〇年代，對於此期間所發生的朝鮮戰爭、越南戰爭和中印邊境戰爭，西方有些人根本不顧其中的是非曲直，一律歸因於中國共產黨和中國軍隊「好戰」。

在中國發生「文化大革命」期間，還有在八〇年代末中國因「六四」風波受到西方制裁期間，西方還流行過一段「中國崩潰論」。但奇怪的是有的西方人認為，如果「中國崩潰」也會對世界造成「威脅」，因為那時將伴隨著內戰、饑荒以及「難民」外流，中國人會成為世界的「負擔」。幸而這種情形並未發生，中國的情形與那些悲觀的預言家所說的相反，在改革開放二十幾年後逐步走向富強，於是新的「中國威脅論」壓倒了「中國崩潰論」。新的「中國威脅論」只是對「人種問題」有所淡化，在其他的說詞上不過是改頭換面，花樣翻新，而實質未改，並且在產品競爭、自由貿易和軍事威脅等幾個方面提高了調門。**如果說與一九六、七〇年代有所變化的話，那就是還增加了資源消耗與爭奪的「威脅」**

及「環境破壞」的「威脅」。

當然，在「黃禍論」及其變種「中國威脅論」流行的一百餘年時間中，西方也有不少人士持有不同見解。這些人或者是出於「公正」、「道義」的人道主義精神；或者是出於對東方文明的愛好及對「文化多元論」的信仰；或者是出於對種族歧視主義、殖民主義和帝國主義的批判；或者是出於對西方文明的自信等等原因，使得他們保持了公正的立場和理性冷靜的思考，對「黃禍論」及其變種不以為然，或者竟至加以批駁。這一現象足以說明，謊言雖能流行一時，但公理、道義自在人心。

本書出於再現有關「論辯史」的意圖，還以大量篇幅介紹歸納了日本與中國對「黃禍論」及其變種的回應。因具體內容在書中有較詳盡的展開，此處「引言」不擬多說，僅只對日中兩國回應時的差異略做比較。

十九世紀後期「黃禍論」一經登場，日中兩國人士即加以關注並各有回應，而且也都表現出擔憂和憤慨。不同的是，**日本人比中國人敏感，捲入的論辯者遠比中國人多**，新聞記者、留學生、作家、學者、教授乃至於政治權要如大隈重信，都有專門的文章、講演以及著作，直接做出回應。從內容上看，日本人的回應亦多種多樣。如大隈重信和桑原隲藏是依據歷史和現實批駁「黃禍」說的荒謬，尚不否認日本人是「亞種」或黃種人，也沒指俄國或中國為「黃禍」；而學者高山樗牛在講「人種競爭」甚至「人種戰爭」時更強調日中屬同一種，是所謂兄弟國家。但受到福澤諭吉「脫亞入歐」論的影響，田口卯吉、石川半山、小谷部全一郎、木村鷹太郎等人，或否認日本人種屬於「亞種」、「黃種」和「蒙古人種」；或重新畫分人種，稱白人為「紅白種」，稱蒙古人種為「黃白種」；或稱日本人為猶太種；或製造地理大搬家，稱日本人來自西亞等等，試圖擺脫「黃禍論」的困擾。而竹越與三郎更嫁禍於中國，稱「中國人種侵略世界」。而且日本對「黃禍論」的回應明顯以第一次世界大戰為界，分為前後兩個時期。在前一階段，儘管有一些巧言詭辯和嫁禍於人，但還是屬於對西方「尋釁」的自我被動辯解；而在第一次世界大戰之後，日本自恃強大，逐漸由被「尋釁」變為向他人「尋釁」，不僅承認自己是黃種人、亞洲人，還以黃種人、亞洲人的領袖和「解放者」自居，要和白人一爭天下。

而在**中國，對「黃禍論」的回應比日本少**，一些報刊文章多為不署作者姓名的譯文或短論。著名歷史人物中只有孫中山、辜鴻銘兩人有較多反應。孫中山的回應是在有關其他問題的文章和演說中，陸陸續續地涉及「黃禍論」的問題，不是專門對這個問題的辯說，但是集中起來卻構成了一種全面、綜合的回答。辜鴻銘有專門的文章回應，出於對中國傳統文明的自我讚賞，他的辯說主要從文明論出發，當然也根據西方列強侵略中國的一些事實，在「有無黃禍」、「誰是魔鬼」等辯題上有言詞犀利的短論和長文。不過辜氏的此類文章全用外文撰寫，並發表在外國的報刊上，很長時間不為國人所知。

報刊上不曾署名的短論，以及鄒容、陳天華、雷鐵崖等涉及「黃禍」話題的作品，普遍表現出擔憂和憤慨，認為這是列強為繼續奴役中國人、甚至進而瓜分中國而製造的輿論。他們把「黃禍論」看成西方對中國發起總攻的信號，而對中國人而言則是警鐘，主張中國人應該清醒地認識自己面臨亡國滅種的危險，立即振作起來，改造社會、改造國家，與內外反動勢力進行「種戰」，把反對人種歧視與民族主義思想結合起來了。與日本情形不同的是，二十世紀初年中國雖有少數人提出「中國人種西來說」，但此類沒有充分根據的「假說」，根本不為絕大多數中國人所理睬，中國人沒有否認自己是亞洲人、黃種人及蒙古人種的一員。

其次，儘管中國人認為自己有史以來從未加禍於人，近代以來更只有他人加禍於中國，但中國人卻近乎「老實」地承認西方的「黃禍論」包括了甚至主要是指自己。當然這並不是中國人承認自己曾經為禍或者會有能力為禍，而是深切認識到「欲加之罪，何患無詞」？中國人作為受害者反而被污辱，有血性者自然難以裝作視而不見、聽而不聞。所以近代中國人還是從歷史與現實中的事實，如中國文化講求和諧、寬容的傳統，中國人愛好和平的民族性格，中國對人類文明發展的貢獻，中國富強以後也絕不追求霸權的宣示等多種角度，對「黃禍論」及其變種做了一些批駁。

㈢有關「黃禍論」的研究史

談到「黃禍論」的研究史，總體說專門成果也不多，原因主要在於，雖然從理論上說，論辯史和研究史不難區別，即前者是論辯「黃禍」的內容、形式、嚴重程度，或者針鋒相對地論證「黃禍」為虛擬想像之詞；後者是站在客觀的立場上對前者進行分析、研究以及評判。但當我們今天進行閱讀時，就會發現參與論辯的作品中也有對前人觀點的分析、評判，而進行總結研究的人也未必能完全做到價值中立，客觀地加以評判，實際上還是存在著認為「有黃禍」或者「沒有黃禍」的傾向或立場，於是也就帶上了論辯的色彩。

如美國學者·霍夫斯塔托（R. Hofstadter）《一八六〇—一九一五美國思想界中的社會達爾文主義》（*Social Darwinism in American Thought 1860-1915*, Philadelphia, 1945）中設有「黃禍分析」一節，認為「黃禍論」是社會沙文主義者或政治達爾文主義者把各個國家、民族或種族之間的「生存競爭」和弱肉強食作為指導原則，把達爾文的生物自然規律運用於人類社會的「社會哲學和社會學派別」的理論。此處的研究就帶有批評「黃禍」為虛擬的意味。至於顧立克（L. Gulick）的《東洋之白禍》（*The White Peril in the Far East*, New York, 1905），雖然反唇相譏，論辯風格明顯，但對「黃禍論」產生和流傳的過程卻有總結性的分析。還有日本作家森鷗外的《黃禍論梗概》（明治三十六年），從題目看應歸於研究史，但其中卻有很多的辯駁之言。

鑑於本書在正文中對有關國家的具有代表性和較大影響的文章和著述都會有較詳細的分析評論，此處對於各國學者有關「黃禍論」的研究史不擬多費筆墨。而且從時間上看，無疑是論辯在前，研究在後。「黃禍論」在第二次世界大戰結束之後，大體上進入了「休歇」期，但其變種「中國威脅論」雖然時隱時顯，卻基本處於「進行式」狀態。故此處對於「黃禍論」的研究史，選取了一九五〇年代之後問世的、專門以「黃禍論」為研究題目且在世界上有一定影響的四本代表性著作略加介紹。從這四本書中基本可以了解西方和日本有關「黃禍論」研究的詳細狀況。

第一本是一九六二年出版的原西德學者海因茨．哥爾維策爾（Heinz Gollwitzer）**的《黃禍：一個口號的歷史：帝國主義思想研究》**（*Die Gelbe Gefahr: Gesschichte eines Schlagworts; Studien zum imperialistichen Denken*），原書於一九六四年被譯為中文，由北京商務印書館出版，中文書名《黃禍論》。此書因是「內部讀物」，此後也未見再版或改為公開發行，所以中文讀者可能不多。該書的日譯本出版於一九九九年，書名為《黃禍論是什麼？》。

海因茨．哥爾維策爾的書在〈導論〉中對「口號」（指「黃禍論」，晚清和民國時期的中國人普遍稱之為「說詞」）與歷史認識的關係、帝國主義的意識形態、口號產生的歷史與現實「根據」三個方面入手，從理論上探討了近代「黃禍論」興起及傳播的條件及過程。在這方面，該書「導言」可視為後來從「修辭學」和「話語系統」之類角度來分析歷史的先導。全書基本內容則是分別梳理英、美、俄、法、德五國從十九世紀中期到一九二〇年代圍繞「黃禍」之說所發的有關議論。作者從各國有關的代表性人物在報刊雜誌上發表的文章，出版的專門著作和收錄有此類文章的論文集或個人文集中，發掘出豐富的文字材料，作為自己分析評論的基礎。書末附有人名索引，既方便讀者依據人物線索繼續追尋資料，也體現出該書側重於介紹「黃禍論者」的寫作思路。

第二本是美國學者理查·奧斯丁·湯普森（Richard Austin Thompson）**的《黃禍論》**（*The Yellow Peril 1890-1924*）。這是作者一九五七年在威斯康辛州立大學完成的博士論文，一九七八年由紐約時代公司亞諾出版社（Arno Press New York, 1978）出版。湯普森的書與上述哥爾維策爾的書討論的時間下限完全相同，但湯書上限在一八九〇年代，未做更遠的追溯。更大的不同是，湯書不是以國別和人物為經緯，而是以「黃禍論」的內容分類來組織材料，在「種族危害」（一章）、「人口禍害」（一章）、「亞洲移民的經濟風險」（二章）、「來自亞洲的經濟競爭」（一章）、「文化威脅」（二章）、「軍事危害」（六章）、「戰爭之假設」（一章）等題目之下，把西方各國（重點在美國）有關人物的言論、文字納入其中。作者不太注意表述方法，也沒有很多的理論評析，但是資料相當繁富。書末未附人名索引，但有詳細的參考、徵引文獻目錄（包括論文和著作）。該書沒有中譯本，中國讀者看起來難免有重複雜亂之感，尤其是「軍事危害」加上「戰爭之假設」的篇幅幾乎占到全書一半，使人讀後難免有言者雖然喋喋不休、但內容並無太多新意的感覺。當然這裡的「言者」是指「黃禍論者」而非該書作者。

第三本是英國人亨斯曼（C. R. Hensman）**的《中國：是黃禍還是紅色希望》**（*China: Yellow Peril? Red Hope?*），倫敦ＳＣＭ公司一九六八年（SCM Press Ltd, London, 1968）出版。該書研究的時間範圍是第二次世界大戰結束到中國「文化大革命」初期，這在作者著述時還是「當下」的問題，不過現在已經屬於「歷史」了。亨斯曼在書中仍然回顧了中國的近現代史，並以理解和贊同的態度討論了中國人的近現代史觀與當時中國人的世界觀的關係，然後介紹了中國人的看法，著重對照西方在所謂「極權主義」、「戰爭威脅」等等「問題」上有關中國的言論和政策主張。作者對於西方的「冷戰意識形態」抱持批評態度，對中國的立場不乏同情，但也流露出對中國走向的不確定感。我們參考此書，一是因為該書的內容在時間段上恰好填補了從「二戰」結束到中國實行改革開放以前的這一段空白；二是從該書引用的文獻資料可以看到，在此時期西方輿論有時是使用「黃禍」，有時是稱為「中國威脅論」，也正好體現了從「黃禍論」到「中國威脅論」的過渡。

第四本是日本明治大學已故的橋川文三教授所著的《黃禍物語》。雖然書名中有「物語」一詞，卻不是那種很通俗的、講故事的作品，而是和作者的另一本名著*Nationalism*（紀伊國屋新書，一九九四年重印本，譯作《國家主義》或《民族主義》均可）一樣，是很嚴肅的評論分析甚至帶有考證色彩的著作。該書由築摩書房在一九七六年八月初次刊行，據說此後多次重印。我們所用的是由岩波書店二〇〇〇年八月新刊行的版本。

《黃禍物語》書中有諸如「黃禍論前史」、「日本對人種理論的介紹與批評」、「俄日戰爭與黃禍論」、「John Chinaman有關之事實」、「黃禍與太平洋問題」、「從人種論看日本法兩斯主義」、「黃禍——從妄想到現實」、「太平洋戰爭與種族歧視之組織化」、「戰後世界與黃禍論面貌之改變」、「新中國與黃禍論」、「新黃禍論之餘震」等章節。從上述名稱即可看出，該書亦是按照時間先後，討論西方「黃禍論」的發生、發展、變化和日本、中國對此的反應，所涉內容的下限已到一九七〇年代。

與前面所說的三本書的側重不同，橋川文三教授對西方「黃禍論者」的作品與思想介紹並不多，重點放在日本和中國的態度，特別是著重於分析日本的反應。作者不僅具有把歷史研究與現實政治結合的傾向，而且抱持追問人種主義和民族歧視在二十世紀的戰爭悲劇中起了什麼作用的立場，對西方的種族優越論和日本的國家主義從深處加以排斥和批判，顯示了一個有獨立思考精神的知識份子的思想光輝。不過對於中國方面，可能由於運用的資料有限，只對孫中山先生一度表現過的「大亞洲主義」思想有所分析，對鄒容、陳天華、梁啟超的文字極少引用，總的來說是未窺全豹。

以上四本書當然不足以反映各國「黃禍論」研究史的全貌。不過這四本書分別出自德國、美國、英國和日本的研究者，且是專門以「黃禍」研究為題的綜論性著作，從各書的註釋和徵引、參考文獻目錄可知，作者已將他們之前出現的有關論辯史、研究史的文獻，絕大部分皆囊括其中。我們為了撰寫自己的這本小書，已將後面三本沒有中譯本的著作譯成中文，依據其註釋和參考文獻的線索，在史料上做過若干追蹤考察，但由於條件和水準限制，對國外有關「黃禍論」的論辯史和研究史，仍然只能說是才有一點初步的了解。

談到國內的研究史，民國時期有兩本。一本似乎是一九一二年鉛印的《黃禍一編》，無出版社及作者姓名，可能是一本研究史小書，但已不能得見。第二本是周之鳴編著，重慶獨立出版社一九四四年出版的《黃禍即日禍論》（二一八頁）。這本書只在北京圖書館見到藏書卡片，也沒有見到書。從書名看不會是研究史，且「黃禍即日禍」的觀點只是反映了抗戰時期中國人的某種情緒，論點未必妥當。

一九五〇年代以來，大陸學者以「黃禍論」為題的研究之作甚少。六〇年代發生中蘇論戰時，《人民日報》、《紅旗》雜誌上有少數幾篇文章對此話題稍有涉及㉓。從八〇年代初至今，以學者個人身分撰寫的研究文章不過十篇左右，包括我們自己的幾篇在內㉔。另外還有幾篇是結合歷史與現實的相關論文㉕。著作方面，二〇〇三年同時產生了兩篇博士論文，一篇是饒本忠的《黃禍論、中國威脅論、中國崩潰論》，一本是施愛國的《傲慢與偏見：東方主義與美國的「中國威脅論」研究》，兩篇博士論文均以討論現實問題為主，似乎還沒有成書出版，只能在網路上讀到。最後要說的是，由呂浦、張振鵾等人編譯的《「黃禍論」歷史資料選輯》（中國社會科學出版社，一九七九年），雖然不是研究著作，但卻是國內唯一的相關資料彙集，上引多篇青年學者有關「黃禍論」的研究論文，在既無法看到外文資料，甚至連清末和民國時期的報刊也難得一見的情況下，多是根據這本「資料選輯」的材料寫成的。

從以上對有關「黃禍論」研究史的回顧可以發現，研究史的情形與論辯史一樣，即西方的多於東方，而在東方日本的又多於中國。而且從以上列舉的成果不難看出，哥爾維策爾和湯普森的兩本《黃禍論》，完全是總結西方的情形，所採用的全是西方的資料；亨斯曼的《中國：是黃禍還是紅色希望？》，於中國有所涉及，但所用資料僅限於毛澤東、周恩來有關國際關係問題的講話；橋川文三的《黃禍物語》重在檢討日本的回應，對中國方面則只引用了孫中山等幾個人的言論，在很大程度上是憑印象勾勒中國人的反應。中國人在一九五〇年代以後的相關研究實在太少，二〇〇三年問世的兩篇博士論文的問題意識主要出自現實，「黃禍論」只是其中的引緒。而上述十餘篇相關的研究論文，大多數缺乏足夠的史料基礎，流於概念化。因此可以說，直到目前為止，中國還缺少自己撰寫的系統探討西方的「黃禍論」及其在中國的反響的總結之作。

註釋

①〔西德〕海因茨・哥爾維策爾（Heinz Gollwitzer）：《黃禍論》中譯本，北京，商務印書館，1964 年，第 21 頁。

②《帝國》，《新世界學報》第一〇號（1902 年）。

③楊篤生：《新湖南》，載《辛亥革命前十年間時論選集》，北京，三聯書店，1978 年，第一卷，下冊，第 624 頁。

④李書城：〈學生之競爭〉，載《湖北學生界》第二期（1903 年）。

⑤海因茨・哥爾維策爾：《黃禍論》中譯本，第 40-44 頁。

⑥海因茨・哥爾維策爾：《黃禍論》中譯本，第 162 頁。

⑦海因茨・哥爾維策爾：《黃禍論》中譯本，第 158 頁。

⑧參見亨斯曼：《中國：是黃禍還是紅色希望？》（C.R. *Hensman, China: Yellow Peril? Red Hope?* London, SCM Press LTD, 1968），第 56-57 頁。

⑨參見郭士立：《中華帝國史》（Karl Gützlaff, *Geschichte des chinesischen Reiches,* hrsg. Von K. F. Neumann, Magdeburg und Tubingen, 1847）。

⑩谷音：〈辨黃禍之說〉，《東方雜誌》第二年第二期（光緒三十一年農曆二月二十五日發行），「社說」第 32-33 頁。

⑪呂浦、張振鵾等編譯：《「黃禍論」歷史資料選輯》，北京，中國社會科學出版社，1979 年，第 13-14 頁。

⑫〈論黃禍之說不合於學理（譯陽曆七月十三日《時事新報》）〉，載《警鐘日報》甲辰年六月十一日（西曆 1904 年 7 月 23 日）。

⑬高勞：〈支那革命之成功與黃禍〉，《東方雜誌》第八卷第十號（1912 年 4 月 1 日發行），「社說」，第 61-62 頁。

⑭橋川文三：《黃禍物語》，東京，岩波書店，2000 年 8 月版，第 170、172 頁。

⑮呂浦、張振鵾等編譯：《「黃禍論」歷史資料選輯》，第 10 頁。

⑯呂浦、張振鵾等編譯：《「黃禍論」歷史資料選輯》，第 3 頁。

⑰呂浦、張振鵾等編譯：《「黃禍論」歷史資料選輯》，第 22 頁。

⑱呂浦、張振鵾等編譯：《「黃禍論」歷史資料選輯》，第 28 頁。

⑲呂浦、張振鵾等編譯：《「黃禍論」歷史資料選輯》，第 22-23 頁。

⑳呂浦、張振鵾等編譯：《「黃禍論」歷史資料選輯》，第 259 頁。

㉑海因茨・哥爾維策爾：《黃禍論》中譯本，第 18 頁。

㉒呂浦、張振鵾等編譯：《「黃禍論」歷史資料選輯》，第 266、268 頁。

㉓此類文章的代表性之作如《人民日報》、《紅旗》雜誌編輯部：〈新殖民主義的辯護士——四評蘇共中央的公開信：駁「種族論」和「黃禍論」〉，載《人民日報》1963 年 10 月 22 日，第 1-2 版。

㉔此類文章主要是：鄭雲山〈孫中山對「黃禍論」的批判〉，載《杭州大學學報》1981 年第三期；方式光〈「黃禍論」剖析〉，載《人文雜誌》1981 年第四期；黃鴻釗〈沙俄與黃禍論〉，載《西北第二民族學院學報》1993 年第一期；金德湘〈中國的和平外交傳統與西方的「黃禍論」〉，載《世界經濟與政治》1997 年第十一期；羅福惠〈孫中山先生怎樣對待「黃禍論」〉，載《華中師範大學學報》2001 年第一期；羅福惠〈清末中國報刊對「黃禍論」的反應〉，載《孝感學院學報》2001 年第四期；周寧〈「義和團」與「傅滿洲博士」：二十世紀初西方的「黃禍」恐慌〉，載《書屋》2003 年第四期；方旭紅〈論「黃禍論」的形成根源及影響〉，載《安徽大學學報》2005 年第一期；羅福惠〈辜鴻銘對「黃禍論」的反應〉，載《史學月刊》2005 年第四期。

㉕此類論文有吳建國〈百年夢囈——「黃禍論」與「中國威脅論」透視〉，載《西南民族學院學報》1996 年「歷史、經濟研究專輯」；段兵、趙興剛〈近代歷史上的「黃禍論」與當今美國的「中國威脅論」〉，載《陝西青年

管理幹部學院學報》2000 年第三期；劉亞玲〈孫中山駁斥「黃禍論」與鄧小平批駁「中國威脅論」〉，載《黃岡師院高等函授學報》2001 年第二期。

德國與奧地利的「黃禍論」

近代世界範圍內的「黃禍」合唱，首先和德皇威廉二世的前台指揮有關。

德國自一八六〇年遠征奧伊倫堡（Eulenburg）以後，對遠東的興趣有增無減，海軍、商業界、外交部都希望在中國取得一塊殖民地。一八九四年發生的中日甲午戰爭，使威廉二世唯恐在軍事行動和錯綜複雜的外交折衝中吃虧，所以從一八九四年十一月起，德國海軍就企圖霸占膠州灣。中日談判開始以後，李鴻章請求德國協助，以爭取簽訂一個不太苛刻的條約作為結束。於是德、俄、法三國結成聯盟，向日本施壓，迫使日本放棄在《馬關條約》中已經取得的遼東半島。到一八九七年，德國就率先掀起了瓜分中國的行動，強占了以青島為中心的膠州灣。

在德國擴大遠東的勢力和利益的過程中，利用俄國牽制日本是這位好玩權術而又不甚高明的皇帝的近期戰略，而「黃禍論」則是他手中的一個道具。一八九五年夏天，威廉二世用鉛筆草擬了一張畫稿，然後經過御用的卡塞爾（Kassel）美術學院教授克納科弗斯（Hermam Knackfus）加工完成，這就是那幅眾所周知的以「黃禍」為題的油畫。

這幅畫流傳較廣，其立意也很明確，但具體的「圖解」卻眾說不一，其中以英國皇家地理學會會員、英日協會理事會副主席戴奧西（A. Diosy）在《新遠東》一書中帶有嘲諷和調侃的解說最為詳盡：

在一個高聳的斷崖的頂上，站立著一個天使長，可能是米迦勒，他是那個德國米迦勒——這是條頓民族的象徵，像約翰牛是英國人的象徵一樣——的同名者和保護者；德國米迦勒，正如德皇在一次著名的演說中所宣布的，已經把他的盾牌牢牢地樹立在中國的土地上。天使長手中拿著一把發出火焰的寶劍，正在告誡一群歐洲主要國家的女性化身，並且用另一隻手指著正在逼近的禍患；在那個禍患和她們之間有一河之隔，畫上沒有明確表明這是一條什麼河，但據推測大概是多瑙河，這條河拐了一個大彎，流過了下面的山谷。德國高大而健美……她頭盔上的展翅雄鷹令人想起德皇身邊的雄偉衛兵的帽子，她身體微向前傾，熱心地傾聽著天使長所發出的武裝起來召喚。她身上披掛著鎧甲，但沒有戴手套——她的拳頭還沒有鐵甲保護——寶劍出鞘，緊握盾牌，雖然是躍躍欲試。有人必定已談到「膠州」。

俄國身穿西徐亞（Scythia）的鱗甲，為了避免被誤認為是一個犰狳或是一個穿山甲，在她的頭上和背上披了一條合適的熊皮。她拿著哥薩克長矛，以動人的友好態度倚扶在德國的肩上。這個景像使手持尖矛、頭戴共和國自由帽的法國如此激怒，以致她根本不去朝她們的方向再看一眼，而寧願注視著那個禍患。法國用手遮著自己明亮的眼睛；至少她表面上的態度是這樣。就我個人想來，她是在整理額前的頭髮，這些頭髮被那荒涼斷崖上的風吹亂了；因為正在逼近的是一個男性禍患。

在第二排，胸甲上飾有雙頭鷹紋章的奧地利看來沒有拿武器，這是這位帝王藝術家對於他所最信任的同盟國軍隊的一種可憐的恭維……圖上沒有匈牙利；或許，馬札爾（Mazar）人的亞洲血統，他們和那個禍患的親戚關係（雖然是遠族的關係），使得邀請他登上斷崖似乎不合適。很可能匈牙利同俄國「發生了口角」，或者和奧國發生了爭吵，並且在彼時彼地與她拆散了合夥關係。在這一群人物中，奧國的態度最為突出。她抓著大不列顛的不堅定的手腕，摸摸她冷血的脈搏是否還在跳動，並且顯然正在勸告她下定決心來參加同盟。大不列顛，這是我們自己美麗的、熟悉的大不列顛……但是她拿著一枝矛，而不是拿著常用的三叉戟。海上霸權的象徵在哪裡呢？是否因為如果畫出了這個象徵，就會使德國十分痛苦地想起某些難以實現的渴望，想起痛苦地向東「爬行」的軍艦，想起為了建造戰艦和巡洋艦而發起的某次龐大的全國募捐，卻在兩個星期內只得到七十九鎊十先令五便士，因此就不把它畫出來呢？

大不列顛躊躇不決；她那美麗的臉……表現出沉思的神態。大家知道，她對於那個禍患是十分了解的，她在過去曾經和它做過很多生意。因此很自然地，她感到不願意用矛去刺一個重要的老顧客。所以奧國就被委託來說服她……義大利站在大不列顛的旁邊，光著頭，穿著一件羅馬式胸甲，她的劍插在鞘裡，掛在身旁……最後站著兩個更為獨特的人物，一個——或許是葡萄牙——幾乎完全被遮擋住了，她緊緊地握著另一個人的手，那人我們看得很清楚，可能是西班牙，手中拿著兩枝標槍。從西班牙對美國的戰爭中所暴露的情況來判斷，這些標槍的尖端很可能是錫的。值得注意的是，美國不在這群人裡面。顯然，在這個時候，她仍然還穿著那件門羅主義的長袍……天空中，十字架在這群人的頭上閃耀發光，它的光輝組成了一個聖安得烈的斜十字形，這是俄國的標記，是俄國的守護神之一殉教的器具。

至於那個禍患呢，他正騎著一條龍，在一團火焰的光輝中撥開一方風雲向前逼近；那是一條不會被人弄錯的遠東的龍，那片風雲是從一座正在焚燒著的城市的火焰中升起的……「黃禍」騎上了一條龍！每個人各有喜好。在河岸和懸崖之間是美麗的城市，只要風雲吹到它們這裡，它們的尖塔、圓屋頂、城堡就會遭受到那一邊那個焚燒著的城市的命運。奇怪的是，「黃禍」本人在外表上並不兇猛，他跏趺而坐，雙手合掌，相貌溫和，正在安然地沉思靜觀……他的身上有些東西使人禁不住想起引人喜愛的地藏菩薩來。

戴奧西識笑道：「德皇是一個驚人地多才多藝、異常聰明的人……但是『智者千慮，必有一失』……他錯誤地選擇了佛教創立人這個形象作為『黃禍』的化身，而佛教在目前是世界上最不具侵略性的宗教。」

畫面的下部有德皇「用他特有的粗獷而清晰的筆法的御筆題詞……這個呼籲被譯成法語：『歐洲各民族，保衛你們的神聖財產！』並以意譯的方法十分自由地譯成英語：『歐洲各民族，聯合起來保衛你們的信仰和家園！』所有這些呼籲，都有德皇的簽名『I. R. William II』作為鑑證，在這幅畫的左下角，有幾行字說明這幅畫的由來：『克納科弗斯根據德皇和普魯士國王威廉二世陛下的草圖繪於一八九五年。』」①

這幅油畫隨即由帝國印刷所以銅版印刷，廣為推出，不僅貼到了德國開往東亞的輪船上，還送給本國的俾斯麥等國務活動家，以及歐洲各國的王公和國家首腦。據美國學者理查·奧斯丁·湯普森（Richard Austin Thompson）考察，這幅油畫也送給了時任美國總統的麥金萊（Mckinley）②。歐洲大戰中任德國陸軍參謀總長的毛奇（Helmuth V. Moltke）奉命把這一「藝術品」送交沙皇。而早在同年的四月間，威廉二世就在和沙皇尼古拉二世的通信中描繪了「黃禍」的可怕，希望俄國明確自己在東亞所擔負的保衛歐洲基督宗教文明的使命，信中說：「我一定要竭盡全力保持歐洲的平靜，並且防護俄國的後方，以便沒有人會妨礙你在遠東的行動。因為，教化亞洲大陸，並捍衛歐洲，使它不致被龐大的黃種人侵入，顯然是俄國未來的偉大任務……你已經很好地理解了上帝的那個召喚，而且迅速抓住了時機；這具有重大的政治價值和歷史價值，由此將產生許多好處，我將有興趣地等待我們行動的進一步發展。」同年七月十日，他在另一封信中告訴尼古拉二世：「歐洲必須感謝你，因為你業已如此迅速地了解到俄國在教化亞洲、在捍衛十字架和古老的基督宗教歐洲文化以抵抗蒙古人和佛教的入侵當中的偉大前途……在你執行上天賦予你的這項偉大使命期間，我將不讓任何人試圖妨礙你，並在歐洲從後方攻擊你。」③

一八九八年一月，威廉二世又送給沙皇一幅畫。這幅畫沒有像前一幅那樣複製宣傳，但威廉二世給沙皇的信介紹了畫的內容：「請你接受我為你畫的一幅草圖。這幅草圖表現了俄國和德國為在東方傳布真理與光明的福音，而充當黃海上的哨兵的象徵性形象。我是在聖誕週於聖誕樹燈光的閃閃光輝之下畫成這幅草圖的。」④他向沙皇表明如果日本把中國軍國主義化並領導中國對白種人鬥爭，那必然會出現可怕的後果。到一九〇七年，威廉二世還頗為得意地強調自己的先見之明：「『黃禍』——這是我早就認識到的一種危險。實際上創造『黃禍』這個名詞的人就是我。」⑤但即使在德國，「黃禍」或者相近意義之說詞的最早使用者，就不乏其人。

德國少數人從一八四〇年代開始關注東方。一八四七年，德國的俄國問題專家哈克斯托森（August V. Haxthausen）在一本關於俄國的著作中，一開頭就考察了韃靼人在俄國歷史上的作用，然後提出，俄國「正在增加的亞洲居民有朝一日會重新湧往歐洲，並且這次會抵達大西洋……（歐洲）如果正在變本加厲的社會解體造成無政府狀態，使軍事體系和紀律煙消雲散，那麼這種事情並非是不可理解的」⑥。專門談論中國者，則有著作《中華帝國史》的新教傳教士郭士立（Karl. Gützlaff）和漢學家柏拉特（Karl Brater），他們曾樂觀地預言中國人會被基督宗教吸引，從而成為一個有偉大前途的國家。但是，當代的政論家達羅生（Johann Gustav Droysen）卻視中國為「世界強國」，並表示他不知道中國會不會走金帳汗國的道路⑦。而地理學家拉采爾（Friedrich Ratzel）在一八七六年出版了以社會地理學和人口地理學研究中國的著作《中國人的向外遷徙》，他在該書中提到美國加州和澳洲正在談論「華人問題」和「黃色恐怖」這個口號，而且預料此類話題必然進入歐洲，因為「巨大的人口數目也幫助說明這些才能足以向感情容易衝動的人眩示不可抗拒的蒙古人氾濫的『黃色恐怖』」⑧。不過直到七〇年代，德國這少數人的議論至多也只能說是中性的。如達羅生還是懷疑中國人會不會如同十三世紀蒙古的金帳汗王拔都；而拉采爾只是客觀地介紹加州和澳洲的排華輿論，在談及中國人口眾多且具有經濟才能的同時，還形容產生「黃色恐怖」的人是「感情容易衝動」。

到了一八八〇年代，德國人突然感到多種「威脅」。奧地利籍的經濟學家佩茨（Alexander V. Peez）提出注意美國的經濟擴張。到九〇年代初，即在威廉二世鼓噪「黃禍」之前，德國的政論家維爾特（Albrecht Wirth）即開始使用「美禍」一詞；而政論家弗蘭茨（Constantin Frantz）和他的學生舒哈特（Paul Ottomar Schuchardt）則表示，「俄國征服中國和在軍事上把中國人動員起來反對歐洲是完全可能的」，他們把這種威脅稱為「泛斯拉夫主義」和「東禍」。後者在〈黃色恐怖〉一文中表示了「在經濟上對於東亞應有的擔心」，並預言政治上將出現「美國—俄國的世界二元主義」⑨。與此同時，由於日本引人注目地參加了一八七三年在維也納舉辦的世界博覽會，日本的工業化也引起德國人的關注，德國學者斯坦因（Lorenz V. Stein）甚至分析說日本和中國會「形成一個偉大的東亞黨，那時這個黨當然能成為一種我們必須面對的勢力」⑩。而且也是在一八八〇年代，德國開始出現反猶太人運動的第一次高潮。

在各種令人不安的危言聳聽中，著重強調中國威脅的言論也出現了。一八八二年，一家名叫恩斯特·施邁茨納（Ernst Schmeitzner）的出版家宣告要發行一份《國際月刊》，其聲明呼籲德國人注意本國「在經濟上被扼殺的危險。這種危險一方面來自工礦業生產水準已經非常高的美國，另一方面來自巨大的中國，中國正在異常熱心地學會和開辦歐洲人的工業、技術和交通事業，至於這個東亞大國有數不盡的人重新開始流動，使歐洲第二次為蒙古人所淹沒的危險，那就更不用說了」。這個聲明載入了前述弗蘭茨一八八二年出版的《世界政治》（「年鑑」一類的書），影響比較大。

弗蘭茨在《世界政治》中也表示「中國問題」會成為德國的國家大政問題，一方面是俄國可能會征服中國，並從軍事上把中國人動員起來反對歐洲；一方面是中國人在南美洲也有巨大的擴張機會，甚至幾十年後可能在俄利諾科河（Orinoco River）和亞馬遜河（Amazon River）岸上「產生某個新中國」⑪。因此，對於美國在一八八二年實行排華法案，德國輿論一般表示贊同，他們希望在德國運用類似於美國的排華法案來排斥猶太人，也禁止向德國和德國殖民地輸入中國勞工。德國人在美國所辦的《舊金山晚郵報》就疾呼「中國人必須走開」，並攻擊加州的壟斷資本家與黃種人形成聯盟，使白種工人階級不能忍受黃種人的競爭。

一八八〇至九〇年代，主要是德國和奧地利所在的中歐的學術界出現過一種種族劃分的新說法，把蒙古人種北亞類型和歐羅巴人種印度地中海類型之間的混合類型稱為「土蘭人種類型」，其體質以蒙古人種的基本特徵為主，略兼有歐羅巴人種特徵，主要分布在俄國的中亞與阿勒泰地區和中國的新疆等處，稱之為「土蘭系民族」（Turanian，中國譯稱「都蘭」，日譯「句蘭已安」），並且說「泛土蘭主義」或「土蘭遊牧精神」比「泛斯拉夫主義」還可怕。

德國語言學家斯皮爾曼的（Christian Spielmann）的《新的蒙古人風暴》，前述奧地利人佩茨的《歐洲鳥瞰》，可說是「發現」泛土蘭主義和宣傳「黃禍」的代表作品，他們的「泛土蘭」謬論把「土蘭」的範圍從中亞、阿勒泰地區及中國的新疆擴大到了亞洲大部，北俄和日本。主張警惕中國、日本、俄羅斯聯合進攻歐洲。斯皮爾曼在《新的蒙古人風暴》中，把他所知道的關於蒙古人的遠征以及中國和日本的歷史事實纂輯在一起，宣稱日本的崛起將「使億萬蒙古種人從他們的文化沉睡中喚醒，並且使他們上升為亞洲的、甚至是整個世界的統治種族」。他分析說，黃種人侵略的突破點將是利用俄羅斯，而俄國的擴張慾望與其說是由於「泛斯拉夫主義」，不如說是由「俄羅斯帝國內的土蘭遊牧精神」所煽起。他設想的解除黃色威脅的方法是，讓俄國把注意力轉向東方，對付中國和日本；禁止向中國輸出武器，禁止歐洲軍官在中國軍隊中服務，阻止日本人在亞洲大陸立足；歐洲（除俄國外）結成聯盟⑫。

一八九四年夏天發生中日甲午戰爭，加強了德國人對東亞的關注。戰爭開始時，威廉二世與德國外交部的態度還是「不要干涉」。而德國一般公眾輿論則是支持「東亞文化的體現者」日本，反對「拖辮子的中國人」。但很快隨著中國的戰敗，德國國內輿論形成了「德國的利益在中國，這些利益受到了戰爭威脅」的轉向，到一八九五年中日開始條約談判時，德國人加劇了「害怕吃虧」的擔憂。這一年的三月下旬，德國外交大臣比貝斯坦（M. V. Bibelstein）對俄國外交官查利科夫（N. W. Tscharykow）表示：「黃種人的聯合會構成一種危險」，「日本人和中國人同屬黃種人。在中國人眼裡看來，日本人已經取得了很大的聲望，如果他們能對中國人建立一種保護關係，那就有可能產生一種利害的融合。這種利益對全體黃種人來說都是共同的，與歐洲列強的利益則背道而馳」⑬。

對日本的警懼心理導致德國外交部聘用具有反日傾向的、曾擔任駐日外交官的巴蘭德（Max August Brandt）出任顧問。威廉二世讀了巴蘭德一八九五年初出版的著作《東亞的前途》後，在同年四月九日接見了巴蘭德，巴蘭德「對黃禍做了誇張的描述」，提出歐洲各強國聯合，使「歐洲商業的、工業的以及政治的利益免遭東亞的威脅」。他同時斷言：「讓俄國越是忙於遠東的問題，俄國對德國東部邊界的態度就會越溫和。」[14]威廉二世本來就有的類似想法顯然更加明晰和強化，所以他在七月三十日又說：「必須設法把俄國東縛在東亞事務上，使它較少地過問歐洲和歐洲大陸的事務。必須使俄國利用正教教會和莫斯科區的權勢，作為基督宗教正教和十字架的先鋒戰士，作為文明的堡壘，站到反對由於日本而動員起來的中國襲擊之嚴重危險的前面去。」[15]可以說，威廉二世的那幅《黃禍圖》，不光是這位皇帝自鳴得意的心血來潮，而是德國政治界、經濟界、學術界中部分人士面對當時錯綜複雜的世界政局，力圖維護和實現德國最大利益的思想之反映。

對於威廉二世的言行，德國人有不同的反應，有關懷疑和不同的意見以後還會談到，此處還是繼續分析甲午戰爭以後德國「黃禍論」的流行擴散。簡言之，由於十九世紀末帝國主義列強在中國爭奪的加劇和中國人民的反抗，「黃禍論」在德國的喧囂有增無減。而作為德國人皇帝的態度，顯然起到了「垂範」作用。

甲午戰爭之前，德國報紙上還有文章贊成把中國勞工輸入新幾內亞等德國的殖民地，讓「殖民地內的『新臣民』緩慢地習慣於正規的勞動」，「但必須剝奪中國人作為獨立的商工業者而定居下來的可能性，且不允許他們獲得任何地產。人們必須使中國人處於比土著還低的地位」。即是只允許中國移民充當苦力，成為德國殖民者的生產工具，但到十九世紀末，連上述這種苛刻的移民政策也受到懷疑。當時德國著名的政論家梯爾（Alexander Tille）在《萊比錫最新消息》上寫道：「中國人帶著固定的生活觀和獨特的文化而來，如果他們的數目足夠成立組織，那麼他們就在這個國家站了住腳並且把它蒙古化——這就等於排除德國的統治，哪怕這一統治在形式上維持不變。這時對德國人來說是喪失了殖民地，而對德意志民族來說是一個巨大的希望破滅。」⑯

德國的社會政策理論家希支（Franz Hitze）也說：「低廉的勞動價格將第二次對我們的社會起致命的作用，將剝奪我國的另外一個等級，即工人等級。美洲已經有了中國人問題，我們也不會倖免。我們將經歷一次兩方面的遭遇戰：和新世界以及和落後的舊世界。」⑰他所說的「新世界」是指美國，「舊世界」則指中國。奧地利外交家許伯納（Alexander V. Hubner）也認為，中國人遍及地球四分之三的地方，「人們打算讓中國向歐洲人開放，但是人們卻使世界向中國人開放了……他不是憑暴力，而是憑勞動和儉樸的武器戰勝和排擠了白種工人」⑱。顯然，對中國眾多的人口和低廉的勞動力，是這時德國人擔憂的主要原因。

雖然也有經濟上的恐懼，但那在當時還只是一種推論。經濟學家耶納斯（Robert Jannasch）**在名為《中國的開放》的演講中，預計中國也會有一天在經濟方面獲得獨立，但是到這樣的危險出現還有很長的時間**⑲。前面說到的巴蘭德在《東亞的前途》一書中指出：

「歐洲和東亞之間在工業和商業領域中爆發一場大規模鬥爭已是確定無疑的事。」他再三警告德國人：「絕不要讓人把自己擠到一邊去！」⑳不過巴蘭德這裡的「東亞」主要還是指日本。但是地理學家里希特霍芬（Freiherr Richthofen）從日本的情形體會到，「只要已經僵化了好幾千年的世界觀的冰塊一旦被打破，蒙古種人能夠多麼迅速地使自己的觀念轉變」，所以中國的工業化是必然的，而這也是「歐洲的無可逃避的厄運」㉑。

在鎮壓義和團運動的八國聯軍中，德國軍人瓦德西（Albert Graf. V. Waldersee）出任過聯軍統帥。**德皇威廉二世發表了〈不要寬恕〉的演講，鼓勵他的士兵努力撲滅「黃禍」，而德國大主教昂塞（Anser）更在一九〇〇年末的一期《未來》（*ZuKunft*）雜誌上鼓吹殺死中國俘虜。**辜鴻銘對此做了憤怒的斥責，有關情形在後面的辜鴻銘一節將會談到。不過當時在德國國內的輿論中，既有《日耳曼報》的稱讚教會、贊成「遠征」中國的言論，也有《萊茵—西伐利亞報》批評教會的行為，不贊成遠征，主張儘快從聯軍中退出的建議。

二十世紀初在遠東參加過軍事行動的德國軍官們，也有不同的觀感和結論。他們有的認為：「黃禍在商業、軍事和政治方面都是存在的，雖然現實程度有所不同」，東亞的戰爭使得「關於黃禍的舊詞獲得了新的生命」，預言亞洲人會團結一致反對歐洲；也有人批評歐洲的殖民主義罪行，認為「對我們德國人來說，黃禍是最不能成立的。如果它來到的話，我們能以充分鎮靜的心情來面對它。」有人甚至稱「政治的黃禍是一個幻影」，「黃種人是日耳曼人反對斯拉夫人的天然同盟者」㉒。顯然，即使是否定「黃禍論」的觀點，也是出於對德國利害的判斷。

威廉二世則持續唆使俄國關注日本，不惜製造日本已在武裝中國的謠言。一九〇三年九月、十二月和翌年一月，他三次致信沙皇說：「我在幾年前所描繪的那個黃禍正在成為現實。」「二千萬至三千萬受過訓練的中國人，由六個日本師團加以協助，由優秀、勇敢而仇恨基督宗教的日本軍官指揮。」他喋喋不休地重複警告沙皇：「日本人正在你我的背後偷偷摸摸地武裝中國人來反對我們」「日本人一定會喚起中國人的希望，並煽動他們對白種人的普遍仇恨。」為此，威廉二世鼓勵俄國在東亞「尋找一個不凍的出海口」，而且「俄國對於這樣的海港所在地的一條狹長的海岸地帶應當有權利」，還有「朝鮮必須是而且即將成為俄國的」㉓。威廉二世的挑動與日俄戰爭有多大關係，當然說不清楚，但他利用俄國打擊日本，而把中國和朝鮮作為他抵制「黃禍」之計畫的犧牲品，則是再明確不過了。

二十世紀初年，德國關於自己與各國關係的看法與政策可以說是八方警懼，四面出擊。德國擔心「美國的威脅」，斷定美國與歐洲的對立已經形成；但又認為不存在「共同的歐洲」，特別反對英國在一九〇二年與日本結盟，故把英國稱為「白種人的叛徒」而視其為敵人。

在東方，德國對日本和俄國同樣眼紅和擔心。正如對世界歷史和世界政治素有研究的阿爾伯萊希特・維爾特（Albrecht Wirth）在《日本的危險性》中所形容：「德國人總是過分輕易地上當。只要受到任何強烈的影響，他們就要弄得昏頭昏腦。於是祖國和整個歐洲就似乎立刻處於危險之中。首先我們看到世界被猶太人吞掉。然後世界又成為盎格魯薩克遜人的天下。為了換換花樣就召喚出黃禍來，**預言歐洲將被苦力和佛教徒淹沒。**我們一會兒害怕中國人的人數眾多，一會兒害怕日本人的火柴和木材零賣的經濟後果。為了要裝備艦隊，必須常把英日聯盟抬出來嚇人，要不就是俄國巨人在地球上投下了黑色的陰影。」㉔維爾特的描繪和形容不可謂不全面深刻，但這裡仍有一個重要問題，德國人上了誰的當？鼓噪這種「威脅」、那個「禍患」的，不是也有德國人嗎？威廉二世不遺餘力地喧嚷「黃禍」就是證明。但維爾特並沒有以自己的高見來批駁他的皇上。

作為民族國家與馬基維里主義（Machiavellism）的擁護者，維爾特只是不贊同純粹從種族角度討論各種危險和威脅，但他同樣是一個政治達爾文主義者和民族利己主義者。他認為：「國家所保衛的不是種族，不是文化，而僅僅是他自己，它的領土和它的利益。這些主要是物質的利益，同種族和文化毫不相干。」㉕所以他在一八九九年就寫過《中國人的發展和擴張》，談論中國的勞力外遷和可能出現的與歐洲的工業競爭；一九〇〇至一九〇四年又寫了前述《日本的危險性》和《歷史上的民族性和世界霸權》，認為：「東方一定會重新興起……一定會成為一支力量，從而為東方格鬥的最猛烈階段提供誘因。」還說覺醒的中國「會對俄國有危險」㉖。到一九〇五年，他又寫了前述《黃禍與斯拉夫禍》，稱：「現在龐大的黃龍正在翻騰，看來像是一個無比巨大的彗星要遮蔽天空。」㉗可見民族國家利益至上論者與種族利己主義者在觀察和思考的出發點上雖有差異，但四面樹敵的歸宿卻仍然相同。晚年的維爾特支持希特勒的理論和行動，再清楚不過地證明了這一點。

一九〇五年日俄戰爭結束以後，德國的「黃禍論」主要指向日本，斯特凡．馮．柯茲（Stephan V. Kotze）在《黃禍》一書中批評英國人缺乏遠見，竟同日本結成反俄同盟來保障自己對亞洲的支配地位，而沒有看出日本獨特的世界政策和它的種族目的，而「如果一旦德國和英國也被排擠出中國海，如果已經開始的雪崩淹沒了暹羅和安南，並且經過英屬緬甸而向印度傾注，同時日本在南海肆無忌憚地實現自己殖民政策的慾望，吞併了菲律賓和巴布亞並且轉向相當缺乏防禦的澳洲——到那時白種列強將整批從事全面的十字軍戰役和一場瓦德西戰役。然而已經太遲了。」柯茲的這些懸想在當時幾乎被視為天方夜譚。但不到四十年後，即到太平洋戰爭爆發時，他的預言與現實卻驚人地相似。柯茲因此對俄國抱有同情，認為俄國擔負著執行白色人種「東部邊境政策」的使命，至少是想利用俄國，讓其成為「黃色東方的無數遊牧民族同西方的日耳曼民族和拉丁民族之間的」㉘緩衝力量。

威廉二世在日俄戰爭之後繼續鼓吹「黃禍論」。一方面他對一九〇五年前後英國報刊上「黃禍」一詞的頻繁出現感到滿意，說：「現在他們的報紙已經第一次用了從我的畫上取來的『黃禍』這個術語，而《黃禍圖》現在正在成為真實。」㉙另一方面對英國政府與日本結盟，沒有按照德國的「白種人共同反對有色人種」的號召行事提出批評和警告。他對俄國敗在日本手下表示不屑，說俄國「鬥爭得很不高明，要是進行這樣鬥爭的是德國軍隊，日本人就會被打敗」，「自俄國在黃禍面前表現了自己的弱點以後，德國就負有制止這一災禍擴展的責任」㉚。但是這個自以為聰明的皇帝還想繼續玩讓別人替他火中取栗的把戲，這時他看中了實力日益上升的美國。

當一九〇六至〇七年美日關係變得緊張，美國派出艦隊作世界訪問以展現威嚇力時，威廉二世趁機對美國人喊話：「你們的總統對於黃種人進攻白種人是怎樣想的呢？現在日本人正在準備進攻膠州，美國很能阻止它這樣做。只要美國一舉起指頭，日本就不敢輕舉妄動了！」㉛當時的德國確曾想方設法擴大美日矛盾，也企圖離間已與日本結盟的英國與美國的關係。對於新敗的俄國，威廉二世一面為之打氣，一面使用激將法，他對沙皇說：「如果你們願意做歐洲人，就必須保護歐洲反對黃禍。如果你們認為自己是亞洲人，那就必須和黃種人聯合起來。」㉜並且說在他的印象中有出現第二種情形的可能。

威廉二世還不斷通過別人向美國總統羅斯福傳遞種種不實的訊息。諸如有一萬名日本兵隱藏在墨西哥，打算從大西洋和太平洋兩方面進攻巴拿馬運河，而日本背後的主謀是英國；「英國是白種人的叛逆者」，德國必將在最近期間對英國訴諸武力；還說美國人在一兩年內肯定會對日本作戰，德國對美國正在做的必要準備感到高興等等。羅斯福「對威廉二世的不穩定性深感震驚」，「對皇帝的心境和意圖」表示「嚴重憂慮」，擔心這些談話的內容如果發表出來，「就會惹起一場國際性的風暴」。事實上，威廉二世對沙皇的激將，果然使得沙皇「大為憤怒」；而他關於日本為「黃禍」的談話，也「在日本引起了很大的憤怒」。於是威廉二世又通過羅斯福向駐華盛頓的日本大使作「真實的解釋」：「那種認為皇帝談『黃禍』是針對日本的說法是『假造的和卑劣的』。」㉝從威廉二世的所言所行可以知道，「黃禍論」在德國統治者那裡猶如一根魔杖，其變幻完全出於損人利己的外交策略的需要。而其隨心所欲地編造的各種理由和訊息，則使人感到它與同一時期在歐美書報上流行的各種關於人種鬥爭的「未來小說」完全是異曲同工。

德國「黃禍論」的另一個特色是強烈的種族優越感，而部分學者的作品在其中起了很大的作用。前述地理學家拉采爾在《中國人的向外遷徙》中，雖然認為中國人和歐洲人一樣有自由發展自己天賦的權利和必要，主張寬厚和積極地理解中國人的遷移，拋棄「人類各種有天賦的種族之互相交往只可能是一場無情的生存鬥爭」的意見，但他自己仍然擔心，「如果蒙古種居民像一個低等階層插入到高加索種居民的下面，這一階層樂於從高加索種居民那裡接受粗賤的勞動，並且把較高尚、較愉快的文化職能留給他們去完成」，那就會產生一種危險，即「高等種族必不可免要衰落下去，如果它的機體的低級職能被轉交給一個外族的話」，所以不能低估外來者會破壞原來高等種族的「同一性和內在的有機聯繫」。他說美國「黑人解放的災難性後果有目共睹」，故只有當中國移民「卑躬屈膝」，並不要求權利，而且不是長久地留在國外，有了一些積蓄就跑回中國去的情況下，白種人才用不著害怕這種人口和勞動力的競爭㉞。

德國第一流人類學家但同時也是社會達爾文主義者的奧托·阿蒙（Alfred Otto Ammon）在一九〇〇年贊同德國參加遠征中國，其理由就是地球將人滿為患，白種人必須及早獲得新的地區。「價值較小的種族（如黑人、印第安人）將在這一鬥爭中戰敗。中國人的遭遇也將相似，他們固然由於自己的適應能力不至於毀滅，但白種人將對中國實行統治……那時將出現一種新的社會制度，中國人被造成第二等的工人。他們沒有較高的抱負，樂於接受任何工作。不用說，不應當給予他們選舉權。」㉟政論家朗格（Friedrich Lange）大力鼓吹「純粹的德意志精神」，作家沃耳措根（Hans V. Wolzogen）高度評價朗格德國文化優越的觀點，不僅認為黑禍、赤禍和黃禍都是對德國文化精神的威脅，還補充提出了一種「無色禍」，即以為種族混雜也是巨大的危險。

德國還有一種因多種優越感而產生的認為可能有「黃禍」但不足為懼的看法。**傳教士馬丁·邁埃爾**（Martin Maier）**宣稱，抵制黃種人的擴張是基督徒的權利和義務**，而白種人的倫理文化之優越性也無可置疑，「如果我們用基督宗教的武器去打中國人和日本人，一定會打敗他們」㊱。堅信「福音」力量的傳教士們反對在中國設工廠、築鐵路、開礦山，認為這只會導致中國工業化而加劇生存競爭，只有傳播「福音」才符合西方的利益。政論家澤奧多・希曼（Theodor Schiemann）認為黃種人對西伯利亞的擴張明顯看出，但只要俄國的統治仍然保持，這一侵入就不會擾亂任何人。俄國肯定不會讓中國人越過烏拉爾山。他還說：「我們同樣也不相信日本的樹會長上大。這一勁頭十足和精力充沛地努力上升的民族固然作出了驚人的成就，但是不能設想它會取消歐洲領導世界的資格。這一民族理想的核心不足以做到這些。他們不是基督徒，只表面地接受基督宗教文化作為達到目之手段，單是這一事實就已使他們做不到了。」㊲德國基督新教學者維特（Johannes Witte）透過比較文化、地緣政治的分析，既確信西方和白種人的優越，又不相信黃種人會團結，「倒是堅信中國和日本之間的敵對」㊳，從而輕視和拒絕「黃禍」宣傳。

註釋

①原載戴奧西：《新遠東》第 8 章「黃禍」，譯文據呂浦、張振鵾等編譯：《「黃禍論」歷史資料選輯》，第 135-139 頁。

②湯普森：《黃禍論》（R.A. Thompson, *The Yellow peril*, Arno press, New York, 1978），第 2 頁。

③〈德皇威廉二世致沙皇尼古拉二世的書信〉，載呂浦、張振鵾等編譯：《「黃禍論」歷史資料選輯》，第 112-114 頁。

④前引〈德皇威廉二世致沙皇尼古拉二世的書信〉，《「黃禍論」歷史資料選輯》，第 115-116 頁。

⑤戴維斯：《我所知道的德皇》，轉引自海因茨・哥爾維策爾《黃禍論》中譯本，第 44 頁。

⑥海因茨・哥爾維策爾：《黃禍論》中譯本，第 36 頁。

⑦海因茨・哥爾維策爾：《黃禍論》中譯本，第 38-39 頁。

⑧拉采爾：《中國人的向外遷徙》（F. Ratzel, *Die chinesische Auswanderung*, Breslan, 1876），第 231 頁。

⑨海因茨・哥爾維策爾：《黃禍論》中譯本，第 190-191 頁。

⑩海因茨・哥爾維策爾：《黃禍論》中譯本，第 195 頁。

⑪弗蘭茨：《世界政治》（C. Frantz, *Die Weltpolitik*, I, Chemnitz, 1882），第 87、103 頁。

⑫斯皮爾曼：《新的蒙古人風暴》（C. Spielmann, *Derneue Mongolensturm*, Braunschweig, 1885），第 70 頁。

⑬《俄國對外政策檔案》，莫斯科大庫，d，第十八號，第 9 頁。

⑭弗蘭茨：《世界政治》（*GroBe Politik Nrr*），第二二四〇號。

⑮弗蘭茨：《世界政治》，第二三一八號。

⑯《萊比錫最新消息》（*Ieipziger Neueste Nachrichten*），二〇九號，30. VIII19010。

⑰海因茨・哥爾維策爾：《黃禍論》中譯本，第 197 頁。

⑱海因茨・哥爾維策爾：《黃禍論》中譯本，第 198 頁。

⑲海因茨・哥爾維策爾：《黃禍論》中譯本，第 217 頁。

⑳巴蘭德：《東亞的前途》（*M. V. Brandt, Die Zukunft Ostacsines*, Stuttgart, 1895），第 289 頁。

㉑海因茨・哥爾維策爾：《黃禍論》中譯本，第 213 頁。

㉒海因茨・哥爾維策爾：《黃禍論》中譯本，第 204-206 頁。

㉓〈德皇威廉二世給沙皇尼古拉二世的書信〉，《「黃禍論」歷史資料選輯》，第 118-120 頁。

㉔維爾特：《日本的危險性》（*Die Gefährlichkeit Japans*, Alldentsche Biätter, 1900），第 550 頁。

㉕維爾特：《黃禍與斯拉夫禍》（*Die gelbe und die slawische Gefahr*, Biatter, 1905），第 25 頁。

㉖海因茨．哥爾維策爾：《黃禍論》中譯本，第 192-193 頁。

㉗前引維爾特：《黃禍與斯拉夫禍》，第 3 頁。

㉘柯茲：《黃禍》（St. V. Kotze, *Die gelbe Gefahr*, Berlin, O.J），第 17-19 頁。

㉙前引〈德皇威廉二世給沙皇尼古拉二世的書信〉，《「黃禍論」歷史資料選輯》，第 124 頁。

㉚海因茨．哥爾維策爾：《黃禍論》中譯本，第 231 頁。

㉛海因茨．哥爾維策爾：《黃禍論》中譯本，第 230 頁。

㉜前引〈德皇威廉二世給沙皇尼古拉二世的書信〉，《「黃禍論」歷史資料選輯》，第 126-127 頁。

㉝海因茨．哥爾維策爾：《黃禍論》中譯本，第 228 頁。

㉞前引拉采爾：《中國人的向外遷徙》，第 7、265、817 頁。

㉟海因茨．哥爾維策爾：《黃禍論》中譯本，第 179 頁。

㊱邁埃爾：《黃禍及其防禦》（M. Maier, *Die gelbe Gefar und ihre Abwehr*, Basel 1905），第 46 頁。

㊲希曼：《德國和世界政策》（Theodor Schnmann, *Deutschland und die groBe Politik*, 1904），第 164 頁。

㊳海因茨．哥爾維策爾：《黃禍論》中譯本，第 211 頁。

俄國的「黃禍論」

正如沙皇俄國的國徽是一個分別面向東方和西方的雙頭鷹所象徵的，俄國對東方黃色人種的態度十分複雜。俄國的主體民族俄羅斯屬於白種人的斯拉夫族，在拜占庭時代確立了歐洲文化的主體地位，在宗教方面和東歐、希臘一樣信仰基督宗教的分支東正教。從十三到十五世紀，俄羅斯人受韃靼人的統治和進攻達數百年之久，當俄國逐漸強大，擺脫了韃靼人的壓迫之後，他們又越過了歐亞分界線的烏拉爾山，征服了廣袤的西伯利亞和克里米亞—高加索；到十九世紀又把中亞細亞併入俄國的版圖。隨著西伯利亞大鐵路的修建，俄國開始向滿洲推進，從中國東北和西北兩個方向加深了與東亞的接觸。

與此同時，俄國又在歐洲先是與法國，後是與英國、德國爭霸。對於俄國這個龐然大物，歐洲國家除了沒有尊敬之外，其他畏懼、厭惡、貶斥，以及想利用它的心情兼而有之。卡爾·馮·羅特克（C. von Rotteck）在一八三四年出版的《世界通史》中說，：「衰落將逐步把我們導向中國人的命運，而俄國人將會是我們的戰勝者，正如蒙古人或滿洲人戰勝中國人一樣。」①顯然是把俄國貶斥為亞洲的和半蒙古式的野蠻落後國家。

盧梭（Jean-Jacques Rousseau）在他的《社會契約論》第八章中預言：**「俄羅斯帝國想要征服全歐洲，但是被征服的卻將是它自己。它的附庸而兼鄰居的韃靼人將會成為它的主人以及我們的主人。」**②俄國境內有大量亞洲民族居民，德國出色的俄國問題專家哈克斯托森（Aupqut Freiherr V. Haxthausen）考察了韃靼人在俄國歷史上的作用之後，在其一八四七年出版的《關於俄國內部狀況、人民生活以及農村制度的研究》一書中，曾預計「正在增加的亞洲居民有朝一日會重新湧往歐洲並且這次會抵達大西洋」，甚至連俄國人亞歷山大·赫爾岑（Aleksandar Herzen）也在自己的筆下把俄國描繪為「配備電報機和火車輪船，在司令部裡有卡諾（Lazare Carnot）和蒙熱（Gaspard Monge）將軍，在拔都率領下配備有步槍、米格奈式火箭和康格里夫火箭（Congreve rocket）的成吉思汗」統治的專制集權國家③。直到一八七〇年代，當法國與德國發生戰爭時，西歐國家都認為俄國是西歐自相殘殺的真正獲利者，俄國會通過組織和使用其境內亞洲民族來實現它對歐洲的統治。為此德國、奧地利的人種學家製造了所謂「土蘭系民族」的說法，誇大俄國的「土蘭文化」成分。當時西歐的文人和記者通常把「俄國」、「韃靼」、「亞洲」混為一團，「俄禍」也就等同於「黃禍」。至於企圖利用俄國為歐洲阻擋「黃禍」的典型，則是前述德皇威廉二世送給沙皇的《黃禍圖》和一系列信件。當時英國報紙上就有文章指出，這顯然是那位自以為聰明的皇上要別人為他火中取栗。

在俄國思想界內部，由於有些人感受到西歐的敵視、排斥和輕視，而且明確地認識到英國是「俄國在亞洲擴張的障礙」，於是形成了影響頗大的對抗西歐的東方派、歐亞學派與亞洲主義思潮。杜思妥也夫斯基（Fedor Dostoyevsky）也許是此類思想的先驅。出於對西歐的強烈怨憤，杜氏起而反對俄國自彼得大帝以來完全歐化的努力，強調必須承認俄國人的亞洲特徵，希望俄國的亞洲政策能給予全體俄羅斯人以「榮譽和自尊」，並提高俄國的威望。不過杜氏理解的東方主要是指伊斯蘭教範圍的中亞細亞，為了和英國抗衡，他擁護俄國向中亞細亞地區推進。

幾乎與杜思妥耶夫斯基同時，赫爾岑在對西歐表示失望之後，也讚揚了俄國的「土蘭」因素，贊同俄國轉向亞洲。在尼古拉．費多羅夫（Nicolaj Fiodorow）以「耕地和草原的二元論」為基礎的歷史哲學裡，俄國和中國被列為同等重要的國家，他甚至認為有可能通過中國及中國人崇敬祖先的原則來革新人類思想。思想家康斯坦丁．列昂捷夫（Konstantin Leontjew）認為中國、印度和土耳其的文化遠遠高於巴爾幹斯拉夫人和西歐的文化，他把俄羅斯文化中的「土蘭」成分看成是俄國亞洲使命的起點。列夫．托爾斯泰（Leo Tolstoy）甚至把俄羅斯人列入東方民族。直到一九一四年第一次世界大戰發生之前，俄國象徵主義文學流派中的葉賽寧（S. A. Yesenin）、克留耶夫（N. Klyuev）、亞歷山大．布洛克（Alexander Blok）等人經常在各自的作品中談論「蒙古主義」，表現出強烈的亞洲因素。

曾經擔任報紙發行，也是俄華道勝銀行經理和中東鐵路董事長的愛斯倍爾．烏哈多姆斯基（Esper Uchtomskij）侯爵，曾在一八九〇至九一年陪同當時的俄國皇太子、即後來的末代沙皇尼古拉二世到東方旅行。烏氏自認為東方派，但提出了「黃色俄羅斯」和俄亞帝國聯合的思想，他懷著使沙皇統治亞洲的幻想，卻標榜平等對待一切非歐洲民族；又帶著俄羅斯的高傲自大，把亞洲民族看成本質上是迷信、神祕、虔誠、古板、無限忠義和馴服的人。一九〇〇年義和團運動期間，烏氏宣傳過俄中聯盟；稍後又在一系列政論文章中宣揚自己及和他類似的俄國人在和亞洲人交往時的熱情與篤厚，並以此來和西方帝國主義的冷酷與貪婪做對比，他進而提出：「為什麼亞洲本能地感覺到被稱為東方的那一部分精神世界是在俄國呢？深厚的宗教感情和亞洲與俄國神祕的嚮往相遇的原因就是對沙皇的虔誠尊敬。」因此「在最完整地表現為佛教的亞洲教義和俄羅斯的民族精神之間建立起一個共同體」是完全可能的④。

在一九〇二年，當烏氏在《現代評論》上發表〈中國的民族精神〉一文時，雖然正面介紹了中國人的特徵，描繪了中國文化的燦爛景象，同時又稱四億中國人為「對未來的持久威脅」。他說：「當我們一想到要越來越深地陷入黃色種族的萬頭攢動的生活的污泥中，我們就戰慄起來。」「我們設想一下我們的歷史境況，大膽地說，就是我們永久的境況，我們是處在完全自相矛盾的文化形式的中間。」他還預計中國會走上日本的道路，肅清自己海岸上的外國人，控制全部的進出口，甚至可能征服東南亞⑤。

具有德國血統但忠於沙皇的俄國政論家海爾曼·布隆霍弗（Hermann Brunhofer），曾把烏哈多姆斯基所寫的陪同俄國皇太子到東方一遊的旅行記譯成德文，可說是烏氏的同道。布隆霍弗在《俄國伸向亞洲之手》一書中，談及「俄國的亞洲使命」，諸如建設西伯利亞大鐵道：「幾年以後，只要西伯利亞大鐵道把黃海的海港直接和波羅的海和黑海連接起來，旅客的來往和貨物的運輸將會大大地發展。到那時，東西方一些至今尚被津津樂道的閉關自守理論，就將由於高度文化和本性的交流以及貨物的來往而消失在鐵道的枕木之下了，並將讓位於這種信任：地球為所有人開放空間。」在種族和宗教方面也將出現新的變化：「斯拉夫人和『土蘭』血統將再次混合，半歐洲半亞洲種族的新的邊境人民將成長起來，斯拉夫人將通過他們把基督宗教歐洲的文化世界之較高的生活方式帶給尚未開化的亞洲內陸心臟。」

布隆霍弗對英國在亞洲的霸主地位深懷怨恨，認為俄國的東進政策就是要抗衡英國，並且平衡俄國與德國的緊張關係。因此他認為日本對中國和朝鮮的侵略，也是英國對俄國的打擊；如果英國不讓俄國進入渤海灣的不凍港，俄國就應該向帕米爾和進入印度的要隘推進，尤應在印度一旦發生動亂時就採取行動。他說：「東方世界並沒有死……東方民族越來越覺醒，今天在黃海之濱發生的事情，明天或後天也會以另外的形式在印度河和恆河的兩岸重演。」他主張俄羅斯人儘快學會印地語，因為「懂得印地語的俄羅斯商人、軍官、學者或外交官在與印度進行的邊境交往中就會高出一手」。所以當時俄國的東方派基本上是反英派，他們所說的「東方」也包括印度半島。

布隆霍弗顯然也是一個「黃禍論」者。甲午戰爭期間，他就指出日本有通過和中國與朝鮮形式上結成聯盟在遠東建立霸權的野心，其範圍最後將推及到印度支那半島和印度東部。這一預言值得後人驚奇，因為五十年後日本在「大東亞共榮圈」名義的擴張範圍和侵略方式都被布隆霍弗言中！當然他的文章中更多的是謬誤。比如他擔憂佛教的力量，以為：「佛教正在躍躍欲試，想成為一個世界性的政治力量。如果日本能成功地把佛教國家聯合成一個宗教政治的聯盟，那麼歐洲基督宗教世界將受到迄今還無法想像的危險的威脅。因為佛教國家聯合起來，統一的宗教政治行動的第一個後果，將是基督宗教歐洲在東亞的傳教破產了，將是那些如大家所熟知的在中國、日本和後印度在任何時候都是用武力來維持的機構的垮台。」由於布隆霍弗具有德國血統且一貫主張德、俄協調一致，所以他在德國也很有影響。由此也就不難明白，德皇威廉二世的《黃禍圖》上，「黃禍」的化身為什麼是一個乘龍的佛陀了。

布隆霍弗認為**俄國的亞洲使命源於它的地理位置和所受到的「威脅」**。因為從頓河到烏拉爾，從阿勒泰到朝鮮邊境，幾乎形成了佛教各宗支不斷的「鎖鏈」，佛教只要在東方建立起一個宗教政治基地，信徒就會由於內在的原因被吸引向這個基地。他認為未來高度工業化的中國將是一個「惡魔」，它將服從佛教的世界宣傳，作為一個強國與歐洲抗衡，這是前所未有巨大威脅，而「大力保護西方國家不被東亞洪水淹沒這一世界歷史任務，將因而重新落在俄國身上」⑥。

這裡不妨打亂時間順序，對俄國十月革命發生之後出現的歐亞學派和亞洲主義略做介紹，因為在「重視東方」這一點上，歐亞學派和亞洲主義與十九世紀末的東方派有共同之處。歐亞學派是十月革命後流亡到保加利亞的部分學者形成的一個思想派別。他們把「歐亞」理解為烏拉爾山東西兩邊的俄國，從而把俄國既和歐洲也和亞洲區別開來，於是縮小了歐洲和亞洲的版圖，他們把中國長城以南的地方、日本、印度支那、印度、伊朗以及小亞細亞才看成亞洲，其他地方都屬「歐亞」即俄國了。這一派人重視韃靼種族的因素，曾積極評價韃靼人在俄國及歐洲、亞洲的歷史作用。亞洲主義的代表人物是沙俄將軍溫哥爾·斯捷恩堡（Ungern Sternberg）男爵，他認為俄國發生革命是西方文明破產的證明，於是把目光轉向韃靼人。十月革命後他率兵進入蒙古，在庫倫（今烏蘭巴托）當了一段時間的蒙古國家「元首」，提出「大蒙古」的口號，號召蒙古人組織進攻歐洲的十字軍。一九二一年蘇俄紅軍進入蒙古，結束了他的統治。史實說明，俄國的東方派、歐亞學派以及他們「黃色俄羅斯」、「亞洲主義」等口號，在有無「黃禍」的問題上或許認識不同，但在主張俄國於亞洲擴展領土上，則幾乎是一致的。

在俄國思想界，習慣地認為俄國是西方的東方堡壘，是反對亞洲專制主義的前衛和先鋒，因而既有傲慢自大，又懷有敵視甚至恐懼的心情，就如同東方派既想與亞洲民族聯合甚至融合，但又要向東方擴張並加以打擊一樣。俄國十九世紀的權威漢學家瓦西里·帕烏諾維奇·瓦西里耶夫（Wassilij Pawlowitsch Wassiliew）就是一個典型。瓦氏曾長期居留中國，研究中國的語言文字、宗教信仰、文化與政治，熟悉中國的情況。他從不懷疑西方文明優於東方文明，認為致力於全人類的文明化是歐洲各民族的任務，而俄國作為亞洲的「解放者」對於亞洲特別是中國，具有不可推辭的責任，因此在遠東推行歐式憲法以及開發這些國家的經濟是絕對必要的。強烈的帝國主義思想使得他很早就提出修建西伯利亞大鐵路直通太平洋。他樂觀而傲慢，但也料到了威脅性的遠景，不排除中國會有組成幾百萬大軍的能力。他在《中國的進步》中寫道：「如果中國把太平洋的富饒島嶼拿到手中，它就能立刻威脅俄國、美國、印度和西歐。如果它的力量足夠的話，它可以消滅一切反對者，即使是全世界都反對它。那時候全世界都將布滿了中國人。幻想描繪出來的未來就是如此，今天我們還很難想像它。」⑦

俄國文學家亞歷山大・布洛克（Alexander Blck）等人身上明顯地反映出追求與亞洲聯合和恐懼亞洲兩者之間的緊張和矛盾，或者說他們時而對歐洲打亞洲牌，時而又對亞洲打歐洲牌。布洛克聲稱自己要作為「斯基特人」（Skeat）和亞洲人聯合起來反對西方，甚至威脅西方說：「如果你們德國、英國、法國想要消滅俄國的革命，那就意味著你們不是亞利安人……我們將斜眼看待你們兇惡的嘴臉。我們將轉向亞洲人，而東方將把你們淹沒，你們的皮將會用來蒙中國人的戰鼓。」但他在一封寫給他母親的信中又斷言俄國是保護歐洲不受亞洲分割的堤防。俄國哲學家尼古拉・費多羅夫（Nicolaj Fjodorow）建議利用中國來保護俄國，並為「白種沙皇同黃種沙皇的永久和平」辯護；但他又把佛教與「草原和沙漠上敵意的遊牧勢力」等同起來。作家兼哲學家康斯坦丁．列昂捷夫（Konstantin Leontjew）也害怕和仇視佛教及儒教，視兩者為宗教的無神論。他認為具有這種信仰的民族一定會反對斯拉夫人和整個歐洲。他製造了「泛蒙古主義禍」的概念⑧。

當然也有反對「俄國的亞洲使命」之說。一個署名N．S的作者在《俄羅斯思想》一八八二年第一期上發表〈關於俄國和德國的東方政策和斯拉夫問題的聯繫之筆記〉，認為所謂俄國的亞洲使命說，是德國人發明的「詭計」。他說：「德國人不愧自稱為思想家的民族和僅次於希臘人的哲學之父。他們運用了自己的思維能力，就一定能找到他們需要的東西。這個發現即他們為我們編造出來的新歷史使命。根據他們的歷史政治理論，俄國政策的重點不應該是歐洲，而應該是在亞洲，因為俄國的歷史使命似乎是把歐洲文明傳播給亞洲各民族。在亞洲我們最終可以到印度洋和太平洋去，我們甚至正在做這一切，因為在很大程度上以印度為支柱的英國，其海上優勢統治對德國人來說是很不舒服的，因此我們的亞洲使命據說還包括『解放』印度的義務。而在歐洲我們就沒有權利向前推進，相反地，我們應該越來越向後退，因為我們在歐洲是沒有什麼事可做的。」他強調俄國的對外政策應建立在「斯拉夫民族的種族思想」上，不能降低俄國公眾的「斯拉夫熱」。意思顯然是俄國更應該關注歐洲，尤其是不能疏遠了東歐同為斯拉夫人種的國家。

俄國的無政府主義者巴枯寧（Michail Bakunin），**因流放西伯利亞，又經過日本流亡到**

美國，自命熟悉遠東情形，成為著名的「黃禍論」者。一八七〇年代初，他在題為〈瑪志尼的政治神學和國際〉一文中，提出歐洲、美洲大部和大洋洲三億五千萬居民的自由世界受到了八億五千萬傳統的、野蠻的、奴隸般的亞洲人「威脅」，儘管起因是歐洲促使了中華帝國從睡夢中覺醒，「當歐洲人進軍北京的時候，他們就給這個古老的帝國敲了喪鐘；一個新的制度無疑地將從廢墟中升起，如果五億人振作起來，那只能是可怕的，歐洲應該提防才是」。

巴枯寧預見英國和俄國這兩個巨大的殖民國家會解體，而俄國將首當其衝。他對日本人深為欽佩，並認為俄國在黑龍江地區的勢力會因日本人的壓力而垮台；俄國在西伯利亞的統治也會由於中國人的推進而崩潰。總之，俄國在亞洲的占領地只有五十年的壽命！巴枯寧作為無政府主義者，認為貿易和傳教都不可能「使亞洲文明化和人道化」，他歷來主張的「工人罷工」和「自由聯邦」才是百應靈方。而這些方法，他認為可以通過在美國和澳洲的中國工人和華僑來模仿並傳回中國，只有這才是唯一的希望⑨。

數年後巴枯寧對中國的態度更加惡劣。當時俄國政府對於在亞洲的戰略舉棋不定，即在征服阿富汗並進攻印度或是征服中國兩者之間存有爭論。巴枯寧認為前一目標「荒唐可笑」，因為阿富汗「好戰的人數，眾多的部落」多由英國人武裝並加以訓練，這比對付一八七三年被俄國併吞的希瓦（Khiva）汗國「至少要困難兩三倍」；而印度是英國的殖民地，進攻印度就是與英國直接衝突。因此他說：「如果真的要從事征服，為什麼不從中國開始呢？中國是非常富饒的，而且從各方面看，它比印度更容易為我們所控制，因為沒有任何人和任何東西能把它和俄國分隔開來。」「事實上，利用中國的混亂和內戰（這是它的慢性病），就能非常深入地侵入這個國家。」巴枯寧似乎希望看到俄國「把蒙古和滿洲從中國分割開來」，並希望「聽到俄國軍隊入侵中國西部邊境的消息」。

雖然巴枯寧知道「俄國人盡可能地深入東方，對德國人是有利的」；而且他基於反對沙皇專制的無政府主義立場，認為「俄國人民不會跟著俄國政府走」，但是他認為「來自東方威脅著我們的危險」太大，諸如中國人口眾多，「過度的繁殖率使他們幾乎不可能繼續在中國境內生活下去」，於是「以不可阻擋之勢大批向外移民」，加州、澳洲、西伯利亞都是移民目標地。而在西伯利亞「一千二百二十二萬平方公里的遼闊土地上，至今居民不超過六百萬人，其中俄羅斯人僅約二百六十萬人，其餘都是韃靼或芬蘭族系的土著，而軍隊的人數更是微不足道，怎能阻止大批中國人的侵入」？巴枯寧不僅把「移民」等同於「侵入」，還危言聳聽地無限誇大，稱中國人「不僅將充塞整個西伯利亞（包括我們的中亞細亞新領土），還將越過烏拉爾，直抵伏爾加河邊」！

巴枯寧並認為，中國內地的多數民眾既未受到西方文明影響，也「受中國文明摧殘程度較少」，這些人「精力無比充沛，而且強烈地好戰，他們是在連續不斷的內戰中鍛鍊出來的」，「近年來他們開始熟悉掌握最新式的武器和歐洲人的紀律……這種紀律和對新武器、新戰術的熟悉掌握和中國人原始的野蠻，沒有人道觀念，沒有愛好自由的本能，奴隸般服從的習慣等特點結合起來」，對俄國的威脅「多麼巨大」！因此，巴枯寧強調，儘管「俄國人口是如此稀少」，「俄國人普遍地貧窮」，而且俄國「成功的機會是極小的」，但還是「應該把它的全部武裝力量堅決地派往西伯利亞和中亞細亞，並著手征服東方」⑩。這個無政府主義者在談到沙皇政府的時候語帶譏誚諷刺，但他蔑視中國文明和人民大眾，建議對臆想的「威脅」主動進攻、全力征服的兇惡態度，更是明白不過。

一八七〇年代後期到八〇年代前期，俄國因為侵犯新疆邊境與中國產生矛盾，俄國政界遂有多人拾巴枯寧餘唾，喧嚷中國威脅。如在一八七八年的柏林會議上，俄國的全權代表、俄國駐英國大使彼得·舒瓦洛夫（Peter Schuwalow）就警告與會者說，要把他們的爭執放在一邊，而把注意力集中到來自遠東的威脅。一八八〇年六月，俄國政治家亞歷山大·庫西林（Aleksandar Kchinin）說：「我不滿地看到，我們受到中國蟻群的煩累。當然可以在他們有所作為以前殺死許多。從肌肉來看，他們是很強壯的。」他還引用德國作家兼歷史學家卡爾·希倫（Karl Hieran）的話說：**『世界的統治權終有一天會落到他們（指中國人——作者）身上。』**

一八九〇年，俄國的宗教哲學家兼文學家弗拉基米爾·索洛維耶夫（Wladimir Solowjew）發表了題為〈中國和歐洲〉的長文，文章說他自己分析了中國對東南亞、澳洲和加州的移民問題，也研究了中國國家組織和軍事力量的現代化發展，字裡行間已流露出明顯的恐懼。不過他的筆墨主要用於探討宗教、文化問題，他用基督宗教的真理標準考察中國的倫理文化和生活方式，雖然承認中國文化和中國的生活秩序中「也存在一種真理」，但以為「這種真理已不能再前進了，它已經被拋棄和無法得以實現」。所以中國文化和歐洲文化雖然具有同等意義，但卻不具備同等價值。中國文化死守陳舊的原則；而「世界進步的基督宗教歐洲的思想」卻會「使我們的生活更好和更完善，直到我們達到一個包含一切的意氣風發的境地為止，直到過去都復活為一個永恆的、真正不變的生活為止」。他認為：「在不幸的情況下，中國不會占領我們，但會成為對我們的巨大危險，就像穆斯林世界對中世紀的歐洲那樣。」為了防止這種「危險」，索洛維耶夫希望實現中西「這兩種極端文化的真正內部的和好」，即：「把滿足他們殷切的願望之可喜的消息帶給遠東的非基督徒們，就像當年基督宗教的傳教士，在他們轉向希臘和羅馬的非基督世界所做的那樣。」

索洛維耶夫忠於他的信念，從不懷疑基督宗教的最後勝利。但他認為「基督進步的理想在歐洲實現得很不夠」，這主要表現在法國革命和由此而來的激進主義的「錯誤的進步」以及「錯誤的中國主義」。他反對激進革命的觀點很明確，但所謂歐洲人「錯誤的中國主義」具體所指為何卻不明確，有可能是指完全敵視中國和中國文化的極端態度。這從他當時的結論可以看出來。他說：「我們錯誤的保守主義和錯誤的進步主義一樣在內部的矛盾中崩潰了，而中國人不但比過去更為強大，他們完全有理由這樣做：他們忠實於自己。如果歐洲的基督信徒們忠實於自己，就是忠實於世界基督宗教，那麼中國就不會對我們構成危險。我們也將占領遠東，但不是用武器，而是用精神力量。」只有在歐洲背叛了基督的全部真理時，「黃禍」才會成為現實。他相信基督真理「能對所有的人施加影響，不管他屬於哪一個種族」⑪。

一八九四年的甲午中日之戰以後，俄國思想界的「黃禍論」更加強烈。除前面說到的布隆霍弗明顯轉變腔調之外，索洛維耶夫也不斷地就黃種人和世界的「爭執」發表看法。一八九七年他在一篇題為〈為善意辯護〉的文章中說：「從現在開始，黃色種族不可避免地把西方技術和文化的方法占為己有，他們把這種方法作為一種手段，以便在決戰中取得對歐洲人在精神原則上的優勢，這一點是可能的。這一場將至的戰鬥會是歐洲和蒙古人的亞洲之最後的、但也是最可怕的一場世界戰爭……誰在這場戰鬥中取得勝利，對人類歷史並不是無關緊要的。」至於何等重要，他在三年後的《關於非基督徒的故事》中有詳細描述。

索洛維耶夫雖然相信最後的勝利必定屬於基督宗教的歐洲，但還是希望「防患於未然」。所以他在一九〇〇年去世前的最後遺作，是獻給德皇威廉二世的一首題為〈龍〉的詩，詩中說：「騎士們的後輩！你是忠實於十字旗的。基督的火在你的劍上燃燒。你的威脅的話語是神聖的，上帝的心充滿著仁愛……但是在龍的大口的面前你懂得了，十字架和劍合而為一了。」⑫顯然是希望德皇現在就擔當起保衛歐洲不受蒙古人種攻擊的衛士之責。

一九〇四至一九〇五年日俄戰爭期間及其以後，俄國政府曾組織過一次「黃禍」宣傳運動。《新時代報》上有一個化名為「阿爾古斯」的政論家，詳細地描繪了在倫敦和東京「各種泛亞洲主義的集會」情景，分析所謂「亞洲的覺醒和泛亞洲運動」的威脅。彼得堡的《論壇雜誌》發表了〈東方的危險〉等文章。《新時代報》駐倫敦的特派記者魏塞里茨基（Sergej Wesseletzki）在倫敦亞洲協會宣傳由於俄國的戰敗引發了全歐洲的危險，整個歐洲必須聯合起來對付戰勝國日本。該報駐柏林特派記者梅爾尼可夫（Nikolaus Me nikow）把前述索洛維耶夫的《關於非基督徒的故事》譯成德文，還寫了序言及相關的政論，並建議用德文翻譯索洛維耶夫的全部作品。他一再引用德皇威廉二世關於「黃禍」的談話，也介紹了索洛維耶夫那首題為〈龍〉的詩。一個名叫艾列茨（N. K. Eletz）的俄國艦長也帶著同樣的任務在布魯塞爾和其他城市進行宣傳活動。

一八九〇年代末擔任過俄國陸軍大臣，日俄戰爭開始時又任最高司令官的阿列克賽·

庫羅派特金（Alexej Kuropatkin），在日俄戰爭剛結束後寫了一部回憶錄性質的著作《俄國軍隊與對日戰爭》，其中涉及到這個軍人對俄國的政策及遠東「威脅」的看法。

庫氏基於歐洲應該協調一致的一貫立場，主張俄英兩國「在亞洲融洽合作」，反對俄國和英國爭奪阿富汗和印度。他認為俄英兩國「都必須對付被征服的各民族想要打倒他們的征服者的那種自然願望」，而且「二十世紀在亞洲一定會看到基督宗教民族和其他民族之間的一場大衝突」，所以他強調俄國「和基督宗教國家結成同盟來反對異教種族，對於人類的幸福是極其重要的」。他不僅主張俄英兩國建立協約的親善關係，甚至設想「萬一印度有任何大規模的起義，我們就可以站在英國這一邊」。

庫氏在主張與歐洲各國協調，尤其是不要損害英國在印度和阿富汗的利益的同時，堅定地認為俄國應該把力量集中在遠東。他在分析了中國的面積、人口、俄中貿易，以及兩國「長達六千餘英里」邊界線的情形之後，對俄國「駐紮在西伯利亞的軍隊的數目始終非常之少」感到擔憂。他為俄國占領中國的烏蘇里江地區，還有俄國「不得不對朝鮮建立一種暫時的保護權」，以及「修築一條從外貝加爾穿過滿洲到達符拉迪沃斯托克（Vladivostok，即海參威）的鐵路」，「取得關東（遼東）半島的一部分（包括大連和旅順）」，「並且把整個滿洲包括到我們的勢力範圍以內」的措施辯護，稱上述侵略行為符合「積極的路線」。在新疆方面，他建議「將肥沃的伊犁地區（這個地區像一個堅固的棱堡一樣向東突出）加以併吞……因為那會使我們便於設防，並且可以作為對中國人的一種威脅」。

此外，庫氏還從宏大的目標上提出了對華戰略，諸如「不允許中國的武裝部隊有任何增長，也不允許他的武裝部隊有任何發展」；「盡可能發展我們同中國的社會關係和商務關係」，在滿洲則「應當採取一切手段來取得商業上的絕對控制」；「盡可能避免在中國土地上和其他任何歐洲國家發生爭執」。

與多數俄國軍人不同的一點是，庫氏不同意俄國進一步在中國東北拓展版圖，他說併吞滿洲「是很不上算的」，「如果滿洲仍然是中國的一部分，那倒要好些」。庫氏為何會發此「善心」？他說，奪取滿洲「將永遠破壞中俄之間的和平關係」，這當然是虛情假意，而真實的擔心是，如果中國東北和早先被俄國強占去的黑龍江以北、烏蘇里江以東地區一樣成為俄國的領土，其「結果將會使許多滿洲人定居在我們的領土以內，定居在俄羅斯人現在還很稀少的黑龍江和烏蘇里江地區，我們薄弱的殖民地將被黃種人的浪潮所淹沒。東部西伯利亞將完全成為非俄羅斯人口……中國人這樣湧入阿莫爾省地區，無疑會改進這裡的農業水準，把這裡的荒地改造成為花園；但在同時，西伯利亞的剩餘土地將轉入非俄羅斯種族之手，而每一公頃這樣的土地都是應該保留給我們自己的民族」。他預計俄國人口「到西元二〇〇〇年可能會達四億左右，我們現在就必須開始至少為這個數目的四分之一留出土地」。儘管庫氏對俄國人口增長的估計大有失誤，但他對俄國的利益是絕對忠實的。

庫氏在書中反省了俄國在日俄戰爭中失敗的原因，諸如「俄國國內事態的嚴重狀況和人民（對這場戰爭）帶有敵意的、漠不關心的態度」；俄國事前沒有「和歐洲列強達成某種諒解」，「把我們的大部分武裝部隊保持在俄國的歐洲部分」，「後備隊卻在滿洲作戰」；俄國在西伯利亞尤其是遠東地區不僅人口稀少，軍力不足，而且由於沒有開發當地資源，致使當地所需的糧食和大部分軍需品「不得不從俄國的歐洲部分和西伯利亞運去」，而「俄國和滿洲之間的鐵路交通很薄弱」，沒有「將西伯利亞鐵路鋪設雙軌以及沿黑龍江岸修築一條鐵路」，「試圖通過北冰洋和葉尼塞河來運輸供應品的失敗」等；最後是認為俄國沒有充分利用歐美與俄國同為白色人種的感情，「去設法封鎖世界各國對日本的金融市場……如果我們耗盡了日本的財政資源，把戰爭繼續進行下去，我們就有可能很快迫使日本尋求體面的和平」，但結果卻是俄國與日本的「和議過早地達成」。

庫氏認為，俄日簽訂的《樸茨茅斯和約》「承認了日本是俄國在亞洲的征服者；締結這樣一種和議，不僅對我們，而且對所有在亞洲擁有屬地或權益的列強，都將具有嚴重的後果。僅僅在不久以前才預見到行將出現的『黃禍』，現在已經成為現實」。根據何在呢？庫氏認為：「雖然日本已經在戰爭中取得勝利，但是它仍然在急促地擴充兵力，而中國則正在日本軍官的指導下，按照日本的式樣建立一支龐大的軍隊。在很短的時間內，中國和日本就能夠把一支一百五十多萬的軍隊開進滿洲，如果這支軍隊是來對付我們的，那它就會繼續推進，從俄國手裡奪去西伯利亞的許多地方，使俄國淪為第二流國家。」顯然除了日本在擴充兵力這一條屬實之外，其他又是推論。

不僅如此，庫氏還危言聳聽地對全體歐美人加以煽惑，他說：「讓日本在滿洲戰場上取得絕對的勝利，一般說來是不符合歐洲的利益。戰勝的日本可能和中國聯合起來，舉起『亞洲是亞洲人的亞洲』這面旗幟。清除歐美在亞洲的全部企業將是這個新興大國的第一個目標，把歐洲人趕出亞洲將是它的最終目的。在歐洲大陸上已經沒有多少發展餘地，歐洲如果沒有廣闊的世界市場便無法生存……這種危險正在逼近，而且是如此緊迫。」

庫氏不僅是一個軍人，而且具有政治家、外交家的頭腦。「黃禍論」成了他得心應手的魔杖，他既要利用「來自遠東的對於我們國家的威脅」煽動俄國人的「愛國主義」，號召俄國「社會所有各階層都應該準備……奮身而起團結得像一個人一樣，保衛我們祖國的完整和偉大」；又利用所謂「亞洲人的亞洲」的口號勸誘西方列強「消除彼此之間的分歧」，一致對付亞洲人民的民族解放運動，還要利用「未來的戰爭」號召俄國加快發展西伯利亞的交通，並「把軍隊的基地盡可能移到西伯利亞」。尤其惡毒的是這樣一句話：「做好準備不僅和一個國家的軍隊，而且和這個國家的全體愛國人民進行一次新的戰爭。」⑬無論這個國家是中國還是日本，總之她的「全體愛國人民」都成了俄國的敵人，把「黃禍」的「原罪」強加到了東亞人民身上。

一九一一年七月，在英國倫敦舉行了討論種族關係問題的第一次世界種族大會，俄國多爾派特（Dorpat）大學法學教授雅斯琴科（A. Yastchenko）作了題為《俄國在東西方互相接近中的任務》的發言。作為學者的「理論研究」，這篇發言帶有若干理性與思辨的色彩，但仍然充斥著西方的價值觀和俄國的「東方使命」感，而且其焦點放在中國。

雅斯琴科首先指出，「黃禍的真正性質」是由於「中國富饒」和「世界的重心……轉移到太平洋」，使得「某些西方強國要設法在那個地區取得優越地位……引起了競爭和敵視。黃禍和遠東問題也許終歸要成為一項真正的禍患，即成為西方列強之間為爭取在遠東的優越勢力而進行鬥爭和戰爭的危險。那曾是一項嚴重的危險，因為在目前情況之下，一場歐洲戰爭可能會導致亞利安族的大大削弱，並使之完全受團結一致的蒙古人的支配」。如果按照雅斯琴科的「黃禍」和遠東問題起因論，應該責備跑到中國和遠東來「進行鬥爭和戰爭」的西方列強，但這位教授卻把「嚴重的危險」歸結為蒙古人種可能會趁亞利安族的大大削弱而取得支配地位！而且他強調：「畏懼東方的情緒……便集中到中國身上。毫無疑問，中國本身自成一個世界；不同血統的幾億人民，卻共同擁有一種獨特的文明、一種特別的傳統和一種特有的脾性。中國是『泛蒙古主義』這個重大問題的中心，是『黃禍』的中心。」

雅斯琴科說：「黃禍的涵義通常被了解為黃種人對西方各民族的直接攻擊的危險。」「這種擔心並不是完全沒有根據的。誰能知道，當千百萬新人進入世界商務的競爭場時，在世界各種勢力的關係中會發生什麼變化呢？當這許多人按照軍事技術的最新要求武裝起來時，會發生什麼事情呢？這些具有不同的文明和完全不同的生活原則的國家進入世界，對於整個文明會有什麼影響呢？」這位教授沒有正面回答自己的問題，而是表示：「必須承認，對於黃禍的畏懼被大大地誇大了。」

雅斯琴科的理由之一是，「東方精神與其說是取決於種族因素，不如說是取決於整個一系列的條件」，「日本不論在歷史方面或民族性方面——有事業心、上進、俠義和好戰等特性——都從來不是一個清一色的東方國家……日本以其迅速歐化、理解並浸透西方精神一事證明，當我們發現了白種人和黃種人互相接近的共同基礎時，種族的差別將不會阻止他們靠近在一起」。總之，他認為由於「日本已經堅決地轉到西方這一邊」，所以白種人不應該畏懼日本。他甚至認為，「俄日戰爭是一項重大的錯誤，雖然從歷史觀點來看，這次戰爭也許是必然的。這次戰爭的好影響，在俄日兩國的相互了解和兩國人民的相互接近方面已經表現得很明顯」，所以俄國「和日本的諒解是自然的」。應該說雅斯琴科認為東方精神不是取決於種族，而是由整體的歷史條件形成的民族性格所決定的看法頗接近於科學，但他以為日本已經歐化就不會再與西方為敵的判斷言之過早，一九一四年發生的歐洲大戰和後來的太平洋戰爭就一再打破了西方鐵板一塊的神話。

日本既然不是問題的所在，那麼中國就成了問題的中心。不過雅斯琴科認為問題遠非一些人想像的那麼嚴重。

首先，中國在「軍事上的禍患似乎是很大的」，但是他強調：「不能僅僅根據各國的人數來估計它們的軍事力量……勝利並不總是在人數多的一邊。在軍事鬥爭中，最重要的是心理力量和鬥爭的組織方式。」雅斯琴科認為，中國人與日本人不同，「在他們的心理品質中，好戰精神是沒有根基的」，而「心理的特徵，特別是好戰精神，需要多少世紀才能形成，很難想像一個民族的特性能夠輕易改變」。就是承認中國人更熱愛和平。還有，在軍事鬥爭的「組織方式」上，「發揮最重要的作用是政治上的普遍團結，財政資源和其他物質資源，對於戰爭的熱情，統治者行動的協調一致等等。現在西方文明中的國家組織比東方的國家組織要強大得無法比擬。中國要達到這樣的地步，必須按照歐洲的榜樣徹底地從事改造和改革」。但是雅斯琴科樂觀地說：「一個經過改革的中國將不再與我們相異。它將和西方接近，參與國際通商，並且將被迫服從於世界均勢的一般法則。」他還預見到不久的未來，「人類的國際組織將以一個政治聯邦團體的形式出現。中國將被迫加入這個聯盟」。我們不得不承認，這位教授的上述觀點具有不少合理性。

其次是「來自中國方面經濟上的禍患」，諸如「害怕中國工人移居入境」，以及「擔心可能會從一個經過改革的中國那裡遇到商業和工業上的競爭」等等。雅斯琴科也認為上述情形「更非不可避免」。其理由一是：「中國的人口並沒有稠密到如此的地步，以致隨著中國自己的工業的發展，中國的工人竟不能在本國為他們的勞動找到一個市場。」他舉例說，當時「英國的人口密度相當於中國人口密度的三倍」，但能說英國是經濟上的禍患嗎？二是：「如果中國的工業化和資源的開發增加了生產，消費也將相應地增加。如果中國出售得更多些，那麼購買的也會更多些。它的預算將會擴大。由於新經濟形式發展的結果，中國將會有新的需要。」顯然這位教授具備的最起碼的「經濟法則」常識在這裡派上了用場。

最後是文明與道德上的「黃禍」。雅斯琴科認為中國人特性上有「社會秩序永恆不變的思想，祖先崇拜或佛教的消極普救主義」，這與西方思想確實不同。但他指出：「這些只不過是更大真理中的一些健全要素。這些思想對於歐洲人的思想方法之片面性確實是一種極好的解毒劑。」他解釋道，以中國為代表的東方思想特徵「是過分地崇拜過去，否定塵世，涅槃思想」，這種「不承認進步的權利就導致停滯、衰退、解體，最後則導致對於過去本身也加以輕視」；而西方思想「是同樣過分地崇拜將來，承認世界的現狀」，使「生活失去了有機進化的連貫的性質」成為「無目的的長途跋涉」。而目前世界所需要的「是在這種相反的過程中保持一種平衡」。這就是雅斯琴科對東西方文明的特性及各自價值的基本看法。

但是雅斯琴科仍然強調，如果認為「黃禍並不存在」，「不能看到在黃種人和白種人之間實際上存在著很大的距離，以及因此在他們之間有鬥爭和仇視的可能性，那將是一種不可饒恕的輕率」。不過他可能知道，在他之前談論「黃禍」及來自東方的「威脅」的觀點和內容足以使他的論證成為了無新意的重複，於是別出心裁提出，「中國人民大眾粗鄙的實證主義和實際的唯物主義則是一種較大的禍患」，或許是怕別人不大明白他的意思，他又做了強調和補充說明：「有一種真正的危險是，到人類聯合了起來，普遍和平的時代確立下來的時候，中國的唯物主義精神可能會激勵全世界。那時，宗教和道德的理想將不得不和人類心靈方面的粗俗鄙劣做鬥爭。」

原來，這位教授所謂中國人的「粗鄙的實證主義和實際的唯物主義」，實際是指中國人的無神論思想、理性實用主義以及身體感官上對於物質享受的知足常樂。反過來說，在雅斯琴科的眼裡，中國的人民大眾都是缺乏理想情操、不高尚不文明的「渺小人物」。但這不過仍是西方「有教養的紳士」鄙視華人的老生常談。

為了不「給予東方民族以必要的抗衡力量」，雅斯琴科強調俄國應發揮巨大的作用，首先是俄國應該「運用聯盟和充分諒解的方法」，「建立一種白種人的均勢，以便防止他們在互相鬥爭中失掉自己的力量」。其次是「建立一種白種人和黃種人之世界範圍的均勢」。如何建立後一種「均勢」呢？雅斯琴科說，首先在認識上「千萬不要從種族平等、種族友愛的理論原則輕率地推論說，目前各個種族實際上就是平等的」。意思是應該承認種族是不平等的，是有優與劣、「偉大」與「渺小」之分的。

其次，他反對「急進的和平主義者的普遍裁軍原則」，強調「當出現有關保衛具有偉大價值的東西的問題時，戰爭是必須的和神聖的」，因此不能「急進地廢除戰爭」。只有採用對「種族同種族的關係加以整頓，加以組織，各個種族必須作為有機的成員加入到整個人類的生命統一體中」的方法，才能「逐漸地使戰爭歸於無用」。說到底，雅斯琴科的「均勢」論，是反對人道主義、反對種族平等、反對和平主義的「均勢」論，所以實質上是主張所謂「偉大種族」的優勢論。

雅斯琴科接著說：**「每一個偉大的歐洲種族都負有一種在世界上散布殖民地的使命。首先是盎格魯薩克遜人，其次是西班牙人，最後是德國人和法國人。」**當然他認為俄羅斯種族最偉大。因為「俄國具有一種強烈的基督宗教信仰，它意識到自己擁有一種崇高的道德理想」，「它的歷史活動總是以亞洲各種族同化於歐洲文化來促進文明」。原來，俄國在十六世紀以後越過烏拉爾山，把版圖擴展到高加索、中亞、西伯利亞直至西太平洋沿岸，都是為了實現「高尚的道德理想」！建立殖民地，吞併或強占他國領土，都是為了「促進文明」！而且雅斯琴科主張俄國還要充分利用它「處於東西方之間」的這種優勢，繼續在「調和東西方方面獲得成功。在實現宗教和科學的綜合這件事上，俄國將向東方和西方都提供它們所缺少的東西」。

為了實現俄國「調和」東西方的使命，雅斯琴科向沙皇政府建議：一是「以向它的亞洲各省積極殖民和在西伯利亞修築通入中國的道路的辦法來和中國密切地接近」。二是「以最大的精力」對「東方文明進行研究」，「考察並了解東方人的心靈及其內心的理想」。三是「俄國必須傳播它自己的學說。必須竭盡全力在蒙古人（種）當中推廣歐洲的科學教育」。特別是以「一種信仰和熱誠的行動」來「大力推進基督宗教傳教事業」⑭。從雅斯琴科的文章中，人們看不到歐洲文明應從東方文明中汲取哪些「解毒劑」，也看不到俄國「自己的學說」是什麼；能看到的只是他在「調和東西方」的幌子下，主張使用軍事和政治力量加強俄國在遠東的地位；在「促進文明」的口號下推廣「歐洲的科學教育」和推進「基督宗教傳教事業」。

從一八五〇年代到一九二〇年代，沙皇俄國就是在「黃禍論」和「東方使命論」的鼓噪聲中，強占了中國東北、西北邊疆的大片土地；在一八八二年為遏制中國和朝鮮的移民，制定了只有沙皇的臣民才能在西伯利亞購置土地的法令；一九〇四至一九〇五年為爭奪中國東北而與日本發生戰爭；一九一一年辛亥革命之後又慫恿和支援外蒙古從中國分裂出去。雖然在此期間，俄國有諾維科夫（N. I. Ncvikov）、托爾斯泰、列寧等人鮮明地反對「黃禍」之說（後面有專節敘述各國的反「黃禍論」），但正義的聲音卻為惡聲淹沒，其聲勢遠不敵後者。

註釋

①卡爾・馮・羅特克：《世界通史》，譯文見海因茨・哥爾維策爾《黃禍論》中譯本，第 33 頁。

②盧梭：《社會契約論》，何兆武譯，北京，商務印書館，2003 年，第 59 頁。

③海因茨・哥爾維策爾：《黃禍論》中譯本，第 35 頁。

④斯台林：《俄國通史》（K. Stahiln, *Geschichte Rußlands Von den Anfangen bis zur Gegenwart*, Berlin, 1[illegible]39），第四卷，第二編，第 690 頁。

⑤烏哈多姆斯基：《中國的民族精神》，譯文見海因茨・哥爾維策爾：《黃禍論》（中譯本），第 111 頁。

⑥布隆霍弗：《俄國伸向亞洲之手》（H. Brunnhofer, *Ruplands Hand Uber Asien. Historisch-geographisc[illegible]e Essays zur Entwicklungsgesihichte des russischen Reichsgedankens*, st. Petersburg, 1897），前言、第 1、24-29 頁。

⑦瓦西里耶夫：《中國的發現——東亞文化史和經濟政治史論文集》（W.P. Wassiliew, *Die Erschlie[illegible]ung Chinas. Kulturhistorische und wirtschaftspolitische Aufsätze zur Geschichte Ostasiens*, Ieipzig, 1909），第 49 頁。

⑧參見海因茨・哥爾維策爾：《黃禍論》（中譯本），第 111 頁。

⑨參見海因茨・哥爾維策爾：《黃禍論》（中譯本），第 113-114 頁。

⑩呂浦、張振鵾等編譯：《「黃禍論」歷史資料選輯》，第 2-4 頁。

⑪參見海因茨・哥爾維策爾：《黃禍論》（中譯本），第 123-124 頁。

⑫參見海因茨・哥爾維策爾：《黃禍論》（中譯本），第 126-128 頁。

⑬呂浦、張振鵾等編譯：《「黃禍論」歷史資料選輯》，第 283-290 頁。

⑭呂浦、張振鵾等編譯：《「黃禍論」歷史資料選輯》，第 291-298 頁。

法國及比利時的「黃禍論」

如前所述，法國在十八至十九世紀前期對於中國及東亞文明的問題就有討論，而較多的直接接觸則是從十九世紀開始的。

一八四三年，法國組織了一次有各種人參加的考察中國的旅行。參加者之一的查利·拉佛萊（Charles Lavollée）後來在政府任職，一八四六年他出版了《歐洲人在中國的處境》一書；一八五四年又就中國的太平天國起義問題寫了《中國的內戰》。在後一本書中他提出，對於歐洲人而言，中國已不是一個「骨董」和好奇心的對象，而是「已經成為擁有三億消費者的市場問題了。這個市場以它的全部作用在世界貿易範圍中處於舉足輕重的地位。中國的廣闊天地為西方的政治野心、工業經營和宗教宣傳敞開大門」①。一八四七年法國海軍中將儒里昂·德·格拉維埃爾（Jurien de Graviere）等人乘戰艦巡行至中國海面，一八五四年出版了報導此次航行的《男爵號三桅軍艦在中國海航行記》，稱：「歐洲總有一天會把它的注意力轉向遠東。」此類行動和言論表明，在中國進入近代之初，法國也是急欲把自己的勢力擴展到中國的國家之一。

一八七〇至八〇年代，盲目樂觀的觀察和預測漸漸被憂心忡忡所代替。一個毫無根據的傳說在法國流行：一八七三年在維也納舉辦世界博覽會時，中國與會的全權代表給一個幫助過他的法國代表寫下了一份保證書，內容是一旦中國軍隊開進巴黎，中國軍隊會保證這個法國人的住宅安全。這個像幻想小說似的情節，居然有人相信而且在法國的文獻中一再提及，比如收進了法國資本家弗里德里克．勒普拉（Frédéric Le Play）一八八一年出版的《人類的基本體質構造》一書，就足以表明法國社會有可能接受「黃禍論」的氛圍。勒普拉在書中稱中國是和俄國、美國一樣「擁有大量必需的礦產資源的大國」，把「中國的工業化和正在逼近的中國競爭」列入多種危險因素（法國當時已在研究「美禍」）之列，強調「歐洲只能在統一成一個聯邦時才能和它們抗衡」②。

加州和澳洲的排斥華工運動顯然影響了法國人。曾經在夏威夷當過七年外交官的沙利．維克多．瓦里尼（Charles Viktor Varigny）研究過華僑問題，他注意到了美國和澳洲的排華運動，預言人們如果不採取對策，則不到十九世紀末，「中國移民會遍布加州」。他「把中國人看成快要到來的美國社會主義革命的先行」，因為中國勞工搶去了白種工人的工作機會，於是白人「社會主義者」不僅對中國勞工施暴，而且攻擊資本家、鐵路大股東和地方當局。他還危言聳聽地說，儘管美國內戰已經結束，但最後分裂為南部、北部和西部的危險仍然存在，而「中國人的遷入也將成為這種分裂的動因之一」③。

地質學家查理．維納（Charles Wiener）受法國政府委託，於一八七五至一八七七年在南美做考察旅行，並把考察任務擴大到了現實的社會學領域。他在一八八〇年出版的《祕魯和玻利維亞》中，描述了黑奴被中國苦力代替的前景，還指出了缺乏保護的合同華工之惡劣生活條件和勞動條件，擔心在這種狀況中生活的華工會自然而然地產生出一種仇恨壓迫者的心理，總有一天會結成一支可怕的革命隊伍，進行暴力革命。維納還說中國人的氣質中還有其他的抱負，因此「我們認為，終有一天中國人會支配整個世界。從目前來說，中國人已經起著相當大的作用了，不僅對土著而且對歐洲人來說，這些少數獲得自由的中國人都是無可爭辯的競爭者」④。

六〇年代曾經三次到中國旅行和考察的自然科學家、傳教士阿曼德·達維（Armand David）對中國一直沒有好感。七〇年代初，他在向巴黎地理學會提出的一份綜合報告中說，他認為中國人不準備也不願意讓歐洲文明傳入中國，而且從保護歐洲利益的立場來看，使中國人得到更好的科學教育也是錯誤的，「因為一旦他們懂得了我們的語言，了解到我們進行科學研究的方法和經商的手法，他們便會產生得到這一切的願望和欲念，獲得達到這一切的手段。這樣一來，這些螞蟻般的無窮無盡的人群就掌握了遇事權衡、深謀遠慮的商業和經濟的思想，就可以吞沒全世界」⑤。這位教會學者相信，在遙遠的未來，世界上會形成統一的人類社會，但眼下顯然根本不可能，因此他主張畫分一條嚴格的界限，考慮給中國過剩的人口開一個閘門，讓這支人流在東亞、馬來群島甚至非洲的一部分地區發揮他們「堅韌的積極性」，但一定要阻止其湧入歐美兩洲。

曾經擔任駐中國領事的考察家、外交官尤金·西蒙（Eugéne Simon）於一八七一年寫過〈中國的農業〉和〈歐洲人在中國的商業的現實情況〉等文章；一八八五年又出版了頗有影響力的《中國的城市》一書。西蒙嚮往而且主張「開發」中國，給中國未來的文明（西化）勾畫了理想的藍圖，但同時又用黯淡的筆調描繪中國和西方關係的遠景。他認為這不僅是因為中國「有一天會回到東京灣」（指越南北部一帶，當時法國剛把印度支那地區納入其殖民地體系——作者），而且「中國能在經濟上和人口政策上壓倒歐美」⑥。

總的來說，在一八九〇年代以前，法國對於中國的認識和討論，主要關心所在還是中國作為西方商品的市場問題、人口流出問題和接受西方文化的問題。法國輿論中此時已在使用「美禍」而未使用「黃禍」的字眼，但早就充斥著對中國的警懼，而正如海因茨·哥爾維策爾所說，這是「帝國主義時代的自我剖白，和處於帝國主義時代的不安和憂慮的表現，這種不安和憂慮在帝國主義發展的開始階段就已經存在了」⑦。

這種不安和憂慮有可能導致一種歇斯底里的誇大其詞，也有可能導致反向的冷靜思考。後者如一八八四年中法戰爭期間，《法國經濟學家》主編保羅·拉羅瓦—博列（Paul Leroy-Beaulien）等人，曾針對挑起戰爭的總理茹費里展開論戰，他們認為茹費里以為中國微不足道的看法是不正確的，批評法國政府向中國提出無限度的要求，提醒人們不要輕率地在東亞採取軍事行動。他們還分析了遠東的經濟情況，對於法國商人和企業主遭到競爭的恐懼心理越來越大。保羅·拉羅瓦—博列在一八八五年對在中國修築鐵路一事，就曾發表心態複雜的見解：「當然，修建鐵路無可爭辯地發展了他們的物質財富，在目前替歐洲的工業開闢了意義重大的銷售市場……但是人們也得為明天著想，未來的日子將由一個深刻的變化來決定。一個擁有三億人口的、具有優秀智慧、知足的、朝氣蓬勃和堅毅的工人的民族，將占有我們完備的生產資料。這種變化當然不是兩三年或是十年、十五年會發生的事，至少需要二十五年或更多的時間。不過即使中國人掌握了生產工具，在很長時間內，他們將缺乏資金，這將會成為西方對付東方的自衛手段。如果中國成為一個工業國，那麼由於中國人生活儉樸，資金日後也會積累起來的。一旦中國大部地區全部掌握了我們的技術成就和發明成果時，就會掀起幾世紀來在世界上發生的那種深刻的革命。」⑧可見，**在這些睿智的經濟學家頭腦中，還是感到了未來的中國工業化和經濟實力給予法國的威脅。**

進入一八九〇年代，法國的《兩個世界》、《法國經濟學家》、《歐洲經濟學家》、《印度支那》、《外交和殖民地問題》等雜誌上研究「黃禍」的文章多起來了，還出版一批研究中國問題的單行本，各種利益集團的代言人從不同角度，發表了眾多見解，而且探討了防堵「黃禍」的種種方法。

自命為代表法國本土的大地主、工廠主和白種工人利益的埃米爾·巴爾貝（Emile Barbé）律師，是反對經濟上的自由主義的。他從印度紡織工業的發展造成英國紡織工業的危機這一事實，推測東西方經濟關係將有新的變化，並且對歐洲的殖民地制度表示悲觀，「亞洲人要對人們以文明和開發的名義向他們所做的罪惡勾當進行報復」，而這首先會體現為經濟競爭。因此他在一八九三年就提出：「出於亞洲威脅的關係，關稅保護的辦法現在也有利於勞工階層，這和古老的禁止入口制度比較起來前進了一大步。」「禁止入口制度」是在同一時期由英國人沃爾特．弗雷文．洛德（Walter Frewen Lord）提出的，巴爾貝以略帶揶揄的口吻說：「人們不久才推垮中國的『萬里長城』，強迫這個『天朝上國』違反自己的意願與西方進行貿易以後，自己卻要在本國國土上築起一道長城停止與中國的貿易。這種主張看來頗為有趣。總的來看，沃爾特．弗雷文．洛德爵士主張的禁止入口論倒是新穎的，他的主張也並不是只有利於大地主和工廠主的關稅保護法，他想實現的是一種對工人有利的措施，不僅符合這兩個利己的階級的利益，而是符合整個種族利益的關稅保護政策。」⑨巴爾貝與洛德，一個主張關稅保護，一個主張禁止入口，前者與後者只是五十步與百步的差別而已。

比利時的貨幣複本位論者阿爾封斯．阿拉爾（Alphonse Allard）在一篇題為〈黃禍〉的文章中，介紹了東亞豐富的自然資源，龐大的人口以及工業和交通的發展前景。他著重強調，亞洲產業工人勞動時間長，報酬低，如果歐洲工人的工資降到亞洲工人的水準，馬上就會發生革命。

不僅在遠東地區，而且在墨西哥等地，黃種人的競爭都會使歐洲遭到威脅。他認為歐洲在可能的經濟競爭中處於不利地位的原因除了資源和工人工資的因素之外，還有一個重要原因是當時歐洲各國實行金本位制，而東亞各國實行銀本位制，世界因而分裂為兩個貨幣本位體系，影響了東西方的經濟來往，而且「以金本位為基礎的歐洲各民族對實行銀本位的東方人所做的鬥爭是徒勞無益的。在這個大規模的鬥爭中，實行銀本位的黃種民族將以勝利者的姿態出現。這就是使我們驚慌的『黃禍』」。因此他主張實行複本位制，即「提高整個歐洲買進和售出（貨物）的價格，提高專門用來和東方人進行貿易聯繫的物品（指銀子）的價值」⑩，以重振歐洲的貿易優勢。

法國外交家兼政治家埃斯圖內勒·德康斯坦（Estournelles de Constant）在一八九六至一九〇〇年寫過〈競爭和失業〉、〈中國問題〉、〈未來的禍患——歐洲和它的競爭者〉等文章，提醒人們注意「黃禍」。當時歐洲有人提議建築鐵路把歐洲和東亞各地連接起來，德康斯坦表示反對，認為這樣會使亞洲的產品更可怕地流入歐洲。他認為當時日本已經開始經濟起飛，正在爭取獲得在遠東的優勢，東亞門羅主義已在形成，如果中國的工業獲得發展，那麼它對歐洲的威脅將遠遠超過日本。因此他主張歐洲聯合，共同對付東亞的競爭。他還認為美國人、加拿大人、澳洲人驅逐華人是很自然的，並說這並非出於種族仇恨，而是出於對競爭的恐懼，是經濟上求生存的鬥爭。

一九〇一年法國《費加洛報》編輯愛德蒙·戴利（Edmond Théry）出版了一本題為《黃禍》的小書，作為他在義和團運動後對中國一次考察的總結。由於義和團運動與清軍的抵抗均輕易被八國聯軍鎮壓下去，所以該書重點未談軍事和政治問題，而是關注中國的工業化起步。他心目中的「黃禍」，是「建立在歐洲工業大國的社會制度之上的國際關係平衡遭到猛烈的破壞，而這個破壞是由一個新且極大的國家突如其來不尋常和無限制的競爭引起的」。他在這裡沒有明言所謂「極大的國家」是指中國還是日本，但其結論是明確地警告歐洲不要讓中國模仿日本工業化的榜樣，以免使歐洲遭到致命的競爭。

德康斯坦為該書寫了前言，他也把「黃禍」理解為未來會征服整個歐洲的全球性危險的一部分，希望歐洲一致組建起自己的抵抗力量，同時在行動上應該「不是加速中國人的競爭，而是使中國人競爭的發展變得緩慢」⑪。德康斯坦的話很容易使人聯想到拿破崙「別讓中國睡獅驚醒」的著名比喻。

耶穌會士路易·格耶（Louis Gaillard）刻意美化法國的殖民政策，否認歐洲「剝削」了其他民族尤其是東方民族，偽善地表示自己承認其他民族的「權利」，而這與「我們正當地爭取自己的利益」毫不矛盾。他還說：「天主教反覆向群眾傳布，但願中國會懂得，它是成為恢復生機的原則，成為生活的、大事業的、進步和解放的基本保證。假如天主教早被接納的話，中國早就不會在肉體和道德上衰落了，也就根本不用去提『黃禍』問題。」⑫即認為讓中國人真正接納天主教是解決「黃禍」問題的根本辦法。

總之在一九〇一年以前，法國輿論中關於「黃禍」的討論，主要還是圍繞中國的人口外遷、工業化和貿易，以及宗教信仰等問題進行的。從一九〇二年起，開始有少數人談論未來的中國軍事威脅問題。這一年，曾任法國殖民地官員的若斯林·佩內－西埃菲爾特

（Jocelyn Pène-Siefert）寫了一本題為《黃種人和白種人在中國》的書，書中談到中國在擁有現代化武裝之後會對白種人持何種態度的問題。他說：「如果中國人始終是商人或是守信的和平主義者，則對好戰和掠奪成性的白種人更有好處，至少暫時能這麼說。如果他們因為受到妨礙不能進行勞動和收穫他們的勞動果實，而想要掌握殺人和毀滅物質的簡易手段的話，則他們可以擁有千百萬士兵，把世界夷為平地。」

他還說，**雖然中國「不能立即把這支軍隊建立起來，但是時間對亞洲人來說並不重要。也許目前他們在歐美和日本的軍事留學生中會產生偉大的戰略家。而且現在已經有了以驅逐白人為目的的軍人祕密組織」**⑬，所以人們應該當心。還有海軍陸戰隊軍官出身、曾到過非洲和印度支那，最後在一九〇〇年參加八國聯軍進攻中國時嶄露頭角的亨利·尼古拉·弗雷將軍（Henri Nicolas Frey），一九〇四年在其所著的《古代、現代和將來的中國軍隊》一書中，曾預計中國軍隊必然會現代化，因此必須注意到這支軍事力量可能對白種民族所造成的威脅。而其他談論中國軍事問題的作者都「把法雷看作專家而樂於引用他的論據」⑭。

法國人在討論「黃禍」的時候，除主要出於上述人們熟悉的經濟、外交和社會政策的觀念之外，在學術界的人士中，還廣泛涉及哲學、社會學、民族學、人種生物學、應用人種學以及大眾心理學。另外還有一個值得關注的現象是，一八八〇至一八九〇年代，以法國學術界為中心，曾經流行一種**「歐洲衰落論」**或**「白種優勢喪失論」**，其中最令他們擔心的又是**「拉丁民族衰落論」**。作為拉丁民族之一的法國人，不僅對東方覺醒懷有畏懼，對德國、美國的興起和英國與美國、日本接近的趨勢，也深感不安。所以法國出現的「黃禍論」，既是一種「空想」和「幻象」，也可說是悲觀和恐懼的產物。

古斯塔法・勒朋（Gustave Le Bon）是法國公認學識淵博的社會學家和社會心理學家，具有哲學修養。自然主義、心理學、以研究種族為目的的社會學構成了勒朋的世界觀。他寫了《人與社會》（一八八一）、《印度的文化》（一八八七）、《幻想和現實：當前的世界演變》（一九二八）等書，主題都是探討白色種族的未來命運。

勒朋的作品一方面攻擊帝國主義，激烈地批評歐洲人尤其是英國人在亞洲、特別是對中國的所作所為和道德上不可寬恕的歷史紀錄。另一方面，他是生物學上的宿命論者，堅持認為白色人種必然會沒落，而人類的意志、道德和性格改變的可能性和作用極為有限，所以他無法在這兩種價值取向上維持平衡。比如，他在一八八〇年代曾說「將來中國工人進入歐洲才是真正可怕的事情」，同時預言印度人將被亞洲其他種族當作征服全世界的工具，又估計中國、印度、俄國會聯合起來反對英國，但是他相信「西方將永遠保持思想的精華，因為東方拿不出與此相同的東西」，尤其是「中國人的大腦組織不會超出一定的水準，因而不用害怕以競爭者姿態出現的中國人能做出更高明的事」，而且他「對這一切感到欣慰」⑮。顯然，無論從勒朋的觀點、結論來看，還是從其情感和立場而論，書中是正確與謬誤並存，而且兩方面都應該引起人們的考慮。

當代的哲學家阿爾弗烈德．富伊埃（Alfred Fouillée）也運用類似勒朋的理論探討種族和民族的前途問題，不過他不像勒朋那麼悲觀。一八九五年富伊埃出版了《氣質和性格等》一書，書中表示，他對黑人、白人和黃種人之間的鬥爭將對二十世紀的政治內容起決定性作用這一點深信不疑，因而形勢是危險的。為此，富伊埃反對有色人種遷入白人國家，他「從美國人和澳洲人反對黃種人移居該地區的運動中，看到了充滿希望的徵兆」，而且「無條件地擁護實行以種族為範圍的關稅保護政策」。富伊埃對美國和俄國寄以厚望，稱「一切問題都取決於美國人是否理解到他們對世界所擔負的任務並聯合歐洲的民族，此外俄國人有責任充當隔絕遠東的藩籬」。

但在對白種人的衰落和黃種人的興起問題上，富伊埃不信宿命，不同意聽其自然而強調白種人還應有所作為。他說：「占優勢的種族必然是把最大的智慧和堅強無比、紀律嚴明的意志相結合的種族……如果我們理解到振作起來，聯合起來，如果美國理解到本身的天職，歐洲的種族就能保持自己的優勢。自然，我們不能蹉跎光陰，或是相信美其名為進步的虛假的力量，幻想建立起一個永恆的帝國。重要的是要有預見，並為我們的前途做準備。未來將會和我們自己所要創造的完全相同。」⑯他的樂觀建立在白種人的發明才能、充沛精力和道德原則的基礎之上，而這顯然是哲學思維的結果。

文學史家兼自由主義政論家埃米爾·法蓋（Émile Faguet）是富伊埃觀點的熱烈贊同者，他在一篇題為〈下一個中世紀〉的文章中，首先批駁傅立葉（Charles Fourier）的「空想社會主義的公社」，認為即使有了「公社」，內部也不會平靜，這種爭端就是黃種人和黑人威脅白種人的問題。他說，從種族而言，希臘人、羅馬人和「未開化」的日耳曼人同出一支，但黑種人和黃種人則不然。他引用富伊埃的觀點，論證「文明，或者更確切地說，即人性的更高的因素，是和白色種族聯結在一起的」，因而必須維護白種人的優勢地位。他批評有的人認為中國人和日本人的智慧與道德發展很了不起，承認中國與日本具有強大的潛力，他和富伊埃一樣，認為這種觀點危險而且有害。法蓋相信，如果有色人種征服了歐洲，就會產生無政府狀態和黑暗。他把這個可怕的時代稱為「第二個中世紀」。他像法國的哲學先輩康·特·梅斯脫（Comete de Maistre）一樣，用「世界」和「人類」取代「民族」和「階級」，把黑種人、黃種人和白種人的矛盾與衝突加以誇大，說「現在的問題不是由一個民族來代替另一個階級，而是整個世界被另一個世界所取代，一種人類被另一種人類所取代。」

為了防止或至少是推遲「下一個中世紀」的到來，法蓋支持北美和澳洲的排華運動，他認為無論是出於經濟的還是社會政策的動機，白種人築起一道萬里長城來阻止中國人是可以理解的。但法蓋知道這個長城不可能永遠發揮保護作用，他不無遺憾地抱怨，歐洲人征服世界的行動不僅是半途而廢，而且這種擴張活動把有色人種動員起來了。現在的辦法只有「全歐洲成為一個新的羅馬帝國或結成一個聯邦集團」，以進行「自衛」和「抵抗」。

而「在這次抵抗運動中，就如曾經保衛基督宗徒抗擊土耳其人的波蘭那樣，俄國人將充當白種人抵禦黃種人的堡壘和藩籬的角色。那時將發生可怕的鬥爭……彷彿命中早已注定：歐洲互相殘殺的時代和為了抵抗侵略（又要耗盡元氣）而聯合起來的時代之間，永遠不會出現令人高興的短短的一百年時間。在這一百年中，不允許有片刻的休息和互相友愛，這段歷史同樣不會使人感到歡樂」。那麼最終的結局如何？法蓋預計：「也許是黃種人徹底戰勝白種人，再看得遠點，是黑種人又戰勝黃種人。也許幾世紀之後，或是一兩百年以後，將會出現一個黃種人的歐洲。」⑰法蓋的危言聳聽和悲觀之情顯然加劇了法國人對有色人種的恐懼。

在法國影響最大的人類學家約瑟夫·亞瑟·戈賓諾（Joseph Arthur Gobineau）寫過《論人類種族的不平等》、《人種學綱要》、《對當前世界形勢的判斷》、《阿瑪油斯》等著作。他把印度和中國的情形作為自己種族理論的材料，證明即使歐洲人征服了印度人，要把他們「同化」也是不可能的。而危險卻在於亞洲人的文明提高和歐洲人被亞洲人「腐化」，因此白種人征服中國的可能性不大，而且沒有意義。

戈賓諾關注著中國人在美洲、澳洲和以緬甸為界的東南亞的移居，並說中國在中亞進行積極的活動。他還認為俄國人在遠東的擴張，只會使東亞的新一代人在亞洲古老種族和民族的搖籃中迅速成長起來，準備向歐洲進行大規模的入侵。這個悲觀的法國貴族懷著恐懼注視著未來，他在一八八五年曾說：「我觀察到亞洲正在醞釀著一系列禍害。我相信這些禍害遲早會一起落到歐洲人頭上。我看到這些禍害以閃電般的速度醞釀和擴大。我不能完全肯定是否在十年以內世界的總體結構將面臨一個巨大的改變。」兩年之後，他又在其作品《阿瑪迪斯》中，採用詩歌的表現形式描寫黃種人在俄國的領導下進攻歐洲的遠景⑱。

法國種族論者瓦雪爾・德拉布若（Vacher de Lapouge）於一八八九至一八九〇年在蒙彼利埃（Montpellier，又譯蒙布利耶）大學講學時，多次提及世界範圍內的種族之間的鬥爭問題。他認為當時日本人、美國黑人和安第列斯人對白種人造成的威脅已居重要地位，但未來更大的危險卻是亞洲人（主要指中國人）、非洲人和白種人的競爭，而危機將出現在黃種人和黑種人的文明程度趕上西方民族的時候。但他講學的時候正值中國衰弱不堪而且面臨瓜分，所以他反對誇大東亞經濟力量的挑戰，也不相信會有策源於東亞的軍事入侵。

那麼危險何在呢？這位想像力無比豐富的學者居然從羅馬帝國的軍隊中大量使用日耳曼人、最後日耳曼人反戈一擊造成羅馬帝國衰亡的歷史中得出了如下推論：「從軍事角度來說，我擔心統治中國的歐洲執政者使用強大的由黃種人組成的軍隊來反對白種人。我擔心人們會把黑人和黃種人組成衛戍部隊駐在法國和德國的首都以維持秩序，就是說，西方國家政府用有色人種的軍隊來鎮壓西方人民。我更擔心的是，在一次大規模的戰爭中，俄國沙皇利用編入他的軍隊的上百萬中國士兵把西方毀滅。」[19]這種天方夜譚式的預測不僅在當時很有市場，甚至直到一九五〇年代因為中蘇結盟而再度被傳播，不過此時的俄國沙皇變成了「紅色沙皇」，「黃禍」變成了「赤禍」。

還有一個原籍為德國，後來取得法國國籍的所謂考察家兼東方問題專家亞歷山大・烏拉爾（Alexandar Ular），他當過作家、政論家和商務代表，曾多次到過美國、俄國，特別是中國，並在巴黎與不少印度人和中國人往來。此人有罕見的語言天賦，研究中國的語言文化比較深入，組織出版過中國文學的書籍，還把老子的《道德經》同時譯為德文和法文，於一九〇三年在歐洲出版。烏拉爾在比較著名的《現代評論》、《白種人雜誌》、《德國展望》等刊物發表過時政評論，諸如關於一九〇五年俄國革命的《俄國革命》，關於土耳其衰落的《熄滅的新月》以及論述俄國與遠東關係的論文，還有一篇名為〈黃色的逼迫〉的小說，藉小說人物之口討論中國問題。他談論「黃禍」比較集中的作品，是一九〇四年出版的著作《俄中帝國》和同年發表在《現代評論》上的文章〈日本的泛蒙古主義〉。

烏拉爾密切注視所有黃種人「全球性的種族擴張」的每個「跡象」，以一種近乎狂熱的態度企圖使「黃禍」問題成為討論世界政治的焦點。當時法國還有一部分人士反對「黃禍」之說，認為這個說詞「滑稽可笑」，烏拉爾卻堅持說：「實際上『黃禍』在世界政治中占主要地位，因而它是現實問題，是很嚴重的問題。」

烏拉爾不同於他人之處，是把「黃禍論」理解為帝國主義時代的意識形態，是把人們從政治上動員和團結起來的一種「催化劑」。而且「『黃禍』這個口號反映出大規模的人口政策事件……這種事態正在從自發的變成有組織地進行的階段」。烏拉爾的這種觀點主要是指俄國和日本。他說，俄國原先最害怕中國的擴張，但是從俄國政治家烏哈多姆斯基提出的泛蒙古主義政策和「黃色俄羅斯」計畫構成了大俄羅斯體系的思想基礎之後，俄國將會轉而企圖利用中國在國內外的發展。而日本的近衛文麿公爵領導的東亞文化協會亦主張泛蒙古主義，但目的是與俄國爭奪東亞霸權。這兩種目標不同的「泛蒙古主義在將來就是有組織的『黃禍』」，使歐洲遭到嚴重威脅。烏拉爾對中國的看法好過俄國和日本，認為如果中國的經濟實力得到充分發展的話，那麼俄國式的、日本式的泛蒙古主義都會破滅。

烏拉爾希望「中國的中產階級抵抗來自俄國和日本的泛蒙古主義運動」，為此「中國不能再輕視現代技術和文明方面的成果」，同時西方特別是法國和美國應加強文化攻勢，「在精神上開發中國」，擊敗以俄國和日本為策源地的泛蒙古主義⑳。烏拉爾的言論常常自相矛盾，出言不夠慎重，故有人嘲笑他起碼要幾個世紀或幾十年才能發生的事，到他筆下只須幾年時間就行了。但是他同時代的人似乎還重視他，認為他的認識原則上是對的，曾經反對「黃禍論」，提出「白禍論」的阿納托爾．法朗士（Anatole France）也曾稱烏拉爾為「一個與眾不同的歐洲人」。

二十世紀初年，法國是俄國的盟友。當一九〇四年發生日俄戰爭，俄國因戰敗而大肆宣揚「黃禍論」的時候，法國在輿論上給了俄國支持。當時法國內閣的部長，如德拉內桑（Antojne Lanessan）、哈諾托克斯（A. A. Gabriel Hanotaux）等都隨著俄國的指揮起舞。俄國的《新時代報》、《論壇雜誌》在這場宣傳戰中是主要陣地，而法國的《光明報》、《歐洲人報》、《外交和殖民地問題報》都轉載了《新時代報》的有關文章；法國的《印度支那評論》在日俄戰爭結束之後還連載了《論壇雜誌》的長文〈東方的危險〉。《巴黎回聲報》還發表了捏造的「日本入侵印度支那計畫」。

在法國及比利時，認為存在著或將會有「黃禍」的代表性人物的言論及觀點大體如此。與德國的情形相比，法國的統治者沒有像德皇威廉二世那樣喧嚷「黃禍」，缺少了最上層人物的示範，外交官、軍人、學者和別的舞文弄墨者倒有可能自由地發表各種見解，所以法國還有相當多不贊同「黃禍」之說的言論。這點將在後面介紹。與德國不同的第二點是，十九世紀末二十世紀初的法國不僅像歐洲其他國家一樣流行著「歐洲衰落論」，而且作為拉丁民族之一的法國人還有更深一層的「拉丁衰落論」，因為有這種雙重的惶恐，所以「歐洲統一論」在法國比德國喊得更響。在外交上，法國輿論不像德國那樣公開批評與日本結盟的英國；法國在一八八〇年代也有「美禍」之說，但隨著所謂「抵制遠東的經濟威脅」之說登場，法國就比德國更寄望於美國；在對待俄國的態度上，法俄雖曾多次在遠東政策上合作，但擔心俄國助成「黃禍」的人顯然多於德國式的希望俄國為歐洲阻止「黃禍」的人。第三點不同是，法國是開始沒落的老牌殖民主義國家，而德國是後崛起的帝國主義國家，因而前者的戰略是盡量保住既得利益的老本，後者則因為遲到而胃口極大，顯得貪婪而且來勢洶洶。

法國的政論家阿·富克（A. Fock）一八九六年曾在一篇名為〈東方與西方：非洲的經濟作用〉的文章中毫不掩飾地談到「黃禍」帶來的問題，但他的解救方法是撤出亞洲，把歐洲的精力尤其是法國的精力集中於經營非洲。一九〇四年，戰略地理學家奧奈西·雷克呂斯（Onésime Réclus）也寫過題為**〈我們放棄亞洲，抓住非洲〉**的文章。作者認為，美國人、英國人和德國人已在中國占了優勢，現在又有日本和中國自己這「兩隻黃狼」加入競爭，所以法國在中國會處於下風；法屬印度支那也保不住，法國人無法使該地區法國化，而中國人正在那裡「進行中國化的活動」。因此他主張「放棄亞洲，抓住非洲」㉑。上述兩人都是贊同「黃禍」存在的人，不過他們並非主張進攻而是因為害怕「黃禍」所以主張退避，這種主張又是當時法國因財政困窘，社會黨人要求「卸除亞洲的擔子」的類似反應。

註釋

①拉佛萊：《中國的內戰》，轉引自海因茨．哥爾維策爾：《黃禍論》中譯本，第 140 頁。

②海因茨．哥爾維策爾：《黃禍論》中譯本，第 140-141 頁。

③瓦里尼：《中國的入侵和美國的社會主義》，轉引自海因茨．哥爾維策爾：《黃禍論》中譯本，第 139-140 頁。

④維納：《秘魯和玻利維亞》（Ch. Wiener, *Pérouet Bolivie*, Paris, 1880），第 36 頁。

⑤《地理學會學報》（*Bulletin de la Société de Géographie*, Paris, 1871），第 477 頁。

⑥西蒙：《中國的城市》（E. Simon, *La Cité Chinoise*, Paris, 1885），第 159、82-84 頁。

⑦海因茨．哥爾維策爾：《黃禍論》中譯本，第 131 頁。

⑧《法國經濟學家》（*I'Economiste Francais*），十三年度（1885 年），第 254 頁。

⑨海因茨．哥爾維策爾：《黃禍論》中譯本，第 142-143 頁。

⑩阿拉爾：《黃禍》（A. Allard, *Le Péril Jaune*，載 *Revue Génerale*, Januar-Juni, 1896），第 505-524 頁。

⑪戴利：《黃禍》（E. Théry, *Ie Péril Jaune*, Paris, 1901），第 309、26 頁。

⑫格耶：《中國和歐洲》（L. Gaillard, *La Chine et I'Europe*），譯文據海因茨．哥爾維策爾：《黃禍論》中譯本，第 150 頁。

⑬佩內．西埃菲爾特：《黃種人和白種人在中國》（J. Péne-Siefert, *Jaunes et Blancs en Chine*, Paris, und Lyon, 1902），第 6 頁。

⑭海因茨．哥爾維策爾：《黃禍論》中譯本，第 137 頁。

⑮海因茨．哥爾維策爾：《黃禍論》中譯本，第 155-156 頁。

⑯富伊埃：《氣質和性格等》（A. Fouillée, *Tempérament et Caractere etc*, Paris, 1895），第 360、367 頁。

⑰法蓋：《下一個中世紀》（E. Faguet, *Le Prochain moyen âge*），載《辯論雜誌》（*Journal des Debates*, 1895）。

⑱參閱謝曼：《戈賓諾傳》（Ludwig Schiemann, *Gobineau, II*, Straβburg, 1916, s. 608f）。

⑲德拉布若：《亞利安人及其對人類社會的意義》（V. de Lapouge, *Der Arier und seine Bedeutung für die Gemeinschaft*, Frankfurt, 1939），第 38 頁。

⑳參閱格爾維茨：《亞歷山大・烏拉爾》（S. D. Gallwitz, *Alexander Ular*，載 *Weserzeitung*, Nr. 227 vom 1, IV.1919）。

㉑海因茨・哥爾維策爾：《黃禍論》中譯本，第 135-136 頁。

英國與澳洲的「黃禍論」

十九世紀中期以後的英國，仍然是當時世界上最大的殖民帝國，它不僅在工業生產、世界貿易、海軍力量等方面擁有雄踞世界第一的優勢，而且在社會科學理論的「發明」上也處於領先地位。舉凡國民經濟、政治地理和地緣政治、人種學、人口學、統計學的盛行，「進化論」、「生存空間」、「東方政策」等學說、概念亦由英國人率先提出，充分證明一些帝國主義的意識形態和思想學說原來是某些社會科學理論的派生物。英國的強大發達，不僅體現在它是先進武器裝備的「軍火庫」，同時也是思想理論的「軍火庫」。

與「黃禍論」直接有關的是人口學理論，無論是對人口增長持樂觀主義的威廉．葛德文（William Godwin），還是持悲觀主義的湯瑪斯．馬爾薩斯（Thomas Malthus），在對亞洲人口壓力的憂慮方面完全是一回事。而從人口問題出發，考慮到開發地下礦藏和其他原料（當時還沒有應用石油，主要燃料是煤炭），或者是考慮到廉價的勞動力可能使歐洲經濟破產的時候，人口論就成為「黃禍論」者的一大論據。

在最後二十年，英國的一些社會哲學和社會學派別把達爾文生物進化論的自然規律運用於人類社會，把國家、民族或種族之間的「生存競爭」視為弱肉強食的法則，形成社會達爾文主義，使之與帝國主義的思想意識完全適應。社會達爾文主義對於帝國主義之行動的可用性顯而易見，但它還不是帝國主義唯一的理論武器。在英國當時的帝國主義者中，「不少都信奉康德（Immanuel Kant）和卡萊爾（Thomas Carlyle），尤其是受牛津新唯心主義派的國家與社會哲學、巴里奧爾學院派的影響。精神上的衝動，對責任感和使命意識的要求以及面子上的需要，在競爭和剝削的本性之外，同時也時常微妙地和這種本性交相結合在一起，構成帝國主義的主要動力。這種動機凝縮為意識形態，在用"The white man's burden"（『白人的負擔』）這句警語來說明的觀察範圍中，在對於世界使命、對於放諸四海而皆準的文明政治任務帶有宗教色彩的信仰中，以及在所謂各種『泛』的運動中變得具體化了」①。

這就是說，帝國主義的意識形態中包含著許多經過了扭曲的科學理論的衍生物。還有如從人類學中產生了應用種族學、種族優生學和人種改良學，從地理學中產生地緣政治學等，而每當帝國主義思想開始思考東亞問題的時候，人口論、文明論、種族主義及地緣政治等等，就會發生作用。

前面說到，**當自己一方把他人看成禍害或威脅的時候，往往同時伴生著己方的「沒落」論或「衰落」感**。在中西歐地區，由於感受到俄國的崛起，所以法國、德國及其他小國曾長期流行「俄禍」論；美國崛起後又有「美禍」論，法國還曾流行「拉丁民族衰落論」。總之，德法等國在十九世紀後期對於他人的變化與自己的實力地位問題十分敏感。

英國略有不同。整個十九世紀的英國在世界上始終處於一等強國的地位，維多利亞時代形成的自信與傲慢，使得它不可能隨著德皇的定調起舞。在與列強的關係上，英國自恃與美國有特殊的種族和語言文字聯繫而不太擔心；在遠東刻意拉攏日本，趨向建立英日同盟；在亞洲大陸的統治權上則傾向於同俄國達成協定，維持某種均勢。加上英國有世界範圍內最多數的殖民地和普遍的商業利益，所以英國政府不主張採取極端政策。當屬於英聯邦的澳洲推行「白澳政策」、排斥華人的時候，在中國的英商出版機關刊物《中國海外貿易報告》於一八八八年曾尖銳地向澳洲政府提出批評。英國的香港總督也向澳洲維多利亞州政府提出，如果澳洲繼續推行排華運動，將會危及英國的利益。

一八九四年，英國很有影響力的雜誌《十九世紀》上曾刊出文章，從經濟和人道主義觀點對美國加州和澳洲的排華運動加以批評：「我要為在加州或昆士蘭等新開發地區的華僑辯護的話是，有一定數量的華僑，對於這些地區的開發，只會證明是取得成就的一個最大因素。完全排斥華僑是最短視和最錯誤的政策；驅逐華僑無異是民族罪惡，因為這會使前進的鐘錶倒退。」②總之，當時英國雖然「感到自己在亞洲的統治地位和經濟勢力遭受威脅，但是英國把來自中日兩國或者兩國中任何一國的『黃禍』威脅看得較輕，而認為幾個帝國主義勁敵在亞洲的勢力衝突才是值得嚴重注意的問題」③。

中日甲午戰爭前後這種狀況略有改變。一八九七年十二月七日德國的《總彙報》上有文章說：「英國自己對『黃禍』十分了解，因此據說它不想以任何方式在那兒（指東亞——作者）妨礙我們。」也就是說此後的英國對中國與海外華人亦表現出很不友好的態度。雖然英國政府的政策與官方人士的言論沒有明顯改變，但一些個人著述和報紙文章卻頻頻出現類似於「黃禍論」的言詞和觀點。

首先集中表達種族主義的民族歧視觀點的人，是在英國牛津大學教授歷史多年，後又移居澳洲的查理·亨利·皮爾遜（Charles Henry Pearson）。皮爾遜在牛津大學擔任歷史教授多年，在這個專業領域中始終未能脫穎而出，但他留意的研究課題卻超出了同行們的意料之外，而且他熱中於參加社會活動。在以健康因素移居澳洲之後，他以政治活動家和教育改革家的面孔出現，最後擔任了教育部長。一八九三年，他在英國出版專著《民族生活和民族性格——一個預測》，總結了他對當前的現狀和世界未來演變的一些看法。

皮爾遜信仰自由和個人主義，他的理想是活躍的、有占領慾的、積極參與競爭的生活。皮爾遜深受達爾文和斯賓塞學說的影響，相信達爾文學說的規律可以應用於人類的社會生活，甚至某些物理規律也可用到種族關係上，把人類分成優劣不同的兩類種族。但他又是一個「世紀末自由主義者」，懷疑白種人的「可貴」品質和性格還能維持多久，從而對當時歐洲掀起的從歷史上、政治上批判帝國主義的浪潮推波助瀾。他似乎已經「很清楚地認識到兩點：第一，帝國主義是一個過渡階段，從歷史時期來看相對地是短暫的；第二，有色人種的解放潮流是不可避免的」④。他的這本著作典型地體現出正確與謬誤並存的特色。

皮爾遜從西方社會的種種現象中，諸如鄉村的城市化，家庭生活的解體，經濟倫理的喪失，語言文字的粗俗化及其藝術魅力的喪失等，得出了「個性毀滅」的結論。他對英國傳統的自由主義衰退憂心忡忡，認為「英國人不再信仰私人企業經營，轉而信仰國家組織」，其前途只能是：「在未來的社會中，軍事專制制度將與工業社會主義相結合。國民如果不是國家的士兵，一般也是國家的奴僕。」⑤皮爾遜的這種預測在英國沒有發生，但三、四十年後在希特勒（Adolf Hitler）統治下的德國卻變成了現實。

《民族生活和民族性格》一書認為，歐洲自由主義精神的停滯，尤其是對物質經濟的瘋狂追逐導致個性和民族精神衰退的這一趨勢，將會由於受到日漸增長的中國人的壓力而加速強化。他認為，中國成為一個主權國家之後，「如果中國得到一個有彼得大帝（The Great Peter）或腓特烈二世（Frederick II）的組織天才和積極進取天才的人做君主，對於英屬印度或俄國將成為一個可怕的鄰國」。雖然皮爾遜認為中國的軍事力量不會蹂躪到歐洲，彼得堡和倫敦不會因此向北京屈服，但他認為：「像中國人這樣偉大的民族，並且擁有這樣巨大的資源，遲早會溢出他們的邊界，擴張到新領土上去，並且把較弱小的種族淹沒掉。」⑥

作者認為，更大的威脅來自遠東將會實現的工業化，中國不僅會獨占亞洲市場（皮爾遜完全忽略了日本），而且在整個國際市場的競爭中也將穩操勝券。尤其是人口問題，由於「低等種族人口的增殖要比高等種族快」，黃種人和黑種人迅速增長，中國人發展到東南亞、毛里求斯，甚至到南美洲和中美洲，在整個拉丁美洲有可能凌駕於西班牙血統的人、印第安人和這兩種人混血的種族之上，從而**「始終環繞在地球南北回歸線之間的黑色和黃色帶子，將要擴大其區域，並日益加深其顏色」**。到了那時，「中國人、印度人、印第安血統的人占優勢的中美洲和南美洲國家，可能還包括剛果河流域和贊比西河流域的非洲人在一個異族統治階層的率領之下，把海軍艦隊開進歐洲的海面，他們被邀請參加各種國際會議，在文明世界發生爭吵時作為同盟者受到我們的歡迎」⑦。皮爾遜視此為自由主義時代的末日，因為他「發現自己被那些我們都視為奴僕並認為應當永遠服務於我們的需要的民族擠壓，甚至被排斥到一邊去」，「我們還是死了為好」⑧。

皮爾遜不但擔憂他所喜愛的白種人的擴張將要停止，而且形勢還會逆轉。由於東方（主要是中國和印度）依靠工業化和人口與西方競爭，歐洲人將被迫採用關稅政策把自己與世界隔離開來，或者限制自己人口的增長。白種人一度深信不疑，世界是屬於亞利安人和基督宗教的，到時會發現自己被所謂奴隸種族一步步逼到了死角。同時，歐洲精神也會進入一個「停滯」階段，由於「精力將找不到出路，政治手腕將沒有用途」，「一直渴望征服新世界的那些種族將會喪失素來的信心，今後他們將是意氣消沉、悲觀失望和不重視創造發明和改進」⑨。到了那個時候，西方人無論是物質的或者道德精神的取向都會與東方同化，甚至以東方的標準為楷模。

皮爾遜當然希望阻止上述狀況的出現，因此主張繼續執行帝國主義政策。他極力為「白種人的澳洲政策」辯護，希望後起的德國能夠參與非洲的殖民主義化，還寄望於所謂愛國主義、民族精神能夠彌補西方人由於對物質、經濟的過分追求而引起的精力衰竭。他雖抱持社會自由的立場和態度，卻又主張國家社會主義和提倡國家向福利社會發展，目的只是讓白種人的優勝地位盡可能多維持一段時間。但是皮爾遜從內心認為：「無論什麼也不能保護優等民族，使他們不失掉自己更高貴的動力。而當他想到未來的停滯不前的社會時，就無法掩蓋自己的帶有嘲謔的消極悲觀的感情。」[10]客觀地說，皮爾遜的書雖然對中國多所著墨，對所謂可能出現的中國威脅誇大其詞，不過他側重表達的仍是對西方社會病和帝國主義政策的審視。

《民族生活和民族性格》出版一年後發行第二版，在英國引起了一場熱烈的討論。在法國和北美洲也受到注意。在澳洲更可說是受到極大的歡迎，以致英國歷史學家恩索爾（R. Ch. Ensor）把「白人的澳洲政策」之成功歸功於皮爾遜的這本著作。

十九世紀末，英國贊同皮爾遜所謂「白種人將會衰落」的觀點者很少，而持與皮爾遜相反觀點的人則比較多。其中最著名的是英國政治活動家寇松（George Nathaniel Curzon）和《泰晤士報》主編瓦倫亭・吉樂爾（Valentine Chirol），他倆分別在一八九四年和一八九六年各自出版了同名著作《遠東問題》。

寇松的《遠東問題》是英國人想在世界範圍內保持優勢地位的最佳見證。書中充滿了把大英帝國的活動看作是順應天賦使命和歷史要求的義務感，同時把工業文明時代講究實際的精神以及崇拜強權的熱情結合起來，因此對帝國主義持有樂觀主義的態度。寇松認為，大英帝國和沙皇俄國在世界政治舞台上的矛盾才是最現實、最危險的問題，他擔心俄國的軍事力量，預言英、俄將分操世界軍事霸權，並會長期對峙。相形之下，來自遠東的危險就不那麼尖銳緊迫了。

關於中國，寇松的書中充滿了輕蔑之詞。他特別提到英國的戈登（Charles George Gordon）率領「常勝軍」和太平天國起義軍交鋒的歷史，認為中國不可能在較短的時間內形成獨立的強大軍事能力。加上中國政治機構的腐敗和其他種種弱點，如果爆發軍事衝突，中國將會遭到失敗。根據過去的歷史，寇松斷言中國將永遠處於從屬地位，他因此感到非常「寬慰」。他也注意到了中國向海外移民的問題，但認為這一問題不值得誇大，因為到那時為止，中國只有兩個省（廣東和福建）的人有到國外當華工的傳統，華僑不帶眷屬，大多數人最後仍然回到自己的家鄉，所以並不具有侵略性質。他最後的結論是：「遠東的黃色帶子可能從白人手裡把主要的商業搶過去，也可能把勞動的工資大部分弄到手。但是如果說他們敢抓住帝國的鑰匙或者向西方種族的統治進行挑戰，我是完全不能相信的。」⑪

與前述皮爾遜忽視日本的態度相反，寇松重視日本。他在《遠東問題》的初版中曾預言如果發生軍事衝突，中國將會失敗，甲午戰爭之後，寇松在該書的第二版中得意地說他的預言果然證實了。

《遠東問題》對日本、朝鮮、中國的政治和社會情況做了有價值的評述，作者雖然用了一些篇幅談到「所謂中國的覺醒」，但始終認為日本是遠東的英國，日本將領導和決定亞洲各國的行動，如果黃種人和白種人真正在遠東較量的話，日本才是可怕的競爭者。當然，寇松也說到，只從日本戰勝中國這一事實，還不能得出日本也能擊敗任何一個歐洲強國的結論；即使日本在商業上成為英德兩國可怕的競爭勢力，也不等於白種人在經濟上的優勢將要破產，更不等於英國的政治統治地位就會垮台。但是他希望英國能和日本達成協議，英國在遠東給日本一個廣闊的活動範圍，但必須以不影響大英帝國既有的優勢地位、不影響英國對這一地區命運的支配權為先決條件。只要做到這些，英國就能繼續完成自己在遠東地區的使命，「在古老的亞洲心臟上，她坐在那永遠統治著東方的寶座上。她的王笏指揮著陸地和海洋。像天神似的，她手持三叉戟；像皇帝一樣，她頭戴著王冠」⑫。他用這種詩一樣的語言所描繪出的圖景，和德皇威廉二世塗鴉式的《黃禍圖》恰恰相反，但其表現出的思想顯然也不會為東亞人尤其是中國人所樂見。

《泰晤士報》主編吉樂爾的《遠東問題》⑬則主要是圍繞遠東的外交政策向英國政府建言，所以從該書中找不到所謂黃種人對西方威脅的語句。作者把中國貶抑得很低，認為中國除了把自己向西方工商業開放以求得和日本並駕齊驅之外，別無其他出路。吉樂爾對德國抱有警惕，主張英國和新興的日本建立密切的關係，並和法國、俄國就解決遠東問題達成協定。他對德國聯合法國、俄國調停中日和議而未能從中獲得好處一事，感到十分欣慰。

上述寇松和吉樂爾的這類看法與意見，與英國一八九五年的外交政策轉變有關。甲午戰爭之初，英國外交界最初曾考慮「幫助」中國調停中日爭端，但隨著中國的失敗和日本的勝利，英國的態度逐漸和俄、德、法三國的「遠東聯盟」產生距離，轉而策畫將來能與戰勝國日本進行合作。在這種情況下，英國政治、經濟界大多數頭面人物，以及對政治感興趣的知識界人士形成了一種占優勢的意見：「不論『黃禍』是否真正存在，千萬不能被它嚇倒，在遠東也和其他海外地區一樣，應該勇氣十足地沿著已經打開的道路大踏步走下去。」⑭

同一時期的新聞記者、政治家，後來成為《環球事業》雜誌創辦人和英國下議院議員的亨利．諾曼（Henry Normann），寫了不少關於遠東及俄國的作品。中日締結《馬關條約》的一八九五年，他出版了《遠東的人民和政治》一書。該書認為中國正面臨崩潰，隨之而來的是遠東進入危機四伏的時期。中國的瓦解將在亞洲引起新的政治爭鬥，一方面是**亞洲人將產生類似門羅主義的主張，到處響起「亞洲屬於亞洲人」的口號，而亞洲門羅主義的領導者是日本**。另一方面，西方各國勢必加強瓜分亞洲。諾曼預言澳門將喪失給葡萄牙，菲律賓會屬於西班牙。俄國在亞洲的勢力和影響將日益擴大，被瓜分的中國完全不足以成為阻擋俄國的堡壘。

面對這種形勢，諾曼認為英國只有兩個選擇：一是組織起白人國家出面干涉，二是英國和日本結成同盟。他堅定主張採取第二個辦法，「大不列顛和日本聯合起來在遠東將是無敵的」⑮，當然日本應該知道分寸和界限。他還主張英國和俄國達成諒解，同時支持法國在印度支那的殖民統治（他擔心法國因財政狀況和社會黨的反對而放棄印度支那，把殖民勢力範圍收縮到非洲）。但諾曼提出，無論法國是否參加，中國注定被瓜分，英國在參與瓜分時必須保證取得最大的一份。他還認為一切條件都對英國有利，而且英國是「唯一有良心的殖民國家，她關係到黑人和黃人的和平與商業的聯盟」⑯，英國必須認識並擔負起這一使命。

甲午中日戰爭開始之前和之初，英國的輿論和政策一般更主張支持中國，當然其動機是為避免把中國推到俄國一邊。隨著日本在軍事上不斷獲得勝利，崇拜強權和勝利者的英國輿論就轉而對日本表示友好。在英國和日本正式結盟之後，英國就有文章預測數年之後日俄必有一戰，並且樂觀地認為日本將會獲勝。所以當時報刊上偏袒日本的文章較多。

一度在殖民地印度工作的英國政治家里亞爾（Alfred Comyn Lyall），一八九五年曾在英國有影響的雜誌《十九世紀和未來》上發表文章，表示他更重視皮爾遜的看法，即認為歐洲「後退的趨向已經開始」，需要正視「亞洲屬於亞洲人」的呼聲。他雖然表示願意看到一個強大的中國，而不希望法國和俄國在遠東的勢力進一步擴張，但從他對一系問題探討得出的結論看，他對遠東的前景並不樂觀。他說：「今天，當我們從政治上把這一大陸的遼遠地區開發出以後，不無苦惱地發現，當我們用武力強行敲開與亞洲頗具工業才能的種族進行貿易的大門，實際上無異於讓一道危險的競爭洪流決了口……從人們有記憶的年代開始，我們一向認為東方是千古不變的，這在詩人和作家的作品中也屢有反映，但是中日兩國的戰爭將迫使我們中間的大多數人重新考慮這種意見。可能我們會發現，這標誌著一個新時代的開始，即直到目前歐洲藉以統治亞洲的軍事、工業和行政管理上的種種發明，將反過來用以對付原來的發明人。」⑰可見，里亞爾最終的擔憂還是立足於歐洲人與遠東民族的利害衝突。

一八九八年，英國皇家地理學會會員、倫敦英日協會理事會副主席狄奧西（A. Diosy）出版了《新遠東》一書。該書到一九〇四年即發行第四版，可見具有一定的影響。我們前面在有關德國的一節中曾經詳細引用狄奧西對《黃禍圖》的文字解說，可以知道狄奧西對德皇及那幅油畫做了諷刺的嘲笑。但是狄奧西只是嘲笑德皇的外交思想幼稚和方法拙劣，藝術上更不高明。所以他在一八九八年初版的《新遠東》一書中對此加以揭露，指出德皇在中日簽訂《馬關條約》之後馬上改變「和日本保持親密友誼的政策」，而「和俄國、法國聯合起來，威嚇日本退出了遼東半島」，是聽取了曾多年擔任駐北京和東京的德國外交代表巴蘭德的意見，而巴蘭德是一個「孜孜不倦地『推進』他本國的商業利益（特別是在有關他的同胞所投標的政府合同方面）而使他自己成為特出的人物」。

而且狄奧西估計：「皇帝感染了自從已故的皮爾遜博士的驚人著作《民族生活與民族性格——一個預測》出版以來時時襲擊西方思想家的『黃熱病』。」接下來作者分析，德皇的目的既是為了「和俄國取得誠摯的諒解；其次在最近的將來，導向在中國獲得領土（膠州灣事件並非像一般公眾所相信的那樣是沒有預謀的事件）；最後，導致對英國的損害——所有這些事情都是絕大部分德國人所熱誠希望的，特別是最後這件事」。此外，狄奧西還從德國人民不響應政府的募捐號召，以及害怕警察的表現中，判斷德國人對德皇不滿。為了達到使德國人信服的目的，「除了恐懼之外，還能使用什麼更好的論證呢？必須使不滿的人民認識到，他們皇上的智慧已經把國家從迫在眉睫的危險中拯救出來——因此『黃禍』這個妖魔就被抬了出來，並且公開地展覽」⑱。總之狄奧西對德皇鼓吹「黃禍論」的利己動機和外交手腕不乏揭露和指斥。

《新遠東》還指出，西方有很多人以「黃禍」為討論題目「寫了許多著作，有些是嚴肅的，有些是隨便的；有些是明智的，有些是愚蠢的」。但是「對於大部分關心這個問題的人來說，這個威脅著西方文明的禍患，是按照西方的方法武裝、裝備和訓練起來的難以勝數的中國群眾可能侵入歐洲，這些人由於為數眾多，將壓倒一切反抗的力量，並使所過之處盡成廢墟」。亦即大部分普通人所認為的「黃禍」，還是擔憂中國的武裝入侵及造成的破壞。然而狄奧西認為，歐洲國家仍然具有強大的「戰鬥力」，這種「戰鬥力」，「對於驅除這個魔鬼是有用的，無論如何在未來的許多年以內將是如此」。也就是說狄奧西認為在相當長的一段時間內，中國的軍事力量還不可能對歐洲構成威脅。

那麼，根本就不存在「黃禍」了嗎？不，狄奧西說：「**有一種真正的『黃禍』，這種黃禍我們應該去加以注意，進行研究**」，**那就是中國的工業化**。作者認為，如果中國人依靠「西方科學的幫助」，辦起各種工廠，就會和西方產生嚴重的競爭。中國「享有一切想像得到的有利條件——非常廉價、聰明、易於指揮的勞工，受過科學訓練的管理方法，豐富的煤和鐵，幾乎是應有盡有的土產原料，縱橫如織的水道運輸，數目眾多的港口，而且到了那時，還會有一個四通八達的鐵路系統——的中國新興工業，在進行價廉物美的生產上，仍將比它的西方舊有對手處於一種遠為有利的地位」。狄奧西認為，儘管「中國是行動遲緩的國家」，但從「日本巨大的工業發展以及它在許多場合與西方競爭取得成功」的「實例」就可以預見，由中國工業化而來的嚴重競爭，「不出這一代就一定會變為事實」。

狄奧西不愧為西方資本家的謀士，他提出這種所謂「真正的黃禍」，不僅是要已經工業化的歐美國家和日本一同設法阻礙和延緩中國剛剛起步的工業化運動，還要藉這一「威脅」抵制歐美的社會主義運動，維護並加強資產階級的統治。他提出：「西方的資本和勞工應該停止互相毀滅的鬥爭，如果他們還沒有完全喪失理智的話。這是一個值得我們各種派別的社會主義者都加以考慮的問題……如果西方的工人能夠認識到威脅著他們迫在眉睫的危險，如果在他們的頭腦中還有一點點理性的話，他們就會放棄目前那種想盡量少做工作而增加工資的傾向……英國及其殖民地工人的奢侈行為的兩大根源——酗酒和低級的『運動』——必須予以禁止，以便應付新的局面。」

顯然，狄奧西在一百多年前就虛構出中國工業化的「威脅」，主要是為了嚇唬西方國家的勞工階級，消弭帝國主義國家內部工人與資本家之間的鬥爭。他正是從這個意義才認為：「『黃禍』反而是一樁變相的好事。」⑲

一九〇〇年發生了義和團運動，當八國聯軍已經侵入北京，而《辛丑和約》尚未簽訂的時候，在中國已經三十七年、此時正擔任海關總稅務司的赫德（Robert Hart）發表過一系列討論義和團鬥爭的性質，應該如何對待中國和中國人的文章。這方面的情況已為中國人所熟悉。而英國銀行家、香港英國貿易界的重要人物、香港定例局（立法議會）重要成員懷特海德（T. H. Whitehead）於一九〇一年二月八日在利物浦商會宣讀了題為〈在華貿易的擴展〉的長篇論文，該文除了大量引用赫德的文章之外，還大量引用了太平天國運動時期曾率領所謂「常勝軍」與太平軍作戰的英國人戈登的經驗和體會。戈登曾說：「像中國人這樣高傲的民族對於這樣繼續忍受侮辱會感到厭惡，北京政府有一天會因它所走的路沿著戰爭的懸崖太近而陷入戰禍之中，隨之而來的也許是全國都出現無政府狀態和發生叛亂。」「然而，這種瓦解的結果只會是中國出現一種新的團結。因為不論是我們還是任何其他強國，都不能長久地控制這個國家。」懷特海德引用戈登四十年前說過的話是別有深意的，兩者的共同之處是中國同樣處於太平天國之亂和八國聯軍之亂以後，因而英國必須

「考慮採取什麼步驟」。

懷特海德認為：「去年夏季北京城內和北京周圍的紛擾，多少是由於外國的侵略和歐洲列強割去中國的領土而引起的。毫無疑問，中國人受到了相當大的挑釁，而雙方在過去和現在都有過錯。」而且他認為義和團運動表明「在（中國）相當大的一部分地方存在著一種支持北京政府的民族運動」，「被認為已經死亡了的巨龍現在仍然富有應變的才智」。對於當時各國不同的「處置」中國的議論，懷特海德和赫德歸納為不外三種選擇：「瓜分、改換朝代，或者補綴滿洲人的統治。」第一種選擇由於「沒有一個基督宗教國家可以統治中國」而不可行；第二種選擇可能引起新的長期混亂與無秩序；所以適宜的方法只能是第三種方案。

懷特海德認為：「由於中國問題或『黃禍』無疑地包含著無限的可能性和世界範圍的大災難因素，所以列強在同中國打交道時就應該始終把理智、公正、同情、節制等品質記在心裡。不是實際可行的條件就不應該強加於中國。要中國償付的賠款應該合理，為的是不要向目前正處於不幸境遇中的中國人民之辛勤勞動徵索過度——因為這筆錢是要中國人民來提供的。我們現在越少苛待他們，將來得到他們合作的可能性就會越大。」對於懷特海德的這番話如果斥之為「偽善」，可能失於簡單。由於他在香港有巨大的貿易利益，又長期與中國人和中國政府打交道，對於中國的情形較為了解，故從一種務實的、長遠的觀點出發，反對對中國實行「瓜分」和勒索過度的「賠償」，並且在口頭上標榜「理智、公正、同情、節制」等等。這說明當時在英國的外交事務中，如同以後的時代一樣，存在著強硬的鷹派與溫和的鴿派之分。兩派的根本目的是一致的，即最有效地維護本國的利益，繼續對中國和東亞實行霸權統治；但策略和手法則有不同。

懷特海德的最終目的是避免「黃禍」。他說：「如果由於外國不義行為的結果，中國人產生了愛國心，並且聯合起來保護他們的領土和共同利益，那麼歐洲將再度面臨『黃禍』……有誰能擔保千百萬的中國人不會被日本的榜樣所激發，開辦軍事學校，採用現代的戰爭方法呢？還可能出現某個真正偉大的群眾領袖，把帝國的不可勝數的部隊組織起來，以便恢復它已失的領土。」儘管他認為「黃禍」的起因可能是「由於外國的不義行為」⑳，但仍然把「中國人產生了愛國心」，「保護他們的領土和共同利益」，「恢復它已失的領土」等，都看成「黃禍」。可以說，懷特海德仍然是一個只論強弱、利害，不問公正是非的「軟派黃禍論」者。

還有一位曾在中國海關服務，以後又在英國軍隊中擔任翻譯的貝爾特拉姆・辛普遜（B. Simpson，筆名普特南・威爾），一九〇五年曾發表題為〈遠東的重新調整〉的文章。作者表示不相信那些故意製造恐慌的人所說的「黃禍」及有關的「韃靼人消息」，但認為遠東的形勢的確危險，擔心遠東可能爆發世界規模的戰爭。他強調英國人必須明確形勢和自己的目標，應扶持中國使其強大起來，對日本則應小心戒備，他還建議英國應和美國聯合起來，以保障盎格魯薩克遜人能在遠東保持優勢地位。

到一九〇八年他又寫了一本題為《東亞未來的鬥爭》的書，詳細分析了英國旨在扶持一個「強大的日本」的外交政策的利弊，認為亞洲一定會有人出來提倡門羅主義，而日本則會作為「整個東亞的鬥士」而當上遠東的盟主。主張英國不僅要重新考慮改變親日的外交政策，還應認識到英國只靠自己的力量將無法在亞洲立足。他說：「歐洲在十九世紀中取得的對亞洲的統治地位是不能長久維持的，因為人口眾多對亞洲將是越來越有利的條件，歐洲最後只能把希望寄託在俄國和北美上。」㉑作者的言外之意是，**如果說會有「黃禍」出現的話，最有可能的體現者將是日本。**

英國作家兼政論家克勞澤（Alexis Sidney Krausse）寫過兩本關於遠東問題的書，即《俄羅斯和亞洲》和《中國在衰退》。作者認為中國這個大國已經無法復興，日本也不可能完全霸占中國而成為遠東雄主。中國在經濟上對西方自然是一個威脅，從商業政策方面考慮才有所謂「黃禍」存在，但西方對這個問題不會束手無策。作者堅決反對俄國在遠東的擴張，強調英國必須與俄國協商，達成軍事的、政治的、商業的一系列協定，以維持英國在遠東的地位。

英國軍方人士對形勢和外交政策的看法也涉及「黃禍」到底指誰的問題。

英國軍隊的參謀總長漢密爾頓（Sir. Ian Hamilton）曾經非常敬佩日本。在一九〇四年的日俄戰爭中，他任日本的軍事觀察員。漢密爾頓讚揚日本人的勇敢和軍事才能，認為英國應該學習日本人的榜樣，與日本結盟將會使英國恢復青春的活力。他認為日本民族值得西方學習的最偉大之處，是日本能「灌輸給它的男女國民先公後私的精神」；其次則是「尚武精神」。這個歌頌戰爭為「萬事之父」的老軍頭一貫認為，一個民族不再想要戰爭，就是這個民族開始衰落的確切證明。所以他說在歐洲、特別是在英國，反對尚武精神，追求和平主義和經濟上自私自利，恰恰體現出西方正在走向沒落。漢密爾頓主張英國和俄國在亞洲的統治權上達成協議，尤其強調歐洲和北美應該保持戰鬥精神以迎接未來。

儘管如此，他對白色人種的沒落仍然憂心忡忡，預測白種人將來一定會受到沾染惡習較少、更樸實、「更自然的」種族的控制。他說：「印度是高盧，中亞細亞是日耳曼，瓦魯斯（Publius Quinctilius Varus，西元九世紀羅馬帝國的大將——作者）的軍團將在梅萬德全軍覆沒。」用以比喻阿富汗人和印度西北邊境的種族等尚武的「野蠻民族」將會獲勝。他尤其擔心「數以億計的中國人也將加入到這些山區民族的行列裡來，人口擴散和壓倒一切的經濟勢力，這兩種危險也必然出自這一民族」㉒。根本的解決之道何在？漢密爾頓呼籲西方國家用自己的文明來教育和啟迪將來可能戰勝自己的敵人，這樣，即使白種人在世界上的統治權被推翻以後，歐洲也不致重新淪入黑暗時代。幾年之後，漢密爾頓對日本的看法有很大改變。一九一三年他在澳洲的奧克蘭（Auckland）發表了一次演說，對日本表示惡感，稱其為「黃色的禍患」，並預言未來東方和西方勢必爆發一次世界規模的戰爭㉓。

英國陸軍元帥伏爾賽利（F. V. Wolseley，又譯吳士禮）曾在海外作戰幾十年，也到過中國。他久經沙場，經驗豐富，一八九五年到一九〇〇年擔任英國陸軍總司令。他在自傳中不但對中國人的軍事才能表示佩服，而且相信中國人是世界未來的主宰，中國所需要的只是一個彼得大帝或者拿破崙式的人物來領導而已。他甚至構想了中國人和美國人之間未來爆發的一場世界戰爭㉔。無論在當時還是今天的中國人看來，這種無端的誇大其詞的恭維和天方夜譚式的懸想，客觀上只能是為「黃禍論」火上加油。

在白人開始殖民澳洲初期，為了使用廉價勞動力曾考慮從中國引進勞工，旋因糧食不足而中止計畫。十九世紀初，雪梨周圍出現少許中國水手。到一八三〇年後，農業勞動中開始雇用中國人，華人開辦的商鋪和餐館隨之發展。一八五〇年代澳洲發現並開始採掘金礦，華工移民迅速增加。一八五五年在北部昆士蘭（Queensland）的金礦有三萬中國勞工；一八八七年在新南威爾斯省（New South Wales）有六萬中國人，占當地人口的百分之十五。隨著中國移民的增加，經濟利益產生矛盾，而宗教、文化、習俗和語言的差異也造成摩擦和誤解。社會上不時傳播諸如中國人不講衛生，生活條件惡劣，是傳染天花等疾病的媒介；中國人有抽大煙、賭博的習慣，又拚命地多生孩子等等。總之不外乎中國人種惡劣，道德文化水準低下一類的老生常談。

白人的礦業工會和其他工會的勞工是排華的先鋒，城市中的一些行會也排斥華人。有的行會章程就明文規定：「本會成員，不得與中國人交易」，「不得從中國人開辦的或雇有中國人的商店購買物品」，「不得以任何資格雇用中國人」等。更有甚者，是白人對中國勞工和居民使用暴力。一八五一年六月末，在新南威爾斯省的夫拉多（Frador）金礦上發生黃白種勞工的爭吵，到了夜間，大約三千個武裝的白人勞工襲擊了散布在數英里長的採金地帶上的華工營地，肆行縱火、搶掠、破壞和殺人，數百名中國勞工罹難。當時有一份報紙這樣記載：

> 可憐的亞洲人，幾乎沒有任何抵抗。他們只顧隱藏自己的金子，說不出有多少人被殺死。來不及從採金礦井中逃上來的人，就那樣被活埋進去了。遺棄的帳篷和物品堆積如山，白人就在這些堆積物上點火，大肆進行屠殺和搶掠。

除了夫拉多事件外，還有一個古呂尼斯事件也很嚴重，其他中小型暴力事件更多。而且從一八八〇年代起，澳洲各省都開始了限制移民的立法，到一九〇一年，終於形成了集大成的立足於「白澳主義」（The White Australia Policy）的澳洲「移民限制法」㉕。澳洲的白澳政策曾遭到在中國的英國商人出版的機關刊物——《中國海外貿易報告》在一八八八年提出尖銳批評，英國派駐香港的總督在當地商會的慫恿下，同年也向澳洲維多利亞省政府指出，如果澳洲繼續進行排華運動，將危及英國的在華利益。一八九四年，英國具影響力的《十九世紀和未來》雜誌上曾刊登文章，從經濟發展的需求及人道主義原則對澳洲和美國加州的排華運動予以激烈的抨擊。

但是英國政府對澳洲的排華運動保持一種曖昧的態度。總的來說，英國政府當時視俄國為其主要競爭對手，並沒有被所謂「黃色的魔影」弄得驚惶不安，但「黃禍」之說畢竟在英國公眾輿論中有一定市場，英國政治家對此不能置之不顧，對澳洲和美國的排華行動雖不願配合，但不可能表示反對。尤其是英國本土的工會組織，認為各地雇用華工都是資本家對付白種工人的惡毒手段。所以英國工會領導人對於澳洲、加州和南非雇用華工的情形無一例外加以抨擊，還多次在年會上通過決議，反對把華工運進南非。英國政府不能不顧及到強大的工會組織的意見。

作為英聯邦成員國之一的澳洲，出於對「黃禍」的考慮以及排斥黃種人的動機，在內外政策上與英國始終保持著歧異。**澳洲政治家傑姆斯．霍格（James Hogue）一九一二年發表〈從澳洲看形勢〉一文曾說：「澳洲落入亞洲人手裡，譬如被日本人所奪得，它就能在不遠的將來派出一支可席捲歐洲的軍隊，派出一支能使日本成為海上霸主和地球大部分地區的天皇的海軍。」**㉖他的「黃禍」威脅主要是指日本，企圖使英國了解日本的危險性來影響英國的輿論，達到讓英國修正外交政策的目的。他認為中國發生的辛亥革命意味著日本的勝利，其結局將導致中國「日本化」並使東亞局勢發生重大變化。他的出發點是對日本威脅的恐懼感。同時，霍格認為不應阻止德國在非洲的擴張，希望英德兩國達成諒解；如果英德兩國衝突火併，日本就可以乘虛進入南太平洋，日本不會錯過這個機會。霍格深知孤懸在東方的澳洲和紐西蘭必須緊緊依靠歐美，故希望歐洲國家和美國在「不許侵犯澳洲」的口號下聯合起來。

註釋

①海因茨·哥爾維策爾：《黃禍論》中譯本，第10-11頁。
②密切爾：《海外華僑》（E. Mitchll, *The Chinaman abroad;The Nineteenth Century*, 1894, II），第617頁。
③海因茨·哥爾維策爾：《黃禍論》中譯本，第73頁。
④海因茨·哥爾維策爾：《黃禍論》中譯本，第57頁。
⑤皮爾遜：《民族生活和民族性格——一個預測》（Ch. H. Pearson, *National life and Character. A Forecast*, London and New York, 1893），第91-92頁。
⑥前引皮爾遜：《民族生活和民族性格——一個預測》，第45、51頁。
⑦前引皮爾遜：《民族生活和民族性格——一個預測》，第65、84頁。
⑧前引皮爾遜：《民族生活和民族性格——一個預測》，第85頁。
⑨前引皮爾遜：《民族生活和民族性格——一個預測》，第130頁。
⑩海因茨·哥爾維策爾：《黃禍論》中譯本，第56頁。
⑪寇松：《遠東問題》（G. N. Curzon, *Problems of the Far East*, Westminster, 1896），第411頁。
⑫寇松：《遠東問題》，第414頁。
⑬吉樂爾：《遠東問題》（V. Chirol, *The Far Eastern Questions*, London, 1896）。

⑭海因茨・哥爾維策爾：《黃禍論》中譯本，第 60 頁。

⑮諾曼：《遠東的人民和政治》（H. Normann, *Peoples and Politics of the Far East*, London, 1895），第 400 頁。

⑯諾曼：《遠東的人民和政治》，第 600 頁。

⑰里亞爾：《亞洲永久的自治》（A. C. Lyall, *Permannet Dominion in Asia, The Nineteenth Century and after*, 1895），第 390 頁。

⑱狄奧西：《新遠東》第八章〈黃禍〉；譯文據呂浦、張振鵾等編譯：《「黃禍論」歷史資料選輯》，第 131-134 頁。

⑲狄奧西：《新遠東》第八章〈黃禍〉；譯文據呂浦、張振鵾等編譯：《「黃禍論」歷史資料選輯》，第 141-144 頁。

⑳原載懷特海德：〈在華貿易的擴展〉第八節「中國問題」，譯文據呂浦、張振鵾等編譯：《「黃禍論」歷史資料選輯》，第 161-167 頁。

㉑普特南・威爾：《東亞未來的鬥爭》，轉引自海因茨・哥爾維策爾：《黃禍論》中譯本，第 65 頁。

㉒漢密爾頓：《日俄戰爭時代一個參謀總部軍官的日記》（Sir Ian Hamilton, *Tagebuch eines Generalstabsoffiziers während des russisch-japanischen Krieges*, 1910），第 215、101 頁。

㉓海因茨・哥爾維策爾：《黃禍論》中譯本，第 190-191 頁。

㉔伏爾賽利：《一個軍人的生平》（F. V. Wolseley, *Die Geschichte eines soldatenlebens II*, *Berlin*, 1905），第 2 頁。

㉕參見橋川文三：《黃禍物語》，東京，岩波書店，2000 年 8 月，第 310-312 頁。

㉖霍格：《從澳洲看形勢》（J. A. Hogue, *The Outlook from Australia; The Nineteenth Century and After*, Vol. LXXII, Juli-Dezember, 1912），第 3 頁。

美國的排華浪潮與遠東戰略

美國從十八世紀末開始，逐漸向亞洲擴展商業貿易。亞洲的遼闊富饒和龐大市場對美國很有吸引力。十九世紀中期，美國在對歐洲的關係方面呈現孤立主義色彩，但有一部分政治活動家卻非常熱中美國在亞洲的文化使命，希望遠東和北美結成同盟。中國是東亞最大的國家，在與中國友好的同時使美國成為太平洋地區的領袖，是那時不少美國外交家和政治家的願望。

中國勞工在一八四〇年代中期以後進入美國，主要集中在美國西海岸的加州。一八五二年在加州的華工約有四萬人，占該州全部人口的六分之一，之後還持續增加。在開始的二十年中，華工進入美國受到歡迎。兩個德國血統的美國人波希（T. Poesche）和戈普（C. Goepp）在一八五三年寫了一本題為《新羅馬或世界合眾國》的書，稱讚華工為加州開發所做出的巨大貢獻；從人道主義的立場歡迎華工的勞動，並將其視為和平、進化地取消黑奴制的一條途徑①。與此同時，華工也對美國政府和加州居民表示友好，一八五二年數萬華工在舊金山舉行了盛大的美國國慶紀念活動。德國慕尼黑的一位東方學者為此樂觀地發表評論說：「舊金山的這一慶祝會對我們來說，是未來遠東和美洲西部人民友好往來和文化交流的一個前奏……人類在戰爭與和平中不斷教育自己，不斷向前邁進，一直到所有的陸地和島嶼，所有的界線和地區結合成一個美好的整體，一直到所有專制制度結束，一切自由國家都集合在世界國家體系裡」②。

蒲安臣（Anson Burlingame）的行動加強了中美人員交流。蒲安臣一八五五年任美國眾議院議員，一八六一年出任美國駐華公使，一八六七年底卸任後，得到總稅務司赫德的支援，擔任清廷「辦理各國中外交涉事務大臣」，於一八六八年二月率領中國使團出訪美、英、法、普、俄等國。蒲安臣希望通過接觸和談判，使中國與上述各國建立起正常的外交關係，但在俄國和普魯士收效甚微，在英法兩國也失敗，只在美國透過國務卿威廉．西華德（William Seward，又譯西沃德）訂立了《中美續增條約》。條約規定：中國得在美國各埠設置領事；兩國人民在對方國內不得因宗教信仰不同而受到歧視；兩國人民前往對方國遊歷、居住，均照最惠待遇辦理；兩國人民均可在對方進入大小官學，又雙方均得在對方設立學堂等。該條約在一八六九年一一月得到中美雙方政府批准。

中國史學界有一段時間曾對蒲安臣及這個條約大加撻伐，以為讓一個卸任的美國外交官擔任中國的「中外交涉事務大臣」是清廷的奴顏婢膝，蒲安臣與西華德簽約是「擅自越權」，條約表面上彼此平等，實則讓美國攫取了擴大掠賣華工、加強文化和宗教等多方面的侵略權益。

但是另一方面也應看到，這個條約規定了中國向美國的移民不再是販賣苦力的貿易，也開啟了中國人留學美國的大門，使中美兩國的人員往來有了合法管道。至於美國從中獲取的權益更大更多，那只是交流中強勢的一方比劣勢的一方處於更有利地位的必然結果。在十九世紀，這個《中美續增條約》比起一八八〇年簽訂的《中美續修條約》和一八九四年簽訂的《限禁來美華工保護寓美華人條約》來，當時美國還是顯得更開放、更「友好」一些。

《中美續增條約》簽訂後僅一年，美國排斥華工的問題就開始表面化了。排華的聲音既出自實際利益受到損害的勞工隊伍，也出自堅持種族差別論，認為自由思想派希望種族和諧是不能實現的空想，因而對華工大肆攻擊的學者。美國此類著作中出現最早的一本，是德國學者兼作家約翰·馮·貢帕赫（Johannes V. Gumpach）用英文撰寫，分別在倫敦、上海和紐約三地出版的《蒲安臣的使命》。貢帕赫的理論基礎是白種人和白種文明至高無上，對中國則充滿蔑視，認為中國想爭奪世界霸權是不自量力的妄自尊大。他主張白種人共同制定出對付中國的政策，重新劃定中國的疆界，使中國北方直接和俄國，西方直接和英屬印度接壤；外國在中國的租界和殖民地應該組成一個行政上的聯盟，以便在海陸兩方面都有強大的防衛能力。

貢帕赫認為也許可以在中國逐漸推行西方的政治制度，但千萬不能為當時已經顯露端倪的中國民族解放運動開闢道路，也就是說不能讓中國人學到西方的「真經」。貢帕赫惡毒地說：「中國人是一個半開化的、驕傲而無知的民族，中國韃靼政府沒有脫盡野蠻習氣，狂妄而不守信用。以平等的態度跟中國人打交道是不明智的行為，用普通國際法的尺度衡量中國人，讓中國人享有文明民族的權利，無異於自殺。」③因此他對蒲安臣的行為做了最尖銳的攻擊。

美國的經濟學家、政治家和土地改革家亨利．喬治（Henry George）是中國人較為熟悉的，孫中山先生就反覆宣傳過他的土地「單一稅」主張，但是對他的排華論卻做了迴避。一八六九年，喬治在《紐約論壇報》上發表〈太平洋岸的華人〉一文，鼓吹趕走華工。喬治把自己的文章寄給「英國著名經濟學家兼哲學家約翰．彌爾（John Stuart Mill，又譯穆勒），意思是希望得到他的理論支持。彌爾的回信稱，中國人向美洲移民一事，實際上提出了兩個問題，一是：「某些先占據了地球表面某一空間的人群，有多少權利可以阻止另外一些人到這一地區移殖定居？」二是：「更進步、更發達的民族應該用什麼方式和手段，才能合法地保護自己不受文明程度較低的人的影響和侵害？」彌爾說：「要想籠統地用一個答案回答這兩個問題，是一件困難而危險的事。」④

彌爾承認黃種人和白種人在加州的尖銳競爭所引起的嚴重局勢，但他認為到加州的中國人為數不多，而且中國人的習慣是經過一段時間後仍然回到祖國，因此中國移民不會增長到必須強加阻止的程度。彌爾還委婉地批駁了認為中國人不文明、不可救藥的觀點。他說：「有人認為中國人的性格和習慣不能向更高的階段發展，這樣說真有根據嗎？美國的教育機構一向表現為最強有力的工具，能把文明的基本因素傳播給勞工群眾中最貧苦、最愚昧的人們。如果每個中國人的孩子都能有機會進入你們這樣的學校，或者如果可能進入更有效力的學校，在那裡受到足夠年限的教育，難道將來中國人不能上升到美國人的水準嗎？」⑤顯然彌爾沒給予喬治所希望得到的支持。

喬治在覆信中對彌爾在思想界的領導地位表示尊敬，對彌爾的人道主義精神表示佩服，但是對彌爾理論的核心——自由思想和個體的權利卻加以攻擊。喬治說：「您的想法似乎是從這一前提條件出發的：一個『最小的中國人』也和您自己一樣，享有利用加州土地的自然權利；而您可以把自己的住所搬到太陽照耀下的任何一塊土地上，也是您不可侵犯的權利。但正是這一點我絕對不能同意。難道人類只是個人嗎？難道所謂家庭、民族、種族這些東西都是不存在的嗎？如果人類有結合的權利，難道就沒有相應的排斥的權利嗎？」⑥

喬治的排華思想，除了基於對土地占有權的思考之外，還有種族歧視和文明歧視。他認為，黑人雖然沒有文化，但卻是「可以教育的孩子」。黑人是沒有開化的野蠻人，如果想教育他們，只要把他們引導到白種人文明的道路上就可以了，因此北美不同的種族可能形成同質性。但中國人是「頭腦敏銳但心胸褊狹的成年人，自以為是，習性根深柢固；中國人有自己的文化和歷史，狂妄自大，看不起別的種族，世代相傳的思想習慣已經在這一種族深深札了根……至少在較長的一段時間裡情況是這樣：這些人在中國出生，在中國受教育，將來還想回到中國去，他們居留在美國期間過的是『小中國』的生活，對於寄居的國家絲毫沒有聯繫——中國人是地地道道的邪教徒，無信、放蕩、怯懦、殘忍」⑦。對中國人的性格和中國文明表現出極度的輕蔑與反感。

喬治的「單一稅」主張，即為反對大土地所有者壟斷地利而提出「土地國有，增值歸公」，除了他要解決的社會貧富不均的問題之外，還有一個重要的非經濟學目的——排華。他說：「把土地掠奪者趕走，華人就非走不可。讓白人在土地上生了根，幾百萬亞洲人就無法再占用它。」⑧他的「土地改革問題」與「排華問題」同等重要。

在喬治與加州勞工組織的影響下，當時美國西部的一些報刊如《晨報》、《郵報》、《海上紀事》、《舊金山晚報》、《舊金山觀察報》等，都高唱「排華」論調。由於喬治不斷地在《紐約論壇報》上撰文，本是局限在美國西部的華工問題，逐漸受到東部各州的重視，並很快成為整個美國關注的問題。

一八七六年七月，美國國會參眾兩院分別通過決議，成立一個聯合特別委員會前往西海岸對中國移民問題進行調查。這個委員會由參議員、眾議員各三人共同組成，於同年十至十一月在舊金山聽取了一百多名證人對中國移民問題的意見。這些證詞最後彙集為一部長達一千二百多頁的《調查中國移民問題的聯合特別委員會報告書》。《「黃禍論」歷史資料選輯》選擇了其中七篇資料。

第一篇是一個名叫斯陶特（A. B. Stout）的人向特別委員會陳述意見時提交自己撰寫的一本小冊子。斯陶特大約是加州的一個醫生或衛生工作者。**他的核心論點是「種族的不純是衰退的根本原因」**。

斯陶特驕傲地說，高加索種人「天生具有在各種環境下應付一切氣候和土壤條件變化的最高稟賦和最大才能」，他們「正在迅速地擴展到全世界」。而「我們這個新的美國分支現在正以它的純潔性和文化程度及教養程度最高而兀立於各個民族之間，傲然與眾相爭衡」。接著，這位不知歷史為何物的人居然嘲笑起「研究歷史的學者」來，說他們往往把一些民族的衰亡「歸因於這些戰爭及其政治根源」是逐末之論，而最根本的原因是「種族不純」。他說種族不純會破壞整個民族的團結一致，「種族的內部紛爭招致了外來侵略」；種族不純就會「退化」。因此對一個「比其他一切種族都優越的」種族來說，「第一條自然法則就是保持種族的純潔」。他激烈地批評美國社會內部「營圖私利的利己主義者」、「濫用自由主義的政府」、「病態的博愛主義」以及「相信人類的普遍平等會逐漸擴大」的理想主義者。認為是這些人在允許「劣等種族」進入加州，使這個地方「因為引入了這些有害的成分而受到威脅」。

斯陶特為了表現自己的「博學」，引用了不少關於人類學、種族學、人口學、地理歷史學的著作。他談到了高加索種人以外的中國人、日本人、馬來人、蒙古人、黑人等（這種分類不用說是漫無章法的）性格和文明狀況。他要求「大家不要以為我是否認一個古老的、一度很文明的種族，由於他們的智慧而具有的長處」，但他一再強調，中國人是一個已經「衰弱了的種族」。中國「拒絕了整個基督宗教」，「也用政治上的閉關主義把自己裏了起來」。而「從西方來的英國勢力的侵略，從北方來的俄國一步步但確定無疑的進逼，在亞洲的東海岸不斷遊弋並且要設法駛入的英法聯合艦隊，最後一定會壓倒亞洲大陸」。而「被叛亂所分裂、為鴉片所毒害、在窮困中正陷於飢餓的中國，一定會在一次總的毀滅中一起沉淪下去」。斯陶特正是基於這種形勢分析和「優勝劣敗」的叢林原則，判定中國人是「劣種民族」。

斯陶特認為：中國的人口超過三億，如果「對他們不加限制，那麼從他們的家鄉氾濫到我國來的人將會多得不計其數」。這些廉價的苦力不僅會搶走「高加索種工人」的飯碗，甚至布滿這塊土地，使白種人的「體力和道德都降低到苦力的狀態」。尤其危險的是：「每有一個中國佬在我們的土地上永久定居下來，都會使我們自己的血統降低。」「二百年以後，……他們也許已經生育出了無數的混血兒後裔」，「這一群一群的人將會使我們的國家退化」。斯陶特認為，當年成吉思汗的大軍以火與劍把歐洲變成廢墟，高加索種人「還可以用刺刀和膛線砲去反抗侵略」；而今天中國人的這種「破壞性的侵入」，正在受到「從來沒有想到過自己祖國的利益而只求增進自己私利的人的幫助和獎勵」，而且這種「侵入」正「在不知不覺間毒化我們生命的源泉，並且遍布各地，逐漸破壞和腐蝕我們的力量和繁榮的關鍵要害」，所以比成吉思汗大軍的侵入更嚴重。

為此，斯陶特提出，美國政府應該「修改」和中國的條約規定（即指前述《中美續增條約》）；由州立法機關出面制定防止移民入境的法律；允許地方社團可以對入境移民設置障礙；發動社會輿論宣傳拒用中國工人。當然他沒忘記聲辯自己並不想「妨礙貿易」和影響運用美國精神去「教導」別人，他說明自己的主張是「反對擴大移民入境，反對那些移民永久居住」；「拒絕給予他們以永久居住權、選舉權、絕對的土地所有權，以法令宣布通婚無效，並迫使每一個中國商人最後都回到他的祖國去」。而在中國人的「短期逗留」期間，應該教他們學習「我們的語言」、「宗教」、「科學原理」、「一切實用技藝」和「經營方式」，「使他們熱愛我們社會制度的一切精華，使他們願意採用我們的生活方式……這樣受到影響以後返回他們的家鄉，去散播和廣泛傳布他們由此獲得的教訓」⑨。斯陶特的小書具有代表性，體現了他的自大、自私、人種偏見、文化偏見以及驚人的坦率。美國政府和社會以後對待華人的態度和做法，實際上與這個小人物的主張驚人地相似。

第二篇是一個名叫麥克考賓（F. Mccoppin）**的人的發言**，麥克考賓是加州參議員的代表。這個發言表明，同年四月加州參議院組織一個由五名州參議員組成的調查該州中國移民問題的委員會，從事了兩個月的調查、聽證工作。此後加州法院曾做過一次「把華工移民中最卑鄙無賴的份子驅逐出境」的判決，但被聯邦法院以「違反美國憲法精神」為由駁回。

麥克考賓的發言，主要談到中國「每平方英里有二百六十八人」的擁擠程度，雖然中國政府不鼓勵它的人民向外遷移，但「蜂房內部所產生的壓力」會使中國人「成為世界上最好移民的民族」。當時從香港到舊金山，「船費只需四十美元」。「目前本州的中國人口估計為十一萬六千人，其中約有三萬人居住在舊金山。」他認為：「除非以制定法律和修訂現行條約的辦法來阻止他們入境，否則（西海岸）就有被這個異教群體蹂躪的危險。」

麥克考賓要求阻止華人入境最主要的理由，是**華人移民到了美國之後「仍然保持著他們獨有的民族特性」，「雖然身在我國，卻並不屬於我國」**。例如舊金山市中心「有一個中國市區」（唐人街），「這個市區和廣州或北京的任何地區一樣像是外國地方，它的居民受『中華會館』的管轄，而不受市政當局的管轄」。言下之意似乎難以容忍，以為「這個事實就構成了根本反對他們前來我國的最強烈最不可克服的理由之一」。

其次是經濟上的理由。華人移民「和其他國籍的人不一樣，似乎不想在美國置買不動產」。麥克考賓說，當時加州全部資產的估定價值在六億美元以上，華人占該州人口的六分之一，擁有資產卻未超過一百五十萬美元。「因此在維持本州行政所需的歲入中，他們所繳付的還不到四百分之一」。當然還有中國人「非常節儉」，「他們做工能夠比歐洲血統的工人少拿工資……在為麵包而進行的鬥爭中，這種人是比美國人或歐洲人有利的」⑩等眾所周知的理由。

顯然上述理由似是而非。諸如移民是否有權利保持民族傳統和文化特徵？移民不能融入當地主流社會是應受到排斥的理由，還是被排斥的結果？同樣，移民少有不動產（因此作為納稅人的貢獻不大），是由於貧困還是由於沒有投資意慾，而且是否同樣是由於受到限制和排斥？還有，他們透過出賣勞力對當地的發展是不是一種貢獻？總之，麥克考賓的證詞雖然言詞不算激烈，而且列舉了一系列事例作為其要求限制移民的理由，但這些理由都經不起深究和批駁。

第三篇是舊金山的代表皮克斯利（Frank Pixley，又譯皮胥黎）**的證詞**。此人激烈地排斥華工，十九世紀六〇年代初曾說：「如果不能以任何其他方法來阻止中國人……不如把從中國開來的輪船在碼頭上燒掉。」經過約十五年的時間後，此人在聽證會上還公然表示，他「直到現在也沒有改變過那種意見」，強調要把美國西海岸「從中國移民中拯救出來」。

皮克斯利承認「移民能夠使某些工業繁榮起來，使某些人賺錢」，但他強調「賺錢」應該是比道德、社會方面和政治方面的「危險」次要得多的事情。他畏懼中國工人，這不僅是因為華工的廉價勞力使白種「勞工正在遭受飢餓之苦」。他尤其擔心的是，「如果在某個政治狂熱時期」，華工獲得了選舉權，「就會有一個中國佬擔任州長，或者會有一個靠中國人選票當選的人擔任州長」，「當我們改選本市市長時，他們會選出來一個中國佬」。這就是皮克斯利認為社會和政治方面的「危險」所在。

在文明和道德方面，**皮克斯利輕蔑華工，並說中國人「比上帝所創造的任何種族都要低劣」**。他說**有些非洲人雖然「智力的標準比較低，但是道德的標準比較高」**，「**他們比**

較誠實」；而中國人「卻已經達到了四千年的罪惡的頂點」，因此中國「如果像非洲一樣沒有文明，那還要好些」。至於中國文明為什麼成了「罪惡的頂點」，皮克斯利又不置一詞，他只是強調如果美國文明和中國文明「接觸」，就會「把我們的文明降低到他們的水準，並不是提高我們的文明，而是提高他們的文明，這就是危險所在」。所以他認為「明智」的做法是利用太平洋把美國人與中國人、美國文明與中國文明「分隔開來」。

但在談到中國移民會對加州產生威脅時，這個皮克斯利又說中國人「是一個機靈、狡猾、敏銳、聰明的民族。任何人如果要把他們低估成一個劣等民族，就是把這整個問題都搞錯了」，「根據許多事情來考察，他們是優秀種族」。當調查委員們指出他的證詞前後矛盾時，皮克斯利辯白說自已談到華人的「劣等性」時，指的「是他們的那些壞習慣」⑪。但是「習慣」與「文明」、「道德」是什麼關係？難道有一個種族從「文明」而論是優秀種族，從「習慣」來看又是一個「低劣」甚至「罪惡」的種族？看來排華論者為了說明「排華有理」會連起碼的邏輯都不顧。

第四篇是一位海軍少將、駐舊金山灣北部的聖巴勃羅（San Pablo Bay）**灣的司令官羅傑斯**（John Rodgers）**的證詞**。羅傑斯到過中國兩次。他說：「中國有貧窮、節儉、有才智、有教養而又非常勤勉的人」，這種人「除了在他們認為迫不得已的情況下，是不會甘心長久處於外國人的統治之下的」。所以「在爪哇、在新加坡、在韃靼，中國人是不安分的，而且有時候他們會引起驚慌」。他認為如果對中國勞工不加限制的話，「他們能夠用自己廉價的勞力把比較昂貴的美國工人或歐洲工人從每一個工業部門中都給排擠出去」。他承認「中國工人使加州的工業發展到龐大的規模」，這是好事；但如果加州成為美國的「大製造業中心」，而整個美國的發展失去平衡，「最後將使我國東部各城市的工人們陷入飢餓」，這又是壞事。還有，華工的廉價勞力使工業品價格降低，「如果你必須出賣勞力，你就會認為那是壞事；如果你要買一雙鞋子，你就會認為是好事」。看來這個司令官考慮問題就像在天平的兩端不斷加上砝碼，左邊一個，右邊一個，「好事」、「壞事」都考慮到了。

不過羅傑斯的全面考慮又都只是為白人和美國的單方面考慮。他認為「種族應該純粹」，「白種人和一個不同膚色的種族混合在一起，是一種退化」。他尤其強調，美國的繁榮應該建立在「人民的利益與統治者的利益相一致的基礎之上」。他看到美國的勞工基本都排斥華工，而運輸業主、工廠主和農場主則需要華工，尤其在加州，「大部分白種人或多或少都是資本家，廉價勞工對於他們是一種天惠」，因此他主張「實行妥協」，採取折衷的處理辦法。「既不絕對拒絕中國人，也不給他們到我國西海岸來的無限權利」。羅傑斯具體地提出，他「不贊成增加中國移民，這種移民應該被限制在一定數目以內」；也「不贊成驅逐中國人」，還應「保護並且給他們安全」，但「不贊成給他們選舉權」。

關於限制移民的具體做法，羅傑斯建議：由美國政府「向美國駐華公使寄送某一適當數目（例如二千或三千張）的勞工移民入境票」，然後由駐華公使「分配給各地的美國領事；領事應造送一份詳單，載明每一個移民的姓名和編號」，勞工入境時把「入境票交給海關當局」。他預計「入境票」可能會被駐華領事的經手人「出售」，但這不值得擔心，因為「移民入境票價格的提高，很可能會使我國得到比較好的移民」。對於中國「官吏或來我國遊歷的其他人士」，可以「單獨頒發一種入境票，數目不加限制，但只能由我國駐北京公使發給」⑫。應該說，在已經譯成中文的幾份「證詞」中，這個海軍少將的言論最為冷靜客觀。

第五篇證詞是一位叫做德梅隆（James Dameron）**的律師的發言**。這個律師自稱「多少算是一個博物學家和人種學家」，他綜合了一些人種學家的學說，把地球上的人類分為十二種，其中最高等的人種就是高加索人種（或稱地中海人種）。德梅隆引用一個名叫派克（Parker）的人種學家的話，讚美高加索人種「仁慈」、「文明」、「而且在不斷進步」，「高加索人常常是其他種族的主人，從來不是他們的奴隸」。派克還認為，「宗教」、「科學」、「君主立憲政體」、「共和國」，「一切發明都是高加索人的」。他說不僅「所有的歐洲民族都是高加索種的後裔」，還有「阿拉伯人、波斯人、希伯來人和埃及人都屬於高加索種」。他們把高加索種人的範圍定得很大，例如列舉到偉大的人物時，說「摩西、馬丁．路德、耶穌．基督、瑣羅亞斯德（祆教始祖）、釋迦（佛教始祖）、畢達哥拉斯，都是高加索人種」，「只有中國哲學家孔子是這條規律中的一個例外」。

德梅隆說，蒙古人種是僅次於高加索人種的第二等人種。他們「有一部時間久得發黴的歷史，這部歷史斷言自己有五千年的文明」，「他們的文獻據說富於各種各樣用韻文和散文寫成的著作：倫理學、歷史、地理、游記、戲劇、傳奇、他們的政府以君主政體的基礎，靠教育資格用人，形式有些複雜，然而抗住了時間的破壞」。但是他接下來卻說：「蒙古人種一直沒有進行過一次努力把自己從暴政和壓迫之下解放出來以及建立自由政體」，「安靜地服從於漢人或韃靼人的統治」，他們「遵循著傳統和祖先的根深柢固的慣例，以禁慾主義的漠不關心態度來對待一切慾望和環境……使自己沉迷在自滿和舊傳統之中，把華夏之邦以外的一切人都看作野蠻人」。由於不能進行自我的根本變革，又不能向他人學習，所以「他們已經定型了，固定化了，發展到了頂點……進步已經終止」。這就是德梅隆對蒙古人種及其文明的看法。

為什麼高加索人種能不斷進步，而蒙古人種的進步會終止呢？德梅隆認為根本的原因在腦容量。他蒐集了一些人種學家公布的資料，稱盎格魯薩克遜人的「平均腦容量為九十至九十六立方英寸」，居人類之冠；而中國人的「平均腦容量低於八十五立方英寸」，雖然略高於美國黑人的八十二立方英寸，但是沒有達到關鍵的八十五立方英寸。不知這些人種學家根據什麼邏輯把腦容量與制度建設聯繫起來，而且居然斷定：「任何種族，如果他們的平均腦容量不超過八十五立方英寸，就沒有能力建立自由政體。」他們甚至發揮想像力說，腦容量不足的人，「永遠不能成為自由民」，不會正確地運用選票「選出最好最純潔的人來統治和管理」，且很可能把選票「用來賺幾塊美元，而不惜危及自由和人類進步」。

德梅隆認為，中國人不僅「寧可被消滅，也不肯改變他們的生活方式，採用西方文明」，而且「冷酷自私，幾乎沒有同情心或慈悲心」。移居美國的華人，「一般是選擇掙錢最多、最容易掙錢的職業」，然後「重返家鄉」。他們就這樣「兩手空空來到我國，搬走了他們所有能夠搬走的東西，使我國貧窮下去，使他們自己的國家富足起來」。尤其可怕的是，「這些中國佬和南方的黑人合在一起，將危及選舉權，使之降低到為保持一個自由政體所必需的平均智力和品德之下」。因此德梅隆主張，為了保持美國社會的「和諧一致，阻止他們（指中國人——作者）的移民，或許是最好的辦法」⑬。

第六篇是主張排華的調查委員與反對排華的兼營水果種植業的長老會牧師布賴爾（William Brier）**的對話**。從對話的內容可以知道，當時移民到加州的，不僅有華工，還有許多歐洲國家的工人，尤其是愛爾蘭工人。**愛爾蘭工人是掀起排華浪潮的直接力量。**在當地，按布賴爾的說法，凡是雇用有華工的人都不贊成排斥華工；而「對中國人進行這種攻擊的人，都是和我們的工業、我們的開發事業、我們的農業或我們的機械業毫無關係的人」。在黨派的主張方面，布賴爾說，民主黨為了「在這個州撈取政治資本」而煽動排華，「共和黨雖然大部分人都贊成中國人到這裡來，卻沒有勇氣採取相反的立場，因為他們害怕這樣就會被擊敗」。關於在加州華人的職業，自然絕大多數為傭工。排華論者說他們「正在加州大量購買最好的土地，脫離白種人而開始獨自經營中國的殖民地」，還誇大其詞地說如果對華人移民不加阻止，他們就會像占有香港一樣，「使加州變成中國的一個省」。布賴爾則表示，他「從來沒有看到過一個中國人購買任何不動產」，只是「聽說過他們已開始獨自經營」。他推測如果中國人已開始購買土地，那也「多半是白種人不願意去的地方」。

布賴爾反對排華的理由，一是強調平等對待，「我們是民主主義者，我們願意給每個人以機會」，既然美國「不能限制一切國家的移民」，那麼「單單限制某一國籍的移民是不合理的」。實際情況是，「在我國有許多更壞的外國人，他們擁有公民的一切權利和其他一切東西」，但是他們卻到處「討東西吃」或把錢「花費在威士忌酒上面」，不肯工作或不好好工作；而中國人「是個有禮貌的民族」，「性情非常平和」，「他們把自己弄得很整潔、乾淨、漂亮，他們沒有任何令人討厭的地方」。尤其是中國人「不乞討」，「不酗酒」，「依靠工作謀生」。基於平等的理由，布賴爾主張「中國人應該有購買不動產的權利，那是正確而且正當的」；而且當中國移民能用「我們的語言」讀、寫，「能通過一次關於美國憲法和我國政體問題的考試」之後，「贊成給他選舉權」。

二是發展實業和經濟的需要。布賴爾認為「和中國保持最友好的關係，將來對加州會有極大的好處」，應該根據加州的「物質繁榮的理由」來思考問題。他批評有些人「不經營事業，從來不雇用任何人，絲毫不懂得我國的物質利益，卻對中國人到這裡來的事大嚷大叫」，強調和他一樣雇用有中國人和其他人的人「才是最好的裁判者」。並且說別的人沒有「任何理由對現行的對華條約進行任何干涉」。布賴爾的發言常常遭到帶有排華傾向的聽證委員反駁，如說他「對白種人的判斷是如此苛刻，而對中國佬的判斷卻如此寬容」；又譏諷地反問像他一樣「從中國人身上賺錢的人」是不是認為來到加州的「中國人還不夠」？

布賴爾畢竟是一個自以為高人一等的美國人，而且會明確地維護美國國家和他個人的利益。他理所當然地認為美國人比中國人優秀，所以會說出「相信上帝把這些中國人送到這裡來，是要他們學一些有關我們的制度和宗教的東西，通過他們在美國和中國之間的來來往往，可能會把美德散播給一個龐大而愚昧的民族」之類的話。他反對排華，是因為他要雇用廉價而能幹的勞工，他坦承：「我看待他們就和看待我們想要使用的任何其他東西（如馬或機器）一樣。他們在做某種工作，這種工作除非使用某種像這樣的勞工，我們是不能完成的。」顯然只是把華工看成一種可利用的、造成加州「物質繁榮」的工具。他還露骨地表白，他絕不是一個主張「不加區別地、無限制地讓中國移民入境」的人，「如果有朝一日他們開始超過需要，超過我們能夠使用的限度，那麼我一定會贊成冒一切危險來撕毀任何條約」⑭，即不再允許華工入境。

最後一篇是一個名叫豪立斯特（William Hollister）的人的證詞。豪立斯特是擁有七萬五千英畝土地和五萬頭羊的大農牧場主，他和布賴爾同樣主張雇用華工。他說，他所在的加州聖巴巴拉郡（Santa Barbara）共有四百名華工，一年之中只有五人被拘留過，且其中兩個案件只是「他們從自己人那裡偷竊蔬菜或蔬菜一類的東西」，「我一生當中從來沒有看見過比他們更好的人」。他稱讚華工「非常誠懇」，身體雖不是非常強壯，但「難得看見一個虛弱的」人。中國人的衛生習慣「比白種人的習慣要好」，「每天都洗身子」。他聲稱「從來沒有看見過一個中國人喝醉酒」，雖然「可能看到過中國人受鴉片影響的若干事例」，但「他們竭盡全力來工作」。為了否認移民中有契約「奴隸」或債務勞工，豪立斯特還表示「從來不相信加州的中國人過去曾經有過一絲一毫的做工償債制或奴隸制」，沒有「任何一個中國人對另一個中國人實行任何一種控制的任何證據」。意思是說中國移民是「自由」人，他看不出「有任何理由」「必須拒絕蒙古人種成為美國公民」，「看不出為什麼他們不能成為最好的公民」。

當然，豪立斯特把自己的要求也說得很明白：「我們要的是體力，而不是公民，我要的是有人幹活。我不管他是從哪裡來的，或是住在哪裡。我要的是白人、中國人、騾子或馬的體力。我不管那是什麼，只要能幹活就行。」⑮可見這位大農牧場主反對排華的原因，最根本的是他需要「有人幹活」。

完成這次調查四年之後的一八八〇年，美國政府與中國簽訂了《中美續修條約》，主要內容是美國對於華工赴美，「可以或為整理，或定人數之限」，這是中文條約文句，英文的意思則是：「可以規定、限制或暫停。」從一八八二年起，美國以國內法的形式制定了一系列排華法案。一八九四年又與中國訂立了《限禁來美華工保護寓美華人條約》（即前述《中美華工條約》），主要內容是規定居美華工離開美國超過一年者，不得再入美境；不准居美華工或別類華人入美國籍；居美華工均須按照美國國會通過的《華工條例》登記。到一九〇四年又立法規定上述排華法案無限期延長，從而引起中國國內發生聲勢浩大的「抵制美貨」運動。

不過直到一八九〇年代初為止，美國社會的「排華」主要是圍繞移居美國的華工問題而展開。輿論中沒有德國、俄國輿論的那些「黃禍」及東方威脅之類的字眼。但從一八九〇年代起，當「排華」喧囂還未完全平靜的時候，由於大量日本人流入夏威夷群島和加州，加上日本積極擴展海軍和對朝鮮、中國發動侵略，又引起了美國部分報刊和輿論的排日情緒。日本僑民的子女在美國小學讀書受到歧視，日本人對一九〇五年美國出面調停日俄簽訂《樸茨茅斯和約》也不滿意，日本的公眾輿論對美國也極不友好。此後日美兩國的外交和政治衝突一直延續到一九二〇年代，所以美國凡是論及遠東及太平洋地區的問題，都會涉及到日本和中國。不過美國人有關這些問題的議論，不單純是用「黃禍」之類的話語，而往往利用歷史哲學和世界政治戰略理論來表達。

狄奧多爾．羅斯福（Theodore Roosevelt，中譯一作澤奧陀．羅斯福）是在排華運動之後仍然對遠東問題議論較多的。一八九〇年代他在美國政壇就很活躍，一九〇一至一九〇九年更以共和黨人身分出任美國總統。一八九四年他讀了皮爾遜的《民族生活和民族性格——一個預測》之後，對皮爾遜的研究工作相當重視，寫了一篇詳盡的書評。

羅斯福贊同皮爾遜的一個觀點，即一個民族對某一地區以建立外來政權的形式進行政治統治是不能長久維持的，而透過移民侵占某一地區更具危險性，因此他堅決主張把中國人從北美洲排斥出去。但他說這些話的時候沒有忘記誇耀美國式的民主政治，稱：「**民主政治具有明確的種族利己主義的本能，看到了種族敵人，並且阻止了危險的外國人進入**」，所以「十九世紀的民主政治已經為白種人保持了……溫帶的美洲和澳洲」，「民主政治能維持自己的生存」。相反：「如果這些地區處於貴族政府統治之下，那麼中國移民入境就會受到鼓勵，正如奴隸買賣必然受到任何一種擁有奴隸的寡頭政治的鼓勵一樣，其結果是幾代人之內，對於白種人甚至會有更致命的影響。」不過除了強調以民主政治來保住白人的北美洲和澳洲之外，羅斯福在其他問題上並不同意他稱為「悲觀主義派」的皮爾遜之有關看法。

羅斯福也預計，「中國人有一天會在東印度群島、新幾內亞以及後印度（指緬甸、泰國、印度支那等地——作者）的人口中構成占優勢的部分，不論在政治上或數量上都是如此」，但這「對於白種人將不會有任何實際的影響」。他也不同意皮爾遜的「中國人在亞洲可能會危及俄國」的結論，他說雖然「俄國人根本是不民主的，但是他們的國家是非常強有力的，因此他們能使中國人不得進入西伯利亞各地」。這是就移民問題而論。

談到軍事力量問題時，羅斯福認為：「中國人過去從來不是，今後也許永遠都不會是像土耳其人或韃靼人那樣的戰士……到目前為止，中國人在發展一支能夠對付歐洲敵人發動攻勢的軍隊方面沒有任何進展。」他推測：「在遙遠的將來，中國也有可能會走上日本的道路，會改變它的政策，會發展海陸軍」，但這樣也不會「阻礙高等種族的發展」。羅斯福認為印度更不會對白種人構成危險，以為印度能否推翻歐洲人的統治還是一個疑問，即使「歐洲人的統治被推翻，飢餓和自相殘殺的戰爭又將連綿不斷，而印度將重新下降到它以前的地位」。他還認為，工業化帶來的競爭也不會那麼可怕，「中國人和印度人可能會把某些白種商人從熱帶趕出去，但是除此之外他們就不可能再多做些什麼了」，白種人有辦法保護自己，「當他遇到嚴重的威脅時，總是會以保護關稅和嚴厲的移民法來保護自己」。

至於皮爾遜所說的如果亞洲、非洲、拉丁美洲的「劣等民族都獲得獨立」，甚至和歐洲民族平起平坐，就會使白種人感到「恐懼和沮喪」，從而失去「進取精神」，羅斯福也提出了商榷。他說，即使事情的發展像皮爾遜想像的那樣，「那麼說英語的民族的絕大部分，即居住在美洲和澳洲的那些人，也絕對不會受到影響」；歐洲大陸會受到一些影響，但這種影響「也不會比葡萄牙人和荷蘭人相繼看到他們的非洲帝國和印度帝國縮小的時候所受到的影響更大」。同樣，「即使中國果真成為一個模仿歐洲的軍事強國，這個事實到二十世紀末年給予美國人和澳洲人的影響，也不會比日本為求進入文明國家的行列而進行的努力在十九世紀末年給予我們的影響更大」。

羅斯福與皮爾遜的不同態度，在於後者專以種族興衰為考慮，而前者雖然也論及種族，但更強調「文明的與不文明的」這一差別。所以羅斯福說：「如果任何一個熱帶種族在工業上和軍事上果真達到一個繁榮的頂點，使它成為歐洲和美洲國家的一種威脅」，那麼這個國家本身就「已經成為文明國家了」。這時，白種人和這個國家打交道，「不過是和另一個非亞利安血統的文明國家打交道」⑯，而不會再考慮到人種有別的問題。應該說，是當時美國與歐洲保持距離的孤立主義、美國的活力與實力感，使這個新帝國主義的政治家對世界局勢和歷史的發展採取了樂觀主義的態度。但他的白人優越與美國至上的觀點仍是鮮明不過的。

羅斯福的兩個親密朋友，在美國政治界和思想界頗有名氣的亞當斯家族的兩兄弟，即亨利．亞當斯（Henry Adams）和布魯克斯．亞當斯（Brooks Adams），具有明顯的帝國主義思想，他們讚賞皮爾遜的種族主義觀點。亨利．亞當斯評論皮爾遜的《民族生活和民族性格——一個預測》時說：「我確信皮爾遜的說法是正確的，有色人種正在壓倒我們。他們在海地已經這樣做了，目前在西印度和我們南部各州也正在這樣做。如果事態繼續以這種速度發展下去的話，再過五十年左右，白種人將面臨著這樣一種局勢：必須再通過一場戰爭、一場奇襲來重新占領熱帶地區，不然就只能把自己的活動限制在北緯五十度以北的區域內。」他在歸納他的兄弟布魯克斯．亞當斯的作品《文明和衰落的規律》（倫敦，一八九五年出版）的基本觀點時也說：「一切文明不外是集中，一切的集中在經濟。在經濟的集中下亞洲比歐洲價廉。世界正走向經濟的集中，因此亞洲會生存下去，歐洲將走向毀滅。」⑰他的理論充滿了悲觀色調。

如果說皮爾遜的書為後來的「黃禍論」立下了框架，那麼布魯克斯．亞當斯的三本書，即《文明與衰落的規律》（一八九六年）、《美國的經濟優勢》（一九〇〇年）和《新帝國》（一九〇二年），可說是為美國的「黃禍論」充實了理論基礎。

布魯克斯．亞當斯曾總結過他所謂的歷史規律，提出：「**世界的力量總是聚焦在經濟中心上，歷史又在這些經濟中心周圍形成世界軍事中心。除了幾個特殊情況，軍事—經濟中樞總是在西方國家。」但是歷史上常常存在著權力中心的轉移現象，這種權力中心的轉移意味著一種文明的衰落和另一種文明的興起。**亞當斯分析原先權力中心的文明衰落的原因，一是「經濟優勢所依賴的自然資源的枯竭」，一是更重要的「社會變化進程」。他對

「社會變化進程」做了頗有眼光的剖析，指出在權力中心，「經濟和政治權力不斷強化集中，這種結果的危險是當資源掌握在少數人手中時，它就更容易被破壞；如果集中繼續強化下去，就會無法控制，最終由於自身的重力和規模而崩潰」。這時權力中心的「獨裁政府」出現，權力中心的民族「進入一種傲慢自大且毫無防範的富裕狀態」，就成為從輝煌到毀滅的「轉捩點」。

亞當斯具體談到了當時權力中心已經出現的轉移徵兆。近代歐洲本來是世界的權力中心，但是從普法戰爭之後，中心開始向西向東移動，一是從海上跨過大西洋西移到美國，一是從陸上通過鐵路網經過俄國移到遠東。而且由於美國政府不恰當的管理體制和不正確的政策，西移的權力中心最終會跨過美國和太平洋。**兩條路徑的移動結果，都是使東方成為世界中心。從而使西方文明處於風險之中，美國也面臨衰落的災難。**

亞當斯認為「來自東方民族的危險是中國在資源和人口方面所擁有的巨大財富」。但是他並沒有指明東方的領導力量是日本，抑或是中國和印度。在一九〇〇年前後，亞當斯認定的敵手是俄國，他擔憂俄國單獨控制中國，「只有在一種情況下，這個東方大國（指中國——作者）才具有威脅性；那就是它全部或絕大部分都處於一個獨立力量的控制之中」，「俄國已經統治了中國的滿洲，而且它的統治正向核心地帶擴散……俄國人會採取任何手段抓住機會，進而控制整個世界」。由此可知，亞當斯思想中東方威脅的主導者是俄國，中國不過是俄國控制下的工具而已。

亞當斯總結說：「自然規律在推動人類向更進一步的聯合方向發展，避免這種自我崩潰的唯一方法是持續的擴張。而東方是僅有的還能進行擴張的地方。」他希望打破自己發現的歷史發展規律，使西方尤其是美國避免衰落的命運，故強烈主張美國改變僅僅保守住美洲的門羅主義，在遠東實行擴張和控制。他說：「如果有足夠強大的軍事力量，並在遠東地區發揮作用，美國就會避免由於自然資源枯竭而帶來的權力的喪失。如果做不到這一點，俄國對中國的統治就會進一步加強。」

亞當斯迷信戰爭，認為未來的戰爭爭奪會更激烈，勝利者也會更富有。而避免世界被斯拉夫人統治的唯一辦法，「就是建立一個盎格魯薩克遜聯盟，這可能需要德國的幫助」⑱，他相信這個聯盟能統治整個世界。但在《美國的經濟優勢》一書中，他又認為英國的力量明顯在衰退；而美國的優勢地位能否長久維持，要看亞洲工業的發展能推遲到何時而定。「如果亞洲實現了工業化和政治上的獨立，美國和整個西方文明的衰落就會跟著到來。為了保障自己的安全，美國必須征服亞洲、歐洲和整個世界。」⑲更赤裸裸地表達出美國建立世界霸權的意圖。

美國記者休．路斯克（Hugh H. Lusk）討論了日本崛起的問題，但他表示不相信日本海軍會出現在太平洋上，日本的軍艦更不可能轟擊美國西海岸的城市。他提出「黃禍」的問題應該主要從人口政策這一角度來考察。他想像有一天所有的蒙古種人會從沉睡中覺醒，成千上萬地向東南亞、澳洲移殖，最後擴張到美國西南部，一直深入到北美邊境，所以他支持美國和澳洲的排華政策，認為「澳洲能否成為一個自由的白種人國家完全取決於是否堅持這一政策」⑳。

亞當斯兄弟的密友，美國「新海軍主義」的首要理論家，海軍上將阿爾弗烈德・瑪漢（Alfred Mahan）也是一個著名的帝國主義者，他在一八九七年稱讚美國的排華運動，認為這個運動是「本能的、直覺的，包含著對未來危險的預感」。他激烈地反對裁軍，說文明種族如果實行裁軍，遲早有一天會像羔羊一樣被牽往屠宰場。

瑪漢從政治地理、歷史哲學和人種學幾個方面提出自己強權政治的理論。他認為北緯三十至四十度的地方，即從土耳其亞洲部分經過波斯、阿富汗、西藏、長江流域直到朝鮮這一狹長地帶，是一個隱伏著世界危機的地區，因為這一地帶政治上極不穩定，易受外來勢力影響，美國應該首先把長江流域作為自己的勢力範圍㉑。瑪漢認為，由於國際形勢的發展，美國奉行的門羅主義已經過時，歐洲任何一個國家政權的變易都會牽動美國，美國和西班牙爭奪菲律賓的戰爭使美國在亞洲成為強國，因此應該參加列強在遠東的角逐，即所謂「承擔起亞洲事務的責任」。

瑪漢強調指出，此後的外交政策不應以民族，而應以範圍更大的種族為考慮範圍。美國、英國、德國都屬於「條頓民族國家」，應該以海軍為主要武力。由於歷史的發展，美國將不僅與「外國」，也要與「另外的種族」打交道。如果將來建立起世界範圍的聯盟組織，那麼其中的對立將是根據民族而且尤其是根據種族畫分的。故提倡種族主義比現有的民族國家能在更大的範圍內把人民團結在一起。他說：「赤道以北的大西洋是古老的歐洲文明社會的海洋，從我們的觀點看來，人類的幸福就是靠歐洲的文明。」㉒因此他非常希望陸軍強國法國、俄國和海軍強國英國、美國、德國達成「勢力均衡」。

瑪漢認為，**歐洲文明與亞洲文明交鋒是歷史的「一個重要的新階段」**，他希望這兩種文明接觸的結果不是歐洲改變自己，而是「亞洲各國人民參加到基督宗教國家的大家庭裡來」㉓。在一九〇〇年的時候，他對日本比較放心，主張對日友好並與日本結成同盟，稱日本為「亞洲國家中自願接受不可改變的事實的唯一強國」。但是他對中國則充滿疑慮：「這一發展的結果目前我們還很難看清，但是當我們想到四萬萬中國人組成一個強大的國家，擁有一切現代裝備，而這樣龐大的人群卻被圈在對於他們而言過於狹小的土地上，這是很難以寧靜的心情來展望將來的。中國在目前包圍著、壓制著它的勢力影響下將創造出什麼樣的文明，這在很大程度上關係著世界的前途。」㉔

他還談到當時各國贊同美國提出的中國門戶開放政策，認為僅僅這樣還遠遠不夠！「一個為了通商而敞開大門的中國固然能給我們很多好處，但對我們以及對其自身的危險也將隨之無限擴大，因為我們使中國獲得的物質成就會使中國越來越富足，越來越強大，而中國人卻沒有清醒的頭腦以樹立使用這些物質的準則，更不要說能把西方的精神和道德力量吸收過去了……如果中國發展成一個有組織的國家，而又缺乏調整、約束著歐洲人的純粹物質力量之更崇高理想所具有的修正錯誤傾向、提高道德水準的因素，這對於歐洲民族才是真正的危險。」㉕

以上瑪漢的「中國危險論」有三層意思，一是中國人口眾多，強大以後會不會要求更大的發展空間？二是包圍、壓制或者說能影響到中國的發展道路的國家和種族不止一個，中國跟著誰走？瑪漢在這裡沒有明言，但他顯然認為美國能影響甚至控制中國才是上上之策。三是如果中國富強了，但精神上沒有西化，不能接受西方的宗教、道德等「精神文明」，就會是一種「真正的危險」。

瑪漢在無限憂懼之中並不排除「暫時把中國瓜分」的想法，但他更強調的是西方國家必須直接有力地控制住中國的局勢，「不要被不干涉的原則和傳統對主權完整的觀點所束縛，這樣就能創造出有利的條件，使中國的現代化不致成為扼殺西方世界的威脅勢力」。這個強權主義者的「控制中國論」包括兩個方面，首先當然是包括「準備兵力」在內的「力量方面的準備」；同時他更注重的是「應該使他們（指中國人民——作者）獲得時間來吸收我們的理想」。他強調：「門戶開放的意義應比通常使用這個術語所包含的意義更廣泛些。也就是說，門戶不僅應當為商業開放，並且應當為歐洲思想以及這種思想在各個分科方面的教誨者的進入……而開放。」通過學術文化、道德宗教等多方面的工作，「把他們引入我們的現存文明之中」㉖。簡單地說，瑪漢認為只有把中國人完全納入西方文明體系，現代化的中國才不會對西方構成威脅。

與瑪漢主張聯合日本、對付中國的見解相反，荷馬．李亞（Homer Lea，一譯荷馬．利）高度警覺日本而主張聯合中國。李亞從小被軍事科學吸引，具有強烈的冒險性格和征服慾望，他在加州的學校讀書時，受中國同學的影響，學習過中國的語言和歷史，後來又隨同國際援助探險隊到過中國。從一八九九到一九一二年，李亞先是幫助康有為等維新派，後來轉而幫助孫中山。一九一一年底他陪同孫中山從美國回到中國南京，孫中山擔任臨時大總統時，李亞是孫中山的軍事顧問。他寫過《不列顛帝國的命運時刻》、《薩克遜的日子》和《無知的勇氣》等書。

李亞對日本充滿警懼，可以說他所認為的「黃禍」就是指日本。他認為一九〇二年英國和日本結盟是一個致命的錯誤，這對英國在印度和南太平洋上的統治有百害而無一利，日本可以隨心所欲地支配英國；加上俄國在日俄戰爭中失敗使日本開闢了政治上和經濟上的擴張範圍，所以在太平洋上日本已經超越英國，英國的戰略優勢搖搖欲墜。鑑於日本勢必實行向東南亞和澳洲等地的擴張和移民政策，而白種人人口增殖過慢，不能用大量移民抵制日本，因此唯一的解決辦法就是通過戰爭。而且他相信日本為了英國對太平洋的統治權正在尋機挑起一場與英美的戰爭。

李亞把盎格魯薩克遜「種族」的海上霸權與對世界的統治權看成至高無上的東西，但是現在已經遇到極大的危險。他認為英國已經衰落，而「日本海軍實力比美國強大」，「它會追求對中國及印度邊境的控制。通過與英國結盟，日本在香港以北的海岸線上處於至高無上的地位」，此外「日本在滿洲戰場上也擁有絕對優勢」。他強調：「美國是唯一能與日本在太平洋上對抗的力量」，「美國在科技和經濟發展方面領先世界，但在軍事科學方面仍停滯不前」。他警告說：「一個國家越富有，對於這個民族來說，發動戰爭的成本就越高。正因為這樣，一個貧困但尚武的民族能通過戰爭擠垮一個富裕的國家。」㉗尤其是「美國對日本的發展壯大視若無睹，美國人埋頭於國內此起彼伏的黨派生活中，美國的種族如此龐雜的人民，加上美國人把個人利益擺在國家利益之上，對戰爭空話連篇的、令人悲觀的蔑視態度，這一切早已決定了日美鬥爭的前途」的可慮。

李亞認為，對太平洋的爭奪必然牽涉到中國。中國與日本、俄國幾乎是天然的仇敵，但中國過於貧弱；盎格魯薩克遜人必須跟中國結成同盟，才能在與日俄的鬥爭中穩操勝券。李亞希望中國「革新」，一九〇〇年就宣稱他要參加推翻清王朝的鬥爭。他幫助中國維新派和革命派的種種努力，「只不過是一個迂迴的途徑，其真正目的還在於保障盎格魯薩克遜人的世界地位，使其不受他所認為的『黃禍』威脅」㉘。這樣說並沒有冤枉這位曾為孫中山盡力、也被孫中山高度讚揚過的美國朋友。

曾在馬關議和時擔任李鴻章的顧問，後來當過美國國務卿的福斯特（J. W.Foster），在美西戰爭和八國聯軍戰爭之後，非常關注美中關係。他認為美國取得了菲律賓，與中國更加鄰近，美國資源的開發以及國外市場增長的需要，應該使美國「比以往更加同情（東亞）那些民族和他們的政府。美國已成為一個亞洲強國，它要履行新的責任，保護（自己）擴大了的利益」。福斯特對中國人有一定好感，說：「從中國的歷史和成就來看，斷言不論古代或現代沒有一個民族或種族比中國人更配稱得上是偉大的民族，這並不是什麼誇張。」尤其稱讚中國人的「能力和耐久力」及「熱愛和平」。

福斯特批評《辛丑和約》「給中國政府增加了一副很難擔負得了的賠款重擔」，而要償付這項巨額賠款，中國政府「勢必向人民增課賦稅」，這將成為「使中國人憤怒的根源，很可能煽起不滿的火焰」。他認為：「**四億強壯有力而又熱中於自己古老習慣的中國人，在一種十分流行的種族仇恨的影響之下，遲早會從一個熱愛和平的共同體一變而成為好戰的民族，一心想要報仇雪恥**」，而「只要種族仇恨支配著中國人民，世界和平就處於危險之中」。現在很難說十來年後美國向中國部分「退還庚子賠款」用於中國青年赴美留學與福斯特的態度有何關係，但在當時，福斯特認為中國人「對外國人的仇恨仍然遍及全中國」，並引用赫德的話稱**「中國人仇恨外國人，乃是對世界的真正威脅」**，仍然難免給人顛倒因果，對列強的勒索中國輕描淡寫，而對中國人的憤怒和反抗卻危言聳聽的感覺。至於他所主張解除對世界和平威脅的方法——由美國「幫助」包括中國在內的全世界取得更自由的市場，幫助東方居民得到基督宗教文明的福祉」㉙，無非也是要使中國成為西方附庸的霸權主義。

曾經到過中國的美國傳教士勃羅溫（A. J. Brown，一譯布朗）也是一個溫和的「黃禍論」者，而且他指的「黃禍」同時包括中國人和日本人。勃羅溫首先「批評」了認為中國「既沒有和歐洲作戰的組織，又沒有和歐洲作戰的勇氣」，因而「不把『黃禍』當作一回事」的態度。他說，雖然直到目前為止，中國人依舊「輕視軍事職業」而主要「把精力用於做學問和經商方面，而以貧民、罪犯以及鴉片煙鬼填充於它的陸海軍中，這些人就像黑人一樣缺乏膽量、智慧和愛國心」。但是中國也有「許多善於作戰的人，當他們得到良好的指揮時，就能成為同其他國家一樣良好的士兵」。而且「這個民族已經從慘痛的經驗中懂得，現代化軍隊乃是他們抵禦外國人的唯一希望」，於是不僅各省「設立武備學堂以精研近代軍事科學」，「還在一九〇三年派遣了四十名青年前往歐洲，明確地是去學習白種人最新的陸海軍作戰方法」，同時「有三百個中國人正在日本兵營裡學習軍事學……有五千個中國人為了將來在本國擔任要職而正在日本學校裡受訓」。勃羅溫的意思是，中國人的作戰「組織」和「勇氣」以及「方法」問題是不難改進與提高的。

勃羅溫也批駁了「距離」是「有效屏障」，即中國「無法把它的陸海軍運送到相距如此遙遠的歐洲」的說法。他說小小的荷蘭和葡萄牙都曾派遣軍艦和軍隊到遠東，中國「有的是土地」，「有的是人，而且他們正在獲得必要的知識……中國仍在購買連發步槍和速射機關槍，同時在他們自己的兵工廠裡正在生產大量的軍火彈藥」。總之，他認為：「中國的軍隊很快就要和歐洲的軍隊一樣很好地裝備起來。」

勃羅溫也相當注意日本的動向。到二十世紀初年，日本已經成為列強之一，日本「不僅已經得到台灣這個大島，而且多年來一直悄悄地在朝鮮使自己的利益占有優勢」。更重要的是日本野心勃勃，「竭力想擔當起（領導亞洲對付歐洲的）巨大任務」，為了達到這一目的，日本「一直在加強把他們和中國連起來的那種種聯繫」。在中國「幾乎所有的大城市中都可以看到聰明的日本人」，日本人「在中國政府擔任顧問，為中國改組軍隊、起草法律，在中國的大學裡執教」。勃羅溫擔憂，如果「中國走向日本化」，或者「中國人一旦真正置身於日本人的巧妙領導之下，會使一種只有全世界所有其餘部分的聯合努力才能抵擋得住的力量行動起來」。

在勃羅溫看來，**「像中國人這樣眾多而剛強的人民要說將永遠受某個外國的領導是不大可能的」**，尤其是**「由於中國人的自尊和偏見不會輕易去承認那個傲慢的小小島國的領導」**，因此日中聯盟的可能性不大。然而即使是中國單獨地、遲緩地「行動起來」，一個擁有四億多人口的大國，雖然「比一個擁有四千三百萬生氣勃勃的人民的國家需要更多的時間，但是……他們的勢頭也就按照人數的比例而更大」。如何阻止中國人的「行動」呢？勃羅溫不是沒考慮過「瓜分中國」，但是由於一是擔心為數眾多的中國人「不斷發生叛亂」，因此「治理中國人……可能需要龐大的軍事開支」；二是「瓜分意味著（列強之間）一種激烈的爭奪，這種爭奪勢將加速促成一場全面戰爭」，「以致列強都明智地不敢一試」。**勃羅溫的話從一個側面說明了二十世紀初列強沒有公開瓜分中國的某些考慮。**

這位傳教士還能看得更遠一點。他說：「即令瓜分成為事實，也只會促進那成億人民的發展，因為外國的統治意味著更多的鐵路、電報和輪船航線。那意味著礦山的開發，印刷業的發展和西方思想取得完全的優勢。中國作為一個政治機體可以被分割，但是中國人民仍會存在——他們是亞洲最剛強、勤勞而孜孜不倦的民族。」勃羅溫對殖民統治必然終結的推測，已經為四十餘年後的印度獨立所證明，他對中國民族性格的分析也沒有曲意醜化或誇張。

但問題在於他背負著西方列強曾經凌奪中國的「原罪」。所以他說：「最危險的戰士乃是強壯有力而又性喜和平，但被長期的侮辱和不公平待遇驅入了絕望之境而不顧一切進行掙扎的人。」壓迫越甚，反抗越烈，這是必然的局面，解困之道顯然是種下仇恨種子的列強改弦易轍。但勃羅溫卻用新的惡行掩蓋舊的惡行，他居然附和德皇威廉二世的觀點，稱讚：「這幅圖畫表達了全世界的思想家們今天心中最前沿的想法。大家都看到了今後幾十年充滿禍害的各種可能性。」他提出，避免「黃禍」的辦法只有：「西方各國必須或者是予以征服，或者是使它改信基督宗教。征服是絕不可能的……唯一的抉擇是使它改變信仰。」㉚可見他要從思想信仰上改變中國人，卻不是要求西方列強改變主張，讓中國人自主、自擇。

美國政治評論家米勒德（T. F. Millard）在一九〇六年出版了《新遠東》一書，從軍事和商業兩個方面討論「黃禍」問題。他認為來自遠東的軍事威脅「現在對西半球的居民來說沒有什麼實際意義，這是因為地理上的隔離為他們提供了安全」，然而「東方對於歐洲國家在亞洲的屬地和勢力範圍的侵略，從某些方面看，卻包含著可能性的萌芽」。但是談到這種可能性的來源時，米勒德卻認為它不是日本而是中國，因為「日本有實現這樣一種成就的願望和意志，我卻深信它本身並不具備實現這種成就的力量」。他認為「中國擁有這種潛在的力量」。一方面是中國可能讓東亞「其他民族的力量聯合在一起」，使「東方是東方人的東方」「這一原則實際上適用於亞洲」；另一方面，「中國人固有的軍事才能……和日本人的軍事才能是相等的。中國人和日本人一樣聰明，體格比日本人高大強壯，而且別的民族很少能比得上他們的那種持久力」，中國「創建一支新式的現代化軍隊」的工作已取得「驚人的進步」。

米勒德還說，儘管《辛丑和約》規定禁止對中國輸入武器，禁止中國在某些港口設防，但是中國正在想方設法「規避這項規定」，並在「自己的兵工廠中製造武器和彈藥」；還有，中國目前正在「朝著更現代化的教育制度所進行的努力」；「中國擁有大量的財富，這些財富和中國人在商業上的無可爭辯的聰明誠實結合在一起……中國工廠的產品將去敲擊美洲和歐洲市場的大門」。總之「沒有任何東西能阻止中國沿著現代化的路線前進」。而中國的現代化問題，在這位「有一種敏感的想像力」的時事評論家眼中，居然成了需要歐美國家「使用某種形式的政治壓力」才能處置的問題，真是咄咄怪事。

當然米勒德也沒有忽視日本。他「以日本的真正政策的過去和現在明顯的跡象為根據」，認為日本有稱霸亞洲及太平洋的野心。而且日本已在政治上、軍事上控制了「朝鮮和南滿」；日本的航運公司正在「以不正當的手段」與歐美在亞洲的公司競爭；還有日本大量向亞洲大陸移民，「每一個到大陸來的日本移民都是抱有民族野心的」；還有「許多日本和尚前往中國，他們往往能通過宗教上的業務而發揮其影響」。米勒德尤其擔憂大量的日本軍官和教師在中國的軍隊、兵工廠和學校裡的作用，認為日本教師「正在充斥全中國」，而「中國未來的軍隊將主要是日本手創起來的」。他說日本的這種「努力如果取得成功，對於西方在中國的利益是否有好處，卻是一個問題」。

顯然，在米勒德的思考中，單獨一個日本不可能改變歐美國家在東亞的優勢，或者說他對已經成為強國的日本再也無可奈何，只能承認現實，重要的問題是不能「聽任日本在中國自由行動」，「這乃是一件要由西方從各方面加以考慮的事」㉛。他的主張就是前述西方國家「使用某種形式的壓力」，讓日本不能「在中國自由行動」，由歐美加強對中國的影響和控制。

排華運動和種族主義也引起了作家的思想分化。馬克·吐溫（Mark Twain）寫了〈對一個男孩的可恥迫害〉的詩歌，尖銳地嘲諷了排華運動。而生活在加州的傑克·倫敦（Jack London）則相信未來會爆發種族戰爭。一九〇四年他在《舊金山觀察者》上發表文章提出警告說，如果日本人能夠發揮他們卓越的組織才能，控制人數眾多的中國人和中國巨大的勞動力，叒格魯薩克遜人將面臨嚴重的威脅㉜。其觀點與評論家米勒德幾乎一樣。

客觀地說，前已談到的二十世紀初年擔任美國總統的狄奧多爾·羅斯福不大贊成種族主義的排外，也不贊成「黃禍論」，但堅持西方文明論和民主制度優越論。他還有一個突出的傾向是看好日本而輕視中國。

在移民問題上，羅斯福對澳洲的「白澳政策」有所保留。他雖然同情地認為「澳洲白人的出生率變得很小」，而同時又禁止移民入境，是因為「他們所害怕的黃禍對他們可能確實要成為一種真正的禍患」，但他仍然指出，既然白人的出生率過低，不能滿足生產和開發所需，「他們就應該用各種方法來鼓勵他們能夠同化和消化的那種移民入境」㉝。羅斯福沒有具體說哪些移民是可以同化和消化，哪些是不能同化或消化的，但他顯然不完全贊同種族排外主義。

二十世紀初年，日本在美國西海岸的移民已經超過中國，日本移民在夏威夷群島幾乎快占到了人口優勢，這種狀況引起了美國輿論的關注和社會上的排日運動。日本對俄國戰爭的勝利進一步增加了美國人對「黃禍」的恐懼。一九〇五年三月，加州議會通過了一項決議，要求聯邦政府對那些「為微薄工資而勞動的不講道德、不知節制、專門爭吵的人」制定限制的法律；五月間，舊金山教育局通過了一項對中國和日本學童予以隔離的決議。同時，「日本人在美國自成社會」、「日本移民中很多是軍人」、「移民是日本政府的陰謀」等流言廣泛傳播。德皇威廉二世趁機挑撥，一九〇八年他會見美國《紐約時報》的記者黑爾（William Hale）時，宣稱德國已經同美國商妥共同支持中國反對日本，以保持東方的均勢；德國正以各種方法「援助伊斯蘭教徒」，作為「抵禦黃禍的一道防線」；英國和日本結盟，「是白種人的叛徒」；還說「一兩年內美國勢必會和日本打起仗來」，他很高興美國「正在為此做準備」㉞。

對於移民問題，羅斯福堅持反對任何歧視性立法的態度。他承認日本勞工的節儉、自律和宗派團結使美國的「勞動階級感到可怕」；在夏威夷的日本移民「自成一個完全與眾不同的外來集團」，更是「一個嚴重的問題」；還有日本「不允許任何外國人在日本擁有土地」，卻反對別的國家「對他們劃出另一種界線」，這些使得羅斯福不打算反對加州議會「通過一項措詞恰當有禮、真正可以達到他們所追求的目標的決議」。但是他反對做和美國的「外交政策的基本原則恰恰相反的事」，反對「無禮地談論外國，然而又總是拒絕為戰爭做好準備」，他對此「感到不舒服」甚至「非常憤怒」㉟。他還說，如果美國「表現出我們認為日本人是一個劣等異樣的種族，並且試圖像歷來對待中國人那樣對待他們，而同時又不把我們的海軍保持在最高效率和最大規模的水準上，那麼我們將招來災禍」㊱。這裡顯示出羅斯福區別對待日本和中國的態度。

在對待日俄戰爭的問題方面，羅斯福不是以人種決定愛憎，而是重視國家的政治制度。他表示，就人種而論，「俄國人在根本上是比較接近我們的」，而且「相信斯拉夫人是有前途的」，但俄國「還處在慘重的專制制度下面」，因而「目前他們事實上並不更接近我們」；「日本人並非亞利安種，也非基督徒，但是他們並沒有處於俄國那種專制制度的重壓之下」，「今天生活在日本要比生活在俄國幸運一些」㊲。他強調，專制制度「和一個文明民族的智慧和個性的成長都是不相容的」，而且專制制度不論是對該國本身，「或者是對世界其他各國」，「看不出有什麼永久性的好事」㊳。他在這方面也和日本一樣，認為「俄國人在滿洲問題上一貫從事於驚人的虛偽說謊勾當」，因而危害了日本和美國在中國東北的利益。

因此，儘管美國「整個說來乃是傾向於同情俄國」，但羅斯福自稱「關於日本人是一種與我們完全不同的種族，而俄國人與我們是同一個種族的說法，對我沒有很大的影響」，因而「決心使我國政府在這次戰爭中保持中立」。他不無憂慮地預估到：「也可能這兩個國家將打到精疲力竭、兩敗俱傷，然後才締結和平，而這樣的和平條款將不會意味著造成一個黃禍，或造成一個斯拉夫禍。」但是他強調：「我們操英語的國家」應該「有所準備」，「如果我們的利益受到威脅，就來固守我們的陣地」㊴。在羅斯福的思考中，「種族識別」畢竟不如實際利害重要。

對於日本，羅斯福表示出比對俄國更大的好感，稱讚日本是「東亞偉大的新力量」，說日本「在工業方面和在戰爭方面一樣十分值得注意」，「它現在已經是一個偉大的強國，將來會成為一個更偉大的強國」。因此他「願意看到美國本著盡可能彬彬有禮的精神，慷慨大方而又公道地去對待日本人」㊵。一九〇四年六月上旬，羅斯福會見日本駐美國公使高平和畢業於哈佛大學的金子男爵時，非但表示應該承認「日本在黃海周圍地區擁有最高利益」，還希望日本像西方「文明大國」一樣，「不僅有些事向別人學習，而且有些事要教導別人」㊶。對照上下文，就可明白他所說的「向別人學習」是指向西方文明大國學習，而「教導別人」則是指「教導」朝鮮和中國。

當然羅斯福對日本並非完全信任，這其中有兩點考慮。第一點是主要的，即日本強大以後往何處去?羅斯福預估，日本對俄國戰爭的勝利將使日本成為「東方的一個可怕的國家」，再加上「如果日本認真著手來改造中國，並且取得任何進展，那麼其結果對白種人來說將是均勢中心的真正改變」㊷。羅斯福曾當面告訴高平公使和金子男爵，他擔憂「日本可能會變得自大，大幹起傲慢和侵略的事情來」。當他看到日本人對用「一個一般性的國際協定來保證中國在滿洲的自治」很不滿意，藉口「無法確定中國人是否強大得足以自己獨立支持」，而要由日本單獨承擔滿洲事務時，羅斯福表示「希望看到中國保持為一個整體」，還警告日本「他們要控制中國會是困難重重」；並坦率地強調說，如果日本果真幹起傲慢和侵略的事情來，「無疑對於世界其他各國暫時是十分不愉快的，但到頭來對於日本將更不愉快」。

第二點考慮與其說是種族的因素，不如說是文明的因素。羅斯福認為：**「日本人的文明在許多方面跟我們的文明非常不同」，「日本人、甚至中國人……他們自己祖先的文明重擔將壓住他們，不讓他們變得和我們一模一樣」**。但羅斯福強調，不同文明的國家只要「能成為我們國際社會的成員」，彼此就不應該表現出歧視。他對當時西方國家指日本為「黃禍」的輿論不以為然，說：「像他們已經發展起來的這樣一種文明，使他們有權對於指責他們是黃種恐怖一部分的說法一笑置之。」㊸正是基於這樣的考慮，羅斯福稱前述德皇大談「黃禍」、挑撥美國和日本打仗的談話「荒唐」，並且說：「我將以最強烈的方式反對把這樣一篇談話公開；發表這個談話不可能有好處，反而有很多害處。」㊹

羅斯福還說：「我完全知道，如果他們（指日本——作者）獲得勝利，就可能意味著他們和我們之間在將來的一場鬥爭。」這是基於前述的第一點考慮，不過他認為這事還不能確定，而目前直接的問題是俄國，「俄國在過去三年間所採取的方針已經把事情弄得很清楚，如果它獲得勝利，將把中國北部組織起來反對我們，並且從它能夠控制的一切地區內把我們徹底排除出去」。

對日本與俄國兩者權衡的結果，羅斯福強調，美國不能「拿眼下必定受到損害的事來抵制將來可能受到損害的事」，所以美國在日俄戰爭中表示「中立」，但實際上最不希望俄國獲勝，當然也不放心日本獲勝，而最好是兩敗俱傷。戰爭的結果是日本獲勝，所以羅斯福一方面主張要用友好親切的態度對待日本，「使它找不到對我們懷恨的藉口」，一方面在會見日本人時，發出意思明確的勸告甚至是警告：「如果侵略來臨，我相信我們會有充分的能力來保衛自己。」㊺同時他還批評自己的同胞「無理地談論外國，然而又總是拒絕為戰爭做好準備」，反覆強調美國及別的英語國家要「在身心方面」即從軍事力量和思想認識上做好固守陣地，足以對付「強大起來的新興國家」和「成長得更為強大的舊有國家」㊻。

我們不能不說羅斯福是一個高明的政治家，但是他做好思想準備、發展軍事力量的號召背後，不僅是為了美國的利益，恐怕還有迎合軍火生產及銷售商人的意圖。武器設計家、軍火工廠廠主西拉姆·馬克沁（Hiram Maxim）和軍火商人哈得森·馬克沁（Hudson Maxim）兄弟，是羅斯福政策的熱烈擁護者。一九一五年哈得森寫了一本題為《沒有防衛的美國》的書，從軍火商的角度大肆宣傳戰爭，他說：「美國一定要挨一頓打才能認識到自己處境的危險；如果英國人不想教訓美國人，德國或日本也會抽美國一鞭子。德日兩國比較起來，更危險的是日本。日本人在不到一個月的時間就能使二十五萬人在美國太平洋海岸登陸，比美國把正規部隊調集到這一地區進行攔擊的速度要快得多。」㊼第一次世界大戰結束以後，哈得森強調戰爭的威脅並未消除，建議由「親戚們」即美、英、德、法、俄五國召開會議，討論國際重大問題，強調「日本人必須排斥在外」。這裡顯然存在著種族論的觀點。他還主張，在戰爭的危險沒有消除以前，只有擴張軍備一條道路可走㊽。馬克沁兄弟的宣傳，在美國起了很壞的影響。

美國政治和外交方面的活動家湯瑪斯·米勒德（Thomas Millard）是一個堅定的對日警戒派。早在二十世紀初年，他就指出：「日本人僅僅是給本民族人民灌輸狂熱愛國主義精神的野心勃勃獨裁者手中的工具。」他認為西方人忠誠於理想，「但是東方人僅僅忠誠於當權者」。**日本與中國的不同之處在「中國人抵制改革的地方，日本人卻能緊緊地抓住」**，這些情況應該引起美國人的注意。一九〇五年日俄《樸茨茅斯和約》簽訂之後，美國對日本人在「黃禍」方面的關注又開始上升，湯瑪斯·米勒德是宣傳鼓動者之一。一九〇六年湯瑪斯·米勒德撰文宣稱：「日本人在政治上保持移民政策的決心，意味著它認為必須控制自己的殖民地」，「雖然日本還弱小而不能禍害（歐洲），但它擁有煽動中國的力量。中國軍隊的潛能比日本大，中國可以找到大量失業的日本軍官來幫助自己建立軍隊，日本的東亞政策威脅到了西方」⑲。在清王朝滅亡之前，湯瑪斯．米勒德的東方危險論雖然主要是指日本，但也包含中國為日本所用因而加大危險程度的考慮。

隨著辛亥革命之後尤其是第一次世界大戰初期日本出兵山東，隨後又提出滅亡中國的「二十一條」，中日矛盾趨於尖銳化的態勢出現，湯瑪斯．米勒德遂將日本作為唯一的「黃禍」目標加以攻擊。他說：「日本確實成了黃禍，毫無疑問他們可以通過武力占領整個中國」，只是由於他們擔心此舉會逼出一個新的歐洲聯盟來，考慮到風險太大而被迫放慢擴張的速度。他分析日本的步驟必然是，首先：「加固它已經擁有的占有權，悄悄地推動它在中國的利益。」他在一九一四年八月曾提醒中國說：「隨著歐洲的捲入（世界大戰），日本很可能利用這一絕好的機會重新開始對中國的侵略。」而最終，「日本人最主要的目的是控制中國」，只要有機會，日本會採取對待朝鮮同樣的做法，把中國「變成自己的專屬殖民地，那裡的外來者完全被排斥」。湯瑪斯．米勒德認為：「中國是可以抵禦日本統治的」，但條件是中國不應該同時反對歐美。巴黎和會期間湯瑪斯擔任中國出席會議代表團的非官方顧問，他對中國代表說：「遠東地區存在的因素使中日戰爭在未來幾年內成為可能，這將是一個嚴重的危險。日本會在中國反對白種人的浪潮達到高峰時占領中國。」⑳區區一個非官方顧問之職不會使湯瑪斯為中國的利益憂心，其真實動機還是在為歐洲尤其是美國打算。

湯瑪斯・米勒德強調日本的政策應該引起美國足夠的注意。他說日本的政策雖然不僅僅是針對美國，「但日本人總是對美國的力量仔細斟酌則是毫無疑問的」，而且日本人「非常清楚美國人阻止他們在中國實現抱負的方式」。湯瑪斯・米勒德指出：「日本人的擴張是為了權力而不是為了爭奪生存空間」，他們野心勃勃，不僅要占領中國，還會「占據菲律賓」，並「向印度支那半島前進」；在西半球，日本「會轉向拉丁美洲殖民地」，可能在「半個世紀內（實現）對墨西哥人的統治」。總之，湯瑪斯認為「日本人相信自己一定能戰勝美國，消滅門戶開放政策和門羅主義」，因此「日本永遠不會和美國合作，它的貧困將會煽動而不是遠離和美國的戰爭」。湯瑪斯・米勒德建議，美國應該「幫助中國」抵制日本[51]。

到一九二〇年代，美國加州排外聯盟的立法代表瓦倫亭・麥克萊齊（Valentine Mcclatchy）撰寫了《亞洲的德國人》、《日本移民和殖民事業》、《日本移民》等書，鼓吹排斥日本移民。麥克萊齊宣稱：「沒有通婚的同化是不切實際的，但無論日本人和美國人都不會選擇通婚。」而且他本人也「科學地認定，通婚對兩個民族都有害。日本人總是日本人……即使日本政府允許，文化背景上的巨大差異也會阻礙精神同化的發生」。何況由日本政府與日本領事對移民組織的有力控制，不僅使得「日本移民在很大程度上都保持著他們的種族凝聚力」，而且維持著日本政府對移民的直接影響。

麥克萊齊還說：「在美國社會，日本人的高出生率決定了他們是一個不斷在擴大，並且難以忍受的群體。日本人對自己國家的忠誠使得他們不希望成為好的美國公民；同時日本人愛挑釁（好戰）的傳統也導致他們會給其他民族帶來極大的危害。」並認為這也是另一個層面上的「劣等」和「優等」的差異問題。隨著日本移民對加州農業生產的進一步控制，麥克萊齊等排日主義者喧嚷：「日本人會迅速壟斷西海岸城市的農產品供應。」

麥克萊齊還極力誇大「日本移民潛在的軍事威脅」。他危言聳聽：「據稱在美國出生的日本人正被訓練著，要求他們『為了天皇的榮譽和日本民族的利益』行使公民權。」麥克萊齊甚至表示他願意作為「日本人正在籌畫太平洋勢力範圍」的證人，因為：「據說每當和太平洋西北中學的同學們辯論時，日本的年輕人就會威脅說：將來有一天他們要控制美國。」一九二二年，麥克萊齊曾就日本的軍事威脅問題再次向國會議員發出警告：日本不僅「正試圖增加在美國太平洋沿岸的人口數量」，同時「在智利和祕魯的礦山和港口，已有預謀地駐進了大規模的日本人」52。我們無法證實麥克萊齊的言論有幾分根據或捏造，但他當時的確靠這些激烈的排日言論而大出鋒頭。

持有種族觀點的人類學家麥迪遜．格蘭特（Madison Grant）也加入了排斥中國人和日本人的合唱。他在一九二四年繼續主張澳洲和紐西蘭成為「純粹北歐人血統的社會」，宣布這兩地為「白種人的國家」，抵制中國苦力和日本移民。一九三七年他還出版了一本題為《一個大陸的征服》的小書，不僅認為白種人比黑人優越，也比黃種人優秀，主張把黃種人從北美洲排斥出去[53]。在一九二〇、三〇年代的國際政治氣氛中，美國學者從自己專業的「學術」圈中跳出來，插足政治和外交領域，發表各種議論，成了一種普遍現象。

註釋

①參見海因茨・哥爾維策爾：《黃禍論》中譯本，第24頁。

②諾伊曼：《英帝國在亞洲的歷史》（K.F. Neumann, *Geschichte des englischen Reiches in Asiens, II leipzig*, 1857），第723頁。

③貢帕赫：《蒲安臣的使命》（J.V. Gumpach, *The Burlingame Mission*, Shaughai, London and New York, 1872），第5頁。

④喬治二世：《亨利・喬治傳》（T.H. Georgejr, *The Life of Henry George*, New York, 1911），載《亨利・喬治》全集，第九卷，第198頁。

⑤喬治二世：《亨利・喬治傳》全集，第九卷，第193-200頁。

⑥喬治二世：《亨利・喬治傳》全集，第九卷，第202頁。

⑦喬治二世：《亨利・喬治傳》全集，第九卷，第194-195頁。

⑧喬治二世：《亨利・喬治傳》全集，第九卷，第203頁。

⑨呂浦、張振鵾等編譯：《「黃禍論」歷史資料選輯》，第 9-20 頁。

⑩呂浦、張振鵾等編譯：《「黃禍論」歷史資料選輯》，第 22-24 頁。

⑪呂浦、張振鵾等編譯：《「黃禍論」歷史資料選輯》，第 25-36 頁。

⑫參見呂浦、張振鵾等編譯：《「黃禍論」歷史資料選輯》，第 38-47 頁。

⑬參見呂浦、張振鵾等編譯：《「黃禍論」歷史資料選輯》，第 48-59 頁。

⑭參見呂浦、張振鵾等編譯：《「黃禍論」歷史資料選輯》，第 61-76 頁。

⑮參見呂浦、張振鵾等編譯：《「黃禍論」歷史資料選輯》，第 77-81 頁。

⑯〈狄奧多爾．羅斯福對皮爾遜《民族生活與民族性》一書的評論〉，載呂浦、張振鵾等編譯：《「黃禍論」歷史資料選輯》，第 106-110 頁。

⑰海因茨．哥爾維策爾：《黃禍論》中譯本，第 87-88 頁。

⑱湯普森：《黃禍論》（R.A. Thompson, *The Yellow Peril,Arno Press*, New York, 1978），第 25-28 頁。

⑲貝林豪斯：《布魯克斯．亞當斯傳》（A.F. Beringause, *Brooks Adams, A Biography*, New York, 1955），第 195 頁。

⑳參見海因茨．哥爾維策爾：《黃禍論》中譯本，第 89 頁。

㉑瑪漢：《亞洲問題及其對國際政策的影響》（A.T. Mahan, *The Problem of Asia and its effect upon international Policies*, London, 1900），第 176 頁。

㉒前引瑪漢：《亞洲問題及其對國際政策的影響》，第 191 頁。

㉓前引瑪漢：《亞洲問題及其對國際政策的影響》，第 154 頁。

㉔前引瑪漢：《亞洲問題及其對國家政策的影響》，第 88 頁。

㉕前引瑪漢：《亞洲問題及其對國際政策的影響》，第 166-167 頁。

㉖前引瑪漢：《亞洲問題及其對國際政策的影響》，第 90-93、166-170 頁。

㉗前引湯普森：《黃禍論》，第326-327頁。

㉘海因茨．哥爾維策爾：《黃禍論》中譯本，第94頁。

㉙福斯特：《美國在東方的外交》（J.W. Foster, *American Diplomacy in the Orient*, Boston and New York: Houghton, Mifflin and Company, 1904），第433-435、438頁。

㉚勃羅溫：《舊中國的新力量》（A.J. Brown, *New Forces in Old China, New York*, Fleming H. Revell Company, 1904），第305-319、354頁。

㉛米勒德：《新東方》（T.F. Millard, *The New Far East*, New York, Charles Scribner's sons, 1906），第270-282頁。

㉜參見海因茨．哥爾維策爾：《黃禍論》中譯本，第96頁。

㉝莫理遜編：《狄奧多爾．羅斯福通訊集》（E.E. Morison, *The Letters of Theodore Roosevelt*, Harvard University Press, 1951），第五卷，第787頁。

㉞前引《狄奧多爾．羅斯福通訊集》，第六卷，第1163-1164頁。

㉟前引《狄奧多爾．羅斯福通訊集》，第四卷，第1168-1169頁。

㊱前引《狄奧多爾．羅斯福通訊集》，第四卷，第1233-1234頁。

㊲前引《狄奧多爾．羅斯福通訊集》，第四卷，第759-760頁。

㊳前引《狄奧多爾．羅斯福通訊集》，第四卷，第829頁。

㊴前引《狄奧多爾．羅斯福通訊集》，第四卷，第760-761頁。

㊵前引《狄奧多爾．羅斯福通訊集》，第四卷，第1233-1234頁。

㊶前引《狄奧多爾．羅斯福通訊集》，第四卷，第829-830頁。

㊷前引《狄奧多爾．羅斯福通訊集》，第四卷，第760頁。

㊸前引《狄奧多爾．羅斯福通訊集》，第四卷，第830-833頁。

㊹前引《狄奧多爾・羅斯福通訊集》，第六卷，第 1166 頁。

㊺前引《狄奧多爾・羅斯福通訊集》，第四卷，第 831-832 頁。

㊻前引《狄奧多爾・羅斯福通訊集》，第四卷，第 1169、761 頁。

㊼馬克沁：《沒有防衛的美國》（H. Maxim, *Defenceless America*, London/New York/Toronto, 1915），第 100 頁。

㊽參見海因茨・哥爾維策爾：《黃禍論》中譯本，第 95-96 頁。

㊾前引湯普森：《黃禍論》，第 216、307 頁。

㊿前引湯普森：《黃禍論》，第 324、367、392 頁。

51前引湯普森：《黃禍論》，第 324、380、367、392 頁。

52前引湯普森：《黃禍論》，第 232、420 頁。

53參見海因茨・哥爾維策爾：《黃禍論》中譯本，第 89 頁。

文學作品和電影中的黃種人形象

十九世紀後期在文學領域中一時成為風尚的世紀末情緒，在少部分文學家那裡與「黃禍論」形成合流。於是黃種人形象、想像的人種戰爭成了少數文學作品中的題材，而主題則不外是對黃種人的醜化和對黃色「威脅」的渲染。

美國民間詩人布雷特．哈特（Bret Harte）早在一八七〇年就產生了「白種人在衰落」的悲觀，他在一首題為〈忠實的詹姆斯的更多語言〉詩歌的開頭和結尾都是：

是不是我們的文明失敗了，
還是高加索人的戲已經演完？

這種一詠三嘆的無病呻吟還不夠，作者認為白種人文明的衰落乃是因為有了狡詐的競爭者。所以同年他又寫了一首幽默的方言詩〈那個邪教徒中國人〉，描寫一個名叫「阿新」的中國賭徒的詐騙行徑，詩的結尾幾行是：

這就是為什麼我說
（我的話通俗易懂）
這個中國邪教徒真叫高明，
他的手段別人捉摸不透，

他的花招詭計神出鬼沒。
這一點我看得清又清①。

顯然，哈特嘲諷的不只是一個具體的生活在美國的中國賭徒，他厭惡的是全體中國人的性格，實際上反映了當時部分美國白種人排斥中國移民的情緒。

甲午戰爭前後，在俄國以宗教哲學家聞名的弗瓦迪米爾·索洛維耶夫（Wladimir Solowjew）寫了一首題為〈泛蒙古主義〉的詩：

泛蒙古主義！可怕的字眼！
但我卻因這個野蠻的聲音為之一震，
這簡直是上帝終於為我們
指示了末世命運的艱難旅程……
黃色人種爭先恐後地武裝起來，
他們要戰鬥，他們在競爭。
幾十萬幾百萬明晃晃的刺刀，
擺列在中國國境，做好了衝鋒的準備。
以不可抗拒的撒旦一般的巨大力量，

人山人海，漩渦洶湧而來，
一片灰色，像煌蟲一樣，
嗜血成性，貪婪而又冷酷。
俄羅斯，你的光榮泯滅了，
雙頭鷹在黑夜中消失，
黃色的面孔發出狂笑，
要弄著撕碎了的旗幟的彩條。
多麼痛苦，對你的愛和信仰再無蹤影，
隨之而來的是恐怖的法庭。
第三羅馬化為灰燼，
第四羅馬卻還沒產生②。

看來這位宗教哲學家關心的不是中國還是日本勝敗，他關心的是「泛蒙古主義」對俄國和基督宗教世界的威脅。他不懷疑西方的最後勝利，但強調黃白人種之間必有一次血腥的、為時漫長的惡鬥。

一九〇〇年，**比利時文學家伊萬．基爾金**（Iwan Gilkin）發表詩作〈若奈斯〉。「若奈斯」今譯「瓊納斯」，一個類似於先知的男子，**他向歐洲宣告說，一種來自遠東的運動將**

要滅亡歐洲，而且歐洲再也找不到能像抵抗匈奴王阿提拉和蒙古汗帖木兒一樣的英雄人物。基爾金並且藉此譴責歐洲的社會主義者：「你們要把自己的民主從歐洲的資本主義制度下解放出來，那你們又怎樣保衛自己的民主不使它受到亞洲工人的損害呢？」③由此可見，「遠東的威脅」成了這個文學家反對歐洲社會主義運動的理由。

比起詩歌來，「未來小說」或類似於小說的散文在傳播「黃禍論」方面的影響更大。一八九八年，英國人希爾（M. P. Shiel）出版了一本長達三百四十八頁的傳奇小說《黃禍》。主人公霍恩（此據英文en ho音譯——作者）是日本貴族和清廷女性的混血兒，他具有天才的頭腦，居然能夠說服乃至操縱中國的李鴻章和日本的伊藤博文。經共同謀畫後，已與日本訂立密約的中國突然向歐洲各國通告中國願意把領土無償分讓，如對法國讓與海南島和雲南，對俄國讓與長江流域，對德國讓與膠州灣等。其實是利用這中間的利益矛盾離間歐洲列強，使它們由互相猜忌發展到兵戈相見，終於在多佛（Dover）海峽發生了英法兩國海軍戰艦的衝突，歐洲出人意外地大亂。

小說接著寫霍恩接替李鴻章當上了「首相」，公開和日本結盟，趁著歐洲戰亂，開始向歐洲大舉進攻。這場入侵比古代的阿提拉、中世紀的蒙古人入侵更可怕，幾億西歐人被殺。德皇威廉二世雖不肯向中日聯軍投降，但由於俾斯麥的背叛不得不流亡到英國。小說的結尾是英國出現了一個與霍恩旗鼓相當的天才兒童，他通過種種計謀和堅持不懈的努力，最後把歐洲從「黃禍」中拯救出來④。

值得注意的是該書出版的時間與一八九八年出現瓜分中國的狂潮同時，這頗能反映作者觀察的敏銳及其對瓜分可能引起歐洲國家矛盾衝突的擔憂。書中寫到的李鴻章、伊藤博文、德皇威廉二世、俾斯麥也均在世，對威廉二世、俾斯麥的描寫也頗符合他們對「黃禍論」的態度（即德皇堅決反對所謂「黃禍」而俾斯麥表示不能贊同）；不過當時李鴻章秉承慈禧的態度，傾向於聯俄拒日，而小說把他寫成主張聯日。除此之外都是天方夜譚。但這本書在英國和歐洲卻有一定影響，現今的日本國會圖書館裡仍藏有該書，黃色的布封面，上面畫著一張奇異的、不知是中國人還是日本人的面孔。

一九〇〇年正是八國聯軍打到天津和北京的年份，前述俄國宗教哲學家索洛維耶夫卻在死去之前連續發表了著名的《三篇談話》，被譯成多種外文而廣為人知。其中第三篇〈關於非基督徒的故事〉就類似於小說，充分表達了他對蒙古人種在二十世紀怎樣入侵歐洲的「黃禍」想像。

索洛維耶夫稱日本人未來的世界觀就是泛蒙古主義，這是對泛希臘主義、泛美洲主義、泛斯拉夫主義和泛伊斯蘭主義的模仿。由於歐洲的分裂，加上歐洲人要花精力抵禦伊斯蘭世界的壓力，給了日本機會。日本領導下的東亞結成一體，甚至形成「日本人和中國人、滿洲人、蒙古人和西藏人融合」，成為帝國主義的綜合體或一個超國家的實際的政治——

軍事力量。

索洛維耶夫想像，在泛蒙古主義擴張的初期，上述聯合體就會把法國人趕出印度支那，把英國人趕出緬甸。中期，在蒙古第一個神聖汗王（他出身於日本皇室，母親卻是中國人）的領導下，中國的新疆集結一支三十五萬人的大軍，佯裝進攻印度，結果卻是進攻俄國的中亞細亞，並煽動當地的非俄羅斯族居民起來暴動反對沙皇。俄國和其他歐洲列強在這種一波接一波的軍事打擊之下，被來自東亞的占領軍統治，成為神聖汗王的附庸國。此後，泛蒙古主義的統治者還組織了強大的海軍，進攻澳洲和美洲。歐洲在被黃色人種統治的時間裡，大批中國和日本的工人湧入，西方和東方的文化、制度激烈碰撞，經濟和社會問題層出不窮。

但是，索洛維耶夫推斷黃種人對歐洲的統治不會長久。歐洲的祕密團體和支持這些團體的歐洲各國政府的長期反抗，將使占領者的子孫最終被趕出歐洲。歐洲大陸將擺脫外來壓迫，組成年輕而強健的歐洲合眾國聯盟⑤。

日俄戰爭之後，有關「日美未來戰爭」的小說風行一時，戰場被設定在太平洋或者美國本土上。一九〇七年美國人曼森（Marsden Manson）寫了一本未來幻想小說《黃禍在行動中》，他從加州地方民族主義和美國軍國主義的立場出發，描寫了美國和亞洲幾個國家的聯合勢力進行的一場戰爭。此後這類作品連連出現，其中略微被日本人和中國人重視的主要有兩本。

一本是一九〇八年在柏林出版的、一個匿名作者寫的日美未來戰爭小說《巴拉貝拉姆》。關於這本書，橋川文三教授說有小寺謙吉的抄錄本，還有一九二五年的一本名叫《ばんざい！》的日譯本。「巴拉貝拉姆」原為Parabellum，有「軍備萬能論者」之意，是書名還是作者筆名已難判定；日文譯者「嘗膽生」亦無可考。

小說以日本對美國作戰的勝利為開頭。當時日美邦交並未斷絕，然而日本不宣而戰，出其不意地封鎖了菲律賓的馬尼拉灣。由於海中地震，美國的馬尼拉守軍無法和本國聯繫與接受指揮，他們雖然擊沉了一般裝扮成商船來窺探港內情形的日本運輸船，但猛烈的砲戰之後，港內的美國軍艦瞬間粉碎，整個島上的美國人東跑西竄，極其狼狽混亂。由於遍布菲島的日本間諜預先布置，當地土人亦奮起抗美迎日，菲律賓輕易落入日本人手中。

接著日本迅速進攻美國西海岸。由於日俄戰爭之後，日本移民到舊金山及西海岸諸州者已達數萬人，他們偽裝成勞工，其實全都是在日本國內受過正規訓練的預備兵和退伍兵。一聲令下，這些人有條不紊迅速行動，先占領舊金山車站和東路鐵道線，然後未遭抵抗即占領舊金山全市，太陽旗到處高高飄揚。美國總統慌忙向國會提交咨文，要求招募國民軍。應募者熙熙攘攘集合之際，讓美國人戰慄恐懼的、惡鬼似的東鄉平八郎率領龐大的日本艦隊蜂擁而至。雖然美國海軍力量與日本旗鼓相當，但美國當局不知出於何種分析判斷，居然把海軍一分為二，讓一半的海軍艦隊轉向大西洋沿岸，從而在日本艦隊面前處於劣勢。

日本艦隊氣勢沖天，對美國艦隊實施日本特有風格的電光石火般的突擊，戰鬥打響之際，日軍的信號旗在東鄉司令的旗艦上高高升起，東鄉目視海天，大聲宣告：「今天為神奈川事件雪恥之日。一如當年培理（Metthew Perry，又譯佩里）提督用刀把日本的門戶敲開，今天吾輩將粉碎（舊金山的）金門。」

金門之戰以日軍的大勝結束，此後兩國開始談判。由於日本提出的媾和條件過於苛刻，美國不肯接受。最後由於美國民眾的堅決抵抗，日本侵略軍終於被趕出美國本土。抄錄此書的小寺謙吉加上了簡單的批語，他斷定這個德國人之所以寫此小說，無非和德皇用「黃禍論」教唆俄羅斯一樣，而這次是聳恿美國和日本對抗⑥。

還有前述曾擔任孫中山軍事顧問的美國人荷馬．李亞，於一九〇九年出版了題為《無知之勇》（*The Valor of Ignorance*）的書。此書無疑是先被孫中山看過，然後介紹給當時與中國革命黨人過從甚密的日本人池亨吉。池亨吉以摘譯加意譯的方法介紹給日本人，一九一一年十月以《日美戰爭》為書名在日本出版，其後在短短的四個月裡竟然再版十九次，可見在日本引起了廣泛的閱讀和關注。而英文的《無知之勇》還有德譯本，「據說德皇為讓其陸海軍人閱讀特地購買了十幾萬冊」。

《無知之勇》和前述荷馬．李亞的另兩本書《薩克遜的日子》、《不列顛帝國的命運時刻》的主旨一樣，認為英國與日本結盟是一個歷史性的錯誤，只會有利於日本的侵略擴張，加快盎格魯薩克遜人的沒落；俄國雖然和日本剛打過仗，但兩國卻是天然的盟友，是中國的共同敵人；美英兩國必須和中國結盟，對抗俄日。他還批評美國人對日本的崛起與侵略企圖掉以輕心，絲毫沒有為與日本作戰做好準備，這樣必然影響到美國的前途等等。嚴格地說，《無知之勇》不能算是小說，但又不是標準的軍事評論或政治評論，只能說是類似於今天「軍事文學」一類的著述。除了一些議論、分析之外，書中也有大量的戰爭想像場面，諸如「日美宣戰後二十四小時，夏威夷的美國軍隊被消滅」；「馬尼拉不得不在三週內向日軍投降」；「戰爭開始後的五個月內，在華盛頓、奧勒岡、南加州等地，有十七萬餘人的日軍登陸。舊金山在被日軍包圍兩週後，美軍不得不開城投降」等等。也許正是這個原因，橋川文三教授把《無知之勇》安排在「未來戰爭故事流行」一節之下做了介紹⑦。

《巴拉貝拉姆》、《無知之勇》之類的作品，使得「日美戰爭」危機廣為傳播，一時太平洋兩岸的美國和日本彼此警戒情緒大漲。明治四十四年三月二十七日的《東京日日新聞》上有時評說：「太平洋沿岸由於日美開戰之說變得神經過敏，並有各種煽動之說。昨日在舊金山灣某砲台附近發生捕獲三名徘徊於此的日本人旋又釋放的事件。在芝加哥徵召入伍兵總部，聽說有命令要招募多數壯丁。開戰之說正在刺激人心。」⑧但是對於上述兩書中關於日軍進攻馬尼拉、夏威夷的想像和描寫，後來看到了太平洋戰爭過程的橋川文三教授也說：「至少他們在軍事方面的預測，幾乎原封不動地在三、四十年後實現」，因此「令人認為，『黃禍論』這種非科學理論的預見力也不容輕視，白種人追究『黃禍』也許可以說不無所獲」⑨。顯然，預測戰爭將在哪些國家之間發生，戰爭的某些過程乃至結局如何，包括「黃禍論」者在內的一些人可能得出大體不錯的猜測或分析，但這並不是「黃禍論」者的特長和獨特發現。而且關鍵的是，「黃禍論」者不能正確認識戰爭的本質及其發生的根源，反而以人種劃線，鼓吹白色人種的優越、正義，所以不應該以「非科學理論」一語輕輕帶過。

「黃禍」作為西方文化集體無意識深處的對於東方的恐懼，似真似假，如夢如幻。它對西方各國經濟的威脅在於中國所產商品的競爭，在於廉價勞工的源源湧入；對西方哲學和宗教的威脅則是儒學的存在和佛教的對外傳播；政治上的威脅則是中國人正和其他殖民地半殖民地國家的人民一道，要爭取獨立自主。而在文學作品中，西方人厭惡乃至恐懼的對象就化成了野蠻、邪惡、猙獰或猥瑣的人。

在西方人看來，「黃禍」更能體現在東方人與西方人衝突的事件上。義和團事件、日俄戰爭以及後面還將談到的朝鮮戰爭、越南戰爭，都被他們視為「黃禍」預言的應驗。所以，在義和團事件期間及其後一段時間裡，西方來中國的商人、軍人、外交人士和傳教士的書信、報導、報告和劄記、小說之類的東西，無不充斥著恐怖的「黃禍」圖景；無數醜陋兇殘的黃種人，頭上纏著血紅的布帶，揮舞著大刀長矛，野獸般地嚎叫著，像海水或蝗蟲般漫山遍野地湧來，所到之處火光沖天，過後便是廢墟一片。五年之後，即一九〇六年，當義和團和八國聯軍事件發生時正在北京的英國人普特南・威爾（Putnam Weale）打算發表自己的見聞和書信時，他的一個朋友告訴他，僅他自己的藏書中就有四十三種有關義和團的著作，而且這只是限於英文書。

普特南・威爾說，只有在北京這座城市，才能夠想像義和團的恐怖，因為這是個在歷史上反覆被野蠻部落殺戮塗炭的地方：從金到元，從元到清，草原遊牧部落經常從黃塵四起的戈壁中湧來，燒殺搶劫之後，屍體血污成泥，房屋宮殿成塵。如今又是一個塵沙蔽日的夏天，「義和團像過去來自草原上的那些遊牧部落一樣，湧入這個黃塵瀰漫的死亡之城。他們粗野尖厲地嚎叫著，像地獄裡的惡狗（Hell Hounds），放火焚燒房屋，火光與濃煙吞噬了城市」。在西方人的筆下，韃靼、蒙古、遊牧部落、義和團、中國乃至東方，是不用加以區分的，反正都是如浪如沙的黃種人潮，他們將淹沒跑到中國來「傳播文明和福音的白種人」。

普特南・威爾更具體地描繪了義和團進北京時的恐怖氣氛：「依舊忠於職守的帝國衛兵剛要關上城門，就聽到一陣嚎叫，以前我從未聽到過這麼尖厲可怕的聲音……義和團第一次向我們撲來，他們穿過哈德門，從東面向使館區逼近。他們已經肆無忌憚地燒殺搶掠了三天，幾乎沒有遇到任何阻力，除了我們這裡的百十桿槍。義和團加上北京城裡的那些流氓無賴，發現在漢人區裡已經沒有什麼可施暴了，大概又聽說他們可以隨意處置那些基督徒和歐洲人，於是蜂擁撲向內城。他們發瘋地嚎叫著，一陣一陣地，所有的人同時重複著兩個字：殺、燒！而且聲音一波比一波大。我曾聽到一大群沙皇的士兵向沙皇致敬時的吼叫如何響徹雲霄，那種聲音奇怪之極，尚不如現在義和團嚎叫的可怕。這種叫聲聽起來讓人血液都凝固了，它淒厲、空曠，一聲一聲地重複，幾個小時從未間斷，叫聲中包含著瘋狂與邪惡……我們之中的婦女已經嚇呆了，水手們嘟囔著，這不是戰爭，比戰爭更可怕，是但丁描寫的地獄。你的直覺中已經預感到，如果這些人衝進來，他們會將我們的肉一片一片地從骨架上撕下來。夜色漆黑，寶塔與城牆上箭樓的影子，看起來也猙獰恐怖，義和團隨時可能衝進來，使我們粉身碎骨。」⑩

雖然事實是義和團並沒有攻入北京的使館區和外國教堂，但普特南・威爾的文字真切地記下了他的經歷和感受。而此類著作的流傳，可能會使讀者產生比作者的感受更為恐怖的印象。果然，後來有「一位小時候讀過有關義和團事件書籍的美國傳教士，聽說自己將被派到中國傳教時，做了一夜噩夢」⑪。文學作品和類似著作更能影響讀者，於此可見一斑。當然，還算忠實客觀的普特南・威爾也描寫了八國聯軍洗掠北京的恐怖，但同是恐怖，他不僅於後者著墨較少，而且更沒有述及雙方仇恨對立的根源，似乎戰爭不考慮正義與否。

部分西方人還感到，不僅眾多如蜂如蟻一般擁擠地生活在中國黃土地上的人是「黃禍」，那些身無長技、而又一心想到西方發財的移民，更是直接威脅到西方世界和他們個人自身的安全。二十世紀初年，西方人想像中唐人街上的中國人總離不開古怪、邪惡和犯罪。這些中國人戴著西式禮帽，腦袋後面還垂著一根長辮子，不男不女；他們雖然也穿著上衣長褲，但看上去總像睡衣睡褲一樣鬆鬆垮垮，顯得不倫不類。他們用一種由刺耳的尖叫構成的古怪語言說話，聊天竟像是吵架。他們以洗衣服、開餐館為職業，聚集在擁擠骯髒的唐人街，隱蔽地從事販毒、賭博、賣淫等邪惡活動。他們不知道法律，只知道黑社會……那是不可思議而又危險的人群，只以各種非法的狀態生存，在那種可怕的忍耐、痛苦與屈辱的沉默中，隨時都在醞釀和產生陰謀，隨時都可能爆發危險。

一九一一年在英國倫敦發生了一起據說與當地華人黑社會有關的集體犯罪案件。流行已久的「黃禍」觀念突然被這個案件具體化、形象化了。翌年**英國通俗小說作家薩克斯・羅莫爾**（Sax Rohmer，又譯羅默）**開始創作名為「傅滿洲博士」的系列小說。傅滿洲這個人物形象，就是二十世紀中國在西方移民的「黃禍」化身。**羅莫爾在回憶自己最初的創作情形時說：「我常想為什麼在此之前，我沒有這個靈感。到一九一二年，似乎一切條件都成熟了，可以為大眾文化市場創造一個中國惡棍的形象。義和團暴亂引起的黃禍傳言，依舊在坊間流行，不久前倫敦貧民區發生的謀殺事件，也使公眾的注意力轉向東方。」就是這種社會和通俗作家個人共同的意念和焦點，催生了作者筆下的傅滿洲博士。一九一二年，羅莫爾關於傅滿洲的第一部小說《傅滿洲博士之謎》問世，一下子就銷售了上百萬冊，還被翻譯成十幾種外文，使這個原先寂寂無名的通俗小說作家和他塑造的人物一舉成名。

從一九一二到一九五九年，羅莫爾一共寫了**《傅滿洲博士之謎》**、**《陰險的傅滿洲博士》**、**《傅滿洲博士的復歸》**等十三部長篇小說，三部短篇小說和一部中篇小說。傅滿洲博士的外形瘦高、禿頭，倒豎著長眉，面目陰險猙獰。他走路沒有聲音，舉手投足都預示著陰謀與危險，又特別神通廣大。羅莫爾在《陰險的傅滿洲博士》一書中說：「你可以想像這個人，瘦高，聳肩，像貓一樣地不聲不響，行蹤詭祕。長著莎士比亞式的眉毛，撒旦的面孔，禿腦殼，細長眼閃著綠光。他集所有東方人的陰謀詭計於一身，並將它們運用發揮得爐火純青。他可以調動一個富有的政府能夠調動的一切資源，而又做得神不知鬼不覺。想到這樣一個邪惡的傢伙，你的頭腦裡就會出現傅滿洲博士的形象，這個形象是體現在一個人身上的『黃禍』的形象。」

羅莫爾所說的「黃禍」包括兩個層面。淺顯的層面是生活在西方大城市中陰暗的唐人街上的中國移民，「他們大都是惡棍罪犯。他們迫不得已離開中國，又沒有在西方世界謀生的本領，就只好依靠他們隨身帶來的犯罪本事」。這種近在咫尺的「黃禍」，直接威脅到西方社會的安全，使西方人即使待在家中也不時感到驚恐。既深且巨的層面則是移民竟成了中國這個「黑暗帝國」的意志的代表，他們不僅像「瘟疫、蝗蟲」一樣，悄悄地漫溢於全世界，而且要用各種辦法消滅白人，征服世界，最終實現「帝國復興大計」。所以傅滿洲系列小說中的白人警官說：「我們的命運都掌握在中國人這個長不大的民族身上！一個崇拜祖先的民族，什麼事都幹得出來。」而小說的敘述者說得更明白：「我們經不起任何失敗，否則黃色遊牧部落就會吞噬整個白人世界。」所以小說雖然寫的是傅滿洲這個移民，但他卻被視為所謂「黑暗帝國」意志的體現者乃至化身。

因此，傅滿洲系列小說不僅常以中國以及亞洲的政治、宗教、文化狀況為背景，而且在設計傅滿洲的行為和故事的時候，作者始終在暗示一九一二至五九年這四、五十年間中國的政治變化和主要思想特徵，甚至乾脆把兩者緊緊結合起來。如一九一二年出版的第一本關於傅滿洲的小說《傅滿洲博士之謎》就與二十世紀初中國興起的民族主義建國思潮緊密相關。以後這種傾向越來越明顯，除了第二次世界大戰期間羅莫爾暫時中斷了「傅滿洲的活動」之外。

新中國成立和冷戰開始之後，傅滿洲的活動不僅以國民黨跑到了一個小島上，「東方帝國」的土地上出現了一個共產黨政權，這個政權與蘇聯合作，與西方對抗的政治格局為背景；而且在一九五七年出版的小說《傅滿洲博士的復歸》中，已經一百歲的傅滿洲身體依舊健康，他與蘇聯合作，成為紅色陣營的陰謀家。在羅莫爾的最後歲月裡，中國共產黨與克里姆林宮的統治者產生嚴重思想分歧，社會主義陣營出現分裂的徵兆，敏感的羅莫爾在一九五九年去世前不久，發表了最後一部關於傅滿洲的小說《傅滿洲皇帝》。這部小說中的傅滿洲，又成了對抗克里姆林宮中共產主義官僚和「蘇聯霸權」的形象，傅滿洲向一個英國生物學家表示，他的任務是「消滅那些試圖創造一個共產主義世界的，而只知尋歡作樂的厚顏無恥的騙子」。總之，現實背景雖然變化離奇，但傅滿洲所代表的總是那個「永恆天幕下的東方帝國」。原型在想像中繼續，想像則以各種隱喻的方式，表現出各個時段上西方對中國的種種慾望、猜測、焦慮和恐懼。

而在羅莫爾的這些小說中，傅滿洲的活動不僅有各種稀奇古怪的謀殺，諸如利用毒蛇、蠍子、狒狒等動物，或者利用高科技手法配製毒藥，都明顯帶有所謂的「東方野蠻色彩」；更有機構的組織和行動，傅滿洲既依賴一個「神祕東方的最大的謎」的祕密集團——「思藩」（sifan），又把這個團體作為超級間諜的諜報機構。他還透過這一機構與不同的組織、陣線合謀共事，後者包括狂熱的宗教原教旨派別、毒品走私犯罪集團、中國傳統式的祕密結社、印度綠林好漢和緬甸殺人越貨團夥等等。而傅滿洲等人的活動地點，則包括從紐約到加勒比海，從倫敦到印度、緬甸的廣大地區。但是他們與中國有緊密的聯繫，甚至說中國是「他們的老窩」。而傅滿洲等人的目的，不僅在於實現一個個具體階段上的各種「邪惡」計畫，其最終目標則是構成一個「超社會的」、「掌握顛覆政府甚至改變文明進程的力量」。這當然會對白人國家，尤其是對曾經掌握或企圖掌握世界霸權的英國和美國的挑戰和威脅。

為了說明白種人終究比黃種人更有能力，羅莫爾塑造了一個名叫鄧尼斯·奈蘭·史密斯（D. Nayland-Smith）的白人警官，他是傅滿洲的強大對手，總是一次次地挫敗了傅滿洲的陰謀，顯示出白種人文明的生命力。但為了證明「黃禍」並未因此而消失，羅莫爾又讓傅滿洲造成假象，使讀者在每部作品的最後以為他死去了；而在下一部作品中，他又活靈活現地出來了，而且要策畫更奇特、更險毒的計謀。要不是羅莫爾在一九五九年死去，他還會讓照推算已經一百多歲的傅滿洲繼續活下去，繼續向白種人文明挑戰，以便繼續演繹由黃種人帶來的千年禍患。羅莫爾晚年曾說：「我對中國一無所知，這使我出名。」⑫因「無知」、胡編亂造而居然「出名」，這對作者本人和讀者社會而言，真是一種莫大的諷刺。

比小說更有播散力的電影，更成為西方「黃禍論」者勢必利用的工具。

一八九四年，美國就曾拍攝一部近半小時的無聲影片《華人洗衣鋪》，以鬧劇的形式表現一個移民華人如何想方設法擺脫一個愛爾蘭警察的追捕。此後長期展示在美國銀幕上的華人移民形象，不是罪犯就是惡棍。在一九七〇年代的美國電影中，神祕的唐人街成為中國的象徵：邪惡的陰謀，遮掩的窗簾，在窗口窺視的東方人的面龐，窗簾後若隱若現、身分不明的人物，刻意構成一種祕密恐怖的氣氛。而影片內中國人的形象與性格，無一不是醜陋、怪誕甚至邪惡的，女人裹著小腳，男人拖著豬尾巴一樣的辮子，留著長指甲，手裡拿著扇子或打著傘，細眼睛似笑非笑，說話怪聲怪氣，腦子裡詭計多端。所謂「中國風情」即「中國怪事」（Chinesey），除了月洞門、工藝精巧的小骨董、女人的弓鞋和男人的大煙槍之外，就是中國人從早到晚抽鴉片，吃貓、狗、蛇、鼠之類的動物；溺死女嬰，以殘忍為消遣；愚昧無知，信奉一些亂七八糟的鬼神。

電影中還宣傳「中國的一切都是顛倒的」，如男人穿長裙而女人穿長褲，左首為尊位而右首為卑位，讀書是從上到下而不是從左到右，吃飯時總是最後才上湯，葬禮穿白而婚禮穿紅，姓氏在前而名字在後，羅盤指南不指北等等，無不與西方相反。西方觀眾從電影中得到的印象是：中國人是一個愚昧、懶惰、狡詐、骯髒甚至可能是兇殘的劣等民族，他們從來不願幹也幹不了好事。

一九二〇年代初，美國好萊塢拍攝有關中國人和中國的電影，有兩部曾為國內影評者所知。一部是**《男女兒》**（*The Son-daughter*），一部是**《閻將軍的苦茗》**（*Bitter Tea of General Yen*）。前者由一舞台劇改編拍攝而成：「背景為舊金山唐人街。一中國志士鑑於祖國國勢日衰，將有陸沉之痛，乃將愛女售與大富賈，得美金兩萬五千，為救國捐。」後者的

「本事」是：「但女士（Barbara Stanwych）之未婚夫在中國內地傳道。迨婚期將屆，但女士來華。時中國內戰劇烈，為閻將軍所擄。屢次逼姦，女士誓死不從。事為將軍愛妾所知，憤其得新忘舊，設計通敵。將軍兵敗被擒，仰藥死。」⑬

對於這兩部影片，上海的中國影評家稱之為「辱華」和「失實」。作者署名「抱寒」的文章說：「《閻將軍的苦茗》在故事上而言，並無侮辱我們中國之處，不過在服飾上、化妝上，以及描摹我們中國人的舉動上，總有可挑剔的地方。」

對於《男女兒》，影評家則認為主演「雷門．諾伐羅（Ramon Novarro）係好萊塢地方很看得起中國人的人……所以我想雷門主演這部片子，不至於挖苦我們吧。況且雷門為主演此片，竟剃了一個光頭，戴上一頂方頂西瓜皮帽子，我們在幽默感上，似乎不應當過於苛求吧。即就魯意史東（另一男主角——作者）拖辮而論，我們二十多年以前，不是人人拖一條辮子，加上絲線，自命翩翩的公子？我看魯意史東扮演得真不錯。不過我在未看本事以前，還要保留一個判決」⑭。在抱寒先生看來，除了演員的服飾、化妝、舉動有可「挑剔」之處外，這兩部影片並無「挖苦」、「侮辱我們中國之處」，即使主演頂著西瓜皮帽子、拖著長辮，那也是因為二十多年前中國人本來就是如此裝束，怪不了別人。

署名鵬年的作者認為抱寒的文章「略有錯誤」。鑑於抱寒對《閻將軍的苦茗》「本事」言之不詳，就稱故事「無侮辱華人之處」；而對《男女兒》的「內容本事尚未研究過」，僅憑主演雷門「很看得起中國人」就猜測這部片子「不至於挖苦我們」，鵬年遂在文章中簡述了兩部影片的「內容本事」，認為兩部影片在「辱華」和「失實」上「同出一轍」，均屬胡編亂造。即如《男女兒》表面上肯定愛國志士，但在實際生活中「華人賣身葬父則有之，賣女救國則未之前聞。外人心目中之中國志士，不過如此」⑮。這正是美國人認為華人缺乏做好事的本性和能力的反映。

更惡毒地把華人形象妖魔化的影片，是好萊塢米高梅公司根據前述羅莫爾的小說拍攝關於傅滿洲的系列影片。從一九二九到一九三二年，米高梅公司至少拍攝了一組以傅滿洲為主角的電影。當時的宣傳材料曾這樣描寫傅滿洲：**「他的手指一動就是一個威脅；他的眉梢一挑就是一個惡兆；他的斜眼一眨就是一種恐怖。」**在電影海報上，傅滿洲的形像高高矗立，白人男女在傅滿洲的巨影下縮作一團。傅滿洲的銀幕形象集中了當時美國白人對東方和華人世界所有最惡劣的想像，在美國公眾中影響很大。

三〇年代初為中國人所知的第一部關於傅滿洲的電影是《傅滿洲的面具》（*The Mask of Fu Manchu*）。該影片「本事」中的傅滿洲，曾經留學歐美，獲有愛丁堡大學哲學博士、基督學院法學博士、哈佛大學醫學博士等等頭銜，但他卻是一個才智兼備而又殘酷狠毒的魔王，擁有極大的勢力，黨羽遍布世界各地。傅滿洲與英國蘇格蘭偵探局的鄧尼斯·奈蘭·史密斯的「東西鬥法」，即雙方爭奪元太祖成吉思汗墳墓中的一副金面具和一把寶劍。英國人認為，如果金面具和寶劍落入傅滿洲之手，就應驗了成吉思汗死前所說的「我後來必復活」一語，傅滿洲必自稱成吉思汗再生，率領其野蠻軍隊殺入歐洲。因此史密斯搶先派遣探險家巴登爵士去蒙古戈壁尋找成吉思汗的墳墓。

傅滿洲正苦於不知道成吉思汗墳墓的墓道之所在，得知清楚這一祕密的巴登出馬，遂指使手下黨羽輕而易舉地將巴登綁架到了自己的巢穴，先加以利誘，再施以種種酷刑，要巴登說出墓道之所在，但巴登始終沒有吐露祕密。這時，巴登的女兒希拉得知父親失蹤，偕其情人德雷追蹤而至。因為希拉曾從其父口中得知墓道所在，遂能將金面具和寶劍從成吉思汗墓中取出。但這一切逃不出傅滿洲的預料和掌控，待希拉等把寶物裝入大鐵箱，預備運出境外時，傅滿洲才出手，將希拉、德雷等一干人困住，要他們交出寶物。德雷聽說傅滿洲對美麗的希拉頗有非份之想，十分著急，為救巴登父女和自己出險，打算放棄寶物。

正在傅滿洲即將得手之際，史密斯從英國趕到，由他指揮一切。史密斯趕造了一把假寶劍，德雷不知就裡，將那把假劍獻給傅滿洲。傅滿洲知道成吉思汗的寶劍由百煉純金鑄成，遇見「神火」也不會損壞；而平常鋼鐵鑄成的劍，一遇「神火」就會熔化捲曲。試驗的結果，當然知道德雷所獻之劍是假貨。傅滿洲把德雷綁了起來，一頓皮鞭將其打得死去活來，之後又將毒藥注入德雷的血管，使其本性迷失，從此對傅滿洲的命令服從唯謹。德雷回到住處之後，即說服希拉，瞞著史密斯，設法盜走真正的寶物，一起送到傅滿洲的巢穴內。這時德雷因為本性迷失，對希拉已無真心，在傅滿洲女兒的引誘下，兩人發生了愛情。

史密斯發現希拉、德雷失蹤，真寶物被盜，決定親自出馬。此刻已被截去一手的巴登爵士的屍體又被擲到史密斯腳前，他感到希拉等人也瀕於險境。果然等到他趕至傅滿洲的巢穴時，希拉已被綁住，傅滿洲正要殺她祭神。千鈞一髮之際，史密斯控制了傅滿洲自己發明的祕密電機，用電力把傅滿洲及其巢穴內的黨羽一個一個地殺死，救出了希拉等人。寶物自然也就落入史密斯之手。

對於這樣一部辱華影片，前述抱寒的文章只是輕描淡寫地說：「《傅滿洲的面具》的內容外觀，可以說俱臻惡劣之上乘。本事既荒謬，扮演復不倫。我可以斷定這張片子，是專為美國缺少世界知識的人看的。米高梅公司為什麼要這樣做，真是莫名其妙。」「但我們亦不能深怪他們，因為美國人民完全是一種享樂的人民。他們雖好遊歷，但不過遊山玩水作為享樂之一端，並不是真正來費心考察人情風俗的。他們所知道的中國人的一切，不過紐約、舊金山等處的唐人街。他們從來沒有和高尚的中國人士接觸過，所認識的幾個中國人或只是洗衣鋪或雜碎館裡的低級人。這種人大抵不識體統不顧國家顏面的。」⑯顯然，抱寒先生對美國攝製這部影片的用意，完全缺乏社會學、人種學及政治意義的分析，而且他自以為「高尚」、輕視下層移民的態度，非常不足取。

相比之下，署名「思瀛」的文章要深刻得多。作者說：「好萊塢各影片公司近來出產描寫中國人生活情狀的影片，確有風起雲湧之勢。其中有所謂辱華影片者，多陳意惡劣、描寫失實之處。美國人觀之，對於中國實況易起一種誤解，而對於我國人民，即不增加其輕蔑之心，亦必視華人或東方人為一種殘酷陰險之人類。吾人對此頗生憤慨。」強調中國人「對於此種『辱華』影片，實不能不有所認識」。

作者首先批評說：「日本人攫取中國的東三省，所藉口者是中國治理之不良善。所以西方人攫取東方的財寶，亦有很好的藉口。他說這種財寶在東方人手裡是危險的，可以擾亂世界和平。」所以西方人「必欲先探得成吉思汗古墓之所在，並取得墓中的金面具、寶劍等，就是為防止世界之大亂，維持世界之和平」，「而此一段故事就建築在這種片面、不公允的觀察點上」，使「西方人盜取東方之財寶，卻有絕大之理由」。作者諷刺說，推而廣之，「恐怕西方來東方之一切考察團、探險團等，都是抱著這種『大仁大義』之心的」。至於雙方「鬥法」即「爭取之手腕」上，也是揚西貶東，「當然西方人攫取東方財寶所用的手段，實光明正大的；而東方人保持東方固有財寶的方法，係陰謀、殘酷、無人道」。作者能夠抓住影片的立意和態度，高屋建瓴，直接點中要害。

作者接著批評影片表現傅滿洲等「種種殘酷，亦皆不一而足」，其實都是東方人聞所未聞，「恐怕只有西方古時有之」的東西。諸如傅滿洲對巴登使用的「鐘刑」，「即以人縛置大鐘下，使日夜不斷的鐘聲，刺激他的耳鼓，使人狂獺而死」，中國絕無此刑法。再如「傅滿洲的女兒，做出惡形惡狀的樣子，一會兒去迷惑老巴登，一會兒去引誘希拉的情人德雷」，其「陰險」無恥，也非東方女性所能為。而德雷與傅滿洲的女兒「發生了愛情」，則是美國影片中常見的「把肉麻當有趣」的表現手法。還有傅滿洲既然「萬知萬能」，「豈能任外人去其巢穴而毫無所知？並且他自己發明的祕密電機，居然能為史密斯所用而自啟殺身之禍。種種不近情理之處，均足證明作者力求荒誕虛幻之後，無法收束，而借用神話中『從天而降』的神助來做一結束，真是無謂幼稚之至」。

作者還自以為很策略地指出：「實則美國影片家用其金錢，費其腦力，製作此種影片，於人於己，兩無利益，亦屬無謂也，未知彼等何獨出此舉。若以此為娛樂之需，則殊無幽默之資料；若以足為教育之工具，則徒增人民之誤解；若以之為宣傳之利器，以中美邦交之友善，似亦不應出此。故除去美國影片資本家之拜金主義、唯利是圖之觀念外，恐無其他解法。」那麼實際結局將會如何呢？作者認為「此種辱華影片」，「在中國市場已無立足之地」，因為它會「使中國人易觸其懷疑之心，或竟貿然地加以拒絕。中國影劇院對於此種影片，遂不得不過慮及審慎。因此此屬影片，或將絕跡於中國市場，美國影片廠當然須忍受此一筆經濟上之損失」。因此作者希望，美國影片廠商「應了解此種國際諒解與友誼之障礙，即不從經濟方面著想，亦有早日袪除的必要」⑰。對照作者前面頗能切中要害的分析，此處僅從經濟利益、票房價值所做的解讀和勸告，顯然失之膚淺，或許作者是想把深刻的認識理解與策略的批評兩相結合吧。

好萊塢的影片常常是美中關係的晴雨表。一九三〇年代初，儘管中國東北已淪於日本帝國主義的鐵蹄之下，但當時的美國還陷在經濟大蕭條之中，門羅主義盛行，東方人再度被認為是搶走白人飯碗的「公敵」，遷怒的心理就是有關傅滿洲的電影問世並莫名其妙地引起轟動的原因。直到中國全面抗戰開始的一九三七年，中國人民的抗戰事蹟激起了美國公眾的同情和好感，加上同年**根據賽珍珠的小說改編的電影《大地》**（即前面抱寒先生所「期待」的《佳土》）問世，**在美國電影觀眾中初步改變了中國人的惡劣形象，觀眾多達數千萬。為了不冒犯觀眾的情感，好萊塢在其後的一部影片中安排了傅滿洲的自然死亡。**

但在一九四九年以後，美中關係惡化，好萊塢電影又密切配合美國政府的反共反華宣傳，充當冷戰意識形態宣傳的先鋒，遂讓傅滿洲再度復活，且形象更加邪惡恐怖。這類影片有**一九六五年上映的《不死毒王》**（*Face of Fu Manchu*），**一九六八年上映的《傅滿洲之血》**（*Blood of Fu Manchu*）。而最後一部是**一九八〇年上映的《傅滿洲的奸計》**（*The Fiendish Plot of Dr. Fu Manchu*），內容仍是老掉牙的故事，而且粗製濫造，因此既未產生票房價值，反而激起美國華人世界的一片抗議之聲。不過七〇年代末、八〇年代初是美中關係的解凍期，美國家喻戶曉的傅滿洲已被製作者安排在影片中再次死去。或許他永遠不會再度復活了吧。

註釋

①哈特：《散文和詩歌選集》（Bret Harte, *The Choice Works in Prose and Verse*, London, 1903），第435、43頁。

②參見海因茨．哥爾維策爾：《黃禍論》中譯本，第125-126頁；橋川文三：《黃禍物語》，第296-297頁。

③基爾金：《若奈斯》（I. Gilkin, *Jonas, Brüssel*, 1900），第65頁。

④希爾：《黃禍》（M. P. Shiel, *Yellow Danger*, London, 1898），並見橋川文三《黃禍物語》前言。

⑤參見海因茨．哥爾維策爾：《黃禍論》中譯本，第126-127頁。

⑥橋川文三：《黃禍物語》，第80-82、86-87頁。

⑦橋川文三：《黃禍物語》，第82-83頁。

⑧橋川文三：《黃禍物語》，第85-86頁。

⑨橋川文三：《黃禍物語》，第76頁。

⑩周寧：〈「義和團」與「傅滿洲博士」：二十世紀初西方的「黃禍」恐慌〉，《書屋》2003年第四期。

⑪哈樂德．伊薩克斯著，于殿利、陸日宇譯：《美國的中國形象》，北京，時事出版社，1999年，第141頁。

⑫以上敘述及引用文字參見：周寧：〈「義和團」與傅滿洲博士：二十世紀初西方的「黃禍」恐慌〉，《書屋》2003年第四期；《西方的中國形象史研究：問題與領域》，學苑出版社，2004年；〔美〕陶樂賽．鍾斯著，邢祖文、列宗錕譯：《美國銀幕上的中國和中國人（1896-1955）》，中國電影出版社，1983年。

⑬鵬年：〈關於「失實」影片〉，《申報》1933年2月2日，「電影專刊」第五版。

⑭抱寒：〈關於「辱華」影片的鳥瞰——對於「佳土」的期待〉，《申報》1933年1月24日，「電影專刊」第五

版。

⑮鵬年：〈關於「失實」影片〉。

⑯抱寒：〈關於「辱華」影片的鳥瞰——對於「佳土」的期待〉。

⑰思瀛：〈從辱華一點上說說「傅滿洲的面具」〉，《申報》1933年2月2、3、4日，「電影專刊」第五版。

西方社會的不同聲音

從十九世紀中期到二十世紀前期，西方輿論在談到中國和東亞時，除了表示恐懼，或為擴大侵略有意尋釁而喧嚷「黃禍」之外，也有不同的聲音。這些不同的聲音，有的表現為對中國及東方文明的稱讚；有的表現為認為「黃禍論」不切實際（包括對中國及東方軍事、經濟力量的藐視）；有的表現為主張繼續與中國貿易和使用華工，並對移民的境遇表示同情；有的在八國聯軍戰爭時期譴責西方軍隊的暴力與不人道；有的不同意使用「黃禍」之說，或以嘲笑的方式提出「□禍」，其中最明顯的是反唇相稽的「白禍論」。本節擬依國別擇取較重要的觀點和議論加以介紹和分析。

德國傳教士郭士立（Karl Gützlaff）對中國歷史有一定研究，他對中國文明的評價比較客觀，並且認為東方文明未必一定會與西方文明對立，基督宗教也不是白種人不能轉讓的「財富」。他希望中國向基督宗教開放，認為這樣將使世界歷史進入一個新的時代，而中國的政治覺醒並不是一種危險。他在著名的《中華帝國史》中說：「中國變得強大起來並且以比任何其他國家更為巨大的力量對整個地球的狀況發生作用的日子還沒有到來；但是它一旦到來，中國就會給各民族以精神的自由，而一切政治限制就會消除，這時世界就會對這個人們一直認為是已經死亡的民族感到驚異。」①當然郭士立是以假定中國會實現基督宗教教化為前提的。在他於一八五一年死去之前，中國與西方的關係還不很緊密與緊張，所以他對傳教的前景和中國的未來都很樂觀。

「黃禍論」在一八七〇、八〇年代逐漸顯出苗頭，當時的主要原因是日本的工業產品開始與歐美競爭，中國也因洋務運動而開始了早期並不成功的工業化。九〇年代初，德國、英國和美國為此曾組織一個聯合的專家代表團，到東亞考察生產和商業貿易狀況，代表團的任務就是確認關於經濟上的「黃禍」之說有無根據。德國經過內務部、貿易部、「工業界中央協會」和眾多商會的討論協商，派出了由有經驗的工廠主和技術人員組成的德國代表團前往東亞。考察的結果，多數情況是經濟界人士「竭力把『黃禍』說成是一種不實際的幻象」，「有關的論文大都是以一種有信心的帝國主義經濟主義的精神寫成的」，認為日本和中國加入經濟競爭不可避免，但對此「進行原則性的考慮只會有積極的效果，這樣做的目的是要喚起公眾對於在遠東經營企業的興趣」②。即為了宣傳抓住在遠東鞏固和擴大經濟利益的機會，德國代表們樂觀的結論多於悲觀的看法。

甲午中日戰爭之前，在中國創辦的德國人機關報《德文新報》（一八八六年創辦於上海），出於可以理解的原因，對中國表示同情，主張把「對於蒙古人種氾濫世界的恐懼限制在適當的程度上」。該報還以印度「開放了幾個世紀但並沒有把歐洲排擠出世界市場」為例，指出歐洲不應該因為東亞的工業化就產生經濟悲觀主義。由於該報的觀點以遠東經濟狀況的直接知識為基礎，所以它在德國國內還有一定影響。《德文新報》還主張重視中國與日本的差異，反對把「黃禍」當作全亞洲的現象，並說：「不管在人類成為平等的人的兄弟聯合以前還必然會發生多麼重大的事件，人類的統一必然會實現。」③德國國內出版的《德國殖民報》在一八九〇至一八九四年間，曾熱烈主張把中國工人輸入德國殖民地如新幾內亞等地。其起因固然是對黑人或巴布亞人的使用價值和受教育的可能性表示懷疑，但他們亦由此而反駁「黃禍」之說。

就在德皇威廉二世起草《黃禍圖》並到處兜售其「發現」的一八九五年以後，德國輿論中也有不表贊同甚至嘲諷的聲音。德國歷史學家兼政論家維爾特（Albrecht Wirth）以諷刺的筆調寫道：「過去是法國人使我們熱血沸騰，不久以前時而是美禍嚇得我們發抖，時而又是赤色國際、黃色國際，時而是斯拉夫熊想吞食我們，時而是英國大蟒要纏死我們。自從赫雷羅（Herero）戰爭以來，黑禍或褐禍又流行起來了。可是我們仍然活著，享受著燦爛陽光的照射。現在龐大的黃龍正在翻騰，看來像是一個無比巨大的彗星要遮蔽天空。但它也並不意味著終結，它噴出的毒氣也不會叫我們喪命。」④在維爾特的思考中，美國工業化的成就和俄國的軍事力量，對德國構成的威脅遠比「黃禍」實際而且嚴重。維爾特的看法並不乏支持者，在此前後德國信奉天主教的社會活動家弗蘭茨・希支（Franz Hitze）、信奉新教的社會問題作家魯道爾夫・邁耶爾（Rudolf Meyer），還有德國工業家同盟祕書長文特蘭（Wilhelm Wendtland）等，都更呼籲注意「美禍」。

德國社會民主黨更一貫反對德皇的帝國主義政策，在一八九八年的膠州灣事件和一九〇〇年的義和團事件上，社會民主黨人都反對德國對中國的遠征。一八九八年二月三日，社會民主黨領袖倍倍爾（August Bebel）在德國帝國議會上，發言譴責德國政府以保護基督為名，對中國進行武裝侵略。他說：「這不是什麼十字軍東征，也不是什麼神聖的戰爭。這是一場徹頭徹尾的掠奪戰爭和報復行為，是一次名副其實的暴力行為。」

一九〇〇年六月十九日，該黨中央機關報《前進報》刊登了題為〈鐵拳〉的社論，稱讚中國人民的反侵略鬥爭，文章說：「如果說有所謂神聖的戰爭，那麼，中國奮起抗擊以主子姿態出現的外國剝削者的戰爭，正是這樣一個神聖的民族戰爭。」社論尖銳地責問西方挑釁者和侵略者：「是誰給了外國人要求中國人放棄他們原有的信仰並強使他們信奉其教義，即和基督宗教列強的行為大相逕庭的宗教的權利呢？是誰給了外國人瓜分中國人的國家並強迫他們接受外國工業品的權利呢？」文章最後認為：「中國在其維護本國領土和民族獨立的鬥爭中，應該和布林人一樣得到一切具有政治道德的朋友的同情。如果我國青年正在東亞的戰場上流血，我們當然為他們的犧牲而傷心，可是對於他們的『敵人』，我們卻不能不寄予同情。」⑤德國社會民主黨的觀點，體現出曾受到馬克思、恩格斯影響的這個社會主義派別的國際正義感。

德國歷史學家兼政論家希曼（Theodor Schiemann）表示不相信「黃禍」會成為事實。他以為暫時還只是潛在的伊斯蘭危險應該更引起注意，當然黃種人（他未具體說是中國人還是日本人）對西伯利亞的侵略是不難想像的，但只要俄國的統治能夠維持，這種侵略就不會危及歐洲，俄國人肯定不會讓中國人越過烏拉爾山。希曼在《德國和世界政策》一書中說：

「我們也不相信中國人會變成一個征服者的民族，這是違反好幾千年的歷史在這一民族的心靈中所培植起來的本能。我們同樣也不相信日本的樹會長上天，這一勁頭十足和精力充沛地努力向上的民族固然取得了驚人的成就，但是不能設想它會取代歐洲領導世界的資格，這個民族的理想核心不足以為此。」⑥或許可以說希曼的不以「黃禍論」為然，在很大程度上是立足於他對白種人文明和力量的自信，甚至可以說對中國和日本不乏蔑視，但他的觀點畢竟是較為冷靜和接近實際的。

還有廣受尊敬的德國漢學家奧托·傅蘭格（Otto Franke），一向敢於提出警告，叫人們不要陷入「黃禍論」所可能導致的死胡同，不要採取冒險的亞洲政策。他認為，一個民族尤其是一個文明民族，在談論「黃禍」時應該「不忘記那些不是以種族鬥爭告終的高尚使命」。如果使一種政治觀念從屬於白種人或西方種族的概念，並且要求起一種種族的領袖作用，那是完全錯誤的。「在這種情況下，如果德國想做一種在別處既不受歡迎也沒有前途的思想的承擔者，如果它想作為一個種族單位（它至多在人種學理論中存在，但是政治上卻是一個想像的量）的不請自來的辯護士出現，看來很難說是適當的。」⑦傅蘭格的話持重而有遠見，他稱種族單位只在人種學理論中存在，在政治上也是一種想像單位，因而文明民族不應以種族來區別界線，更不應讓政治觀念從屬於種族概念，或者企圖充當某一種族的領袖之剖析和警告，具有明確針對德皇的意義。

二十世紀初年的德國，屬於後起的帝國主義國家，作為稱霸和利益瓜分的後來者，其改變現狀的慾望比維護既存格局的傾向更強烈。經濟學上的自由貿易論者狄采爾（Heinrich Dietzel）歡迎世界市場上出現新的競爭者，希望各民族經濟的發展「均衡化」，因為進入工業化的國家越多，它們從老工業國的進口也會越多。在此過程中雖然老工業國的某些工業部門的確會失去一些曾經占有的銷售市場，但是在整個經濟體系中會由其他工業部門銷售的擴大得到補償。交換的重點有所轉移，但交換本身並未減少，反而可能增加。他的結論是，東方國家的工業化將促使西方老工業國「發生變化，促使其工業轉入新的軌道，使其……出口具有另一些內容——不是縮小，而是換了顏色」⑧。從這一思考出發，他認為不應把日本和中國的工業化看成來自東方的禍害。

狄采爾的觀點頗得到經濟界人士的支持。德國《社會科學雜誌》的編輯尤利烏斯·沃爾夫（Julius Wolf）仔細權衡了贊同或反對狄采爾觀點的各種議論後，也得出樂觀的結論：「東亞的禍害是存在的，但總的來說對歐洲利多於害，個別工業將吃虧，其他工業由此取得的好處和前者所受的損害相當或者超過它。」持相似觀點的人還認為，類似「黃禍論」的說法會對德國的經濟產生令人擔心的心理影響——失敗主義！麥克斯·尼茲雪（Max Nitzsche）在《普魯士年書》上寫道：「我們今天談論『黃』禍，『美洲人』禍，『斯拉夫』禍。如果這種悲觀主義在較為廣泛的階層中扎下了根，那麼由此當然會產生一種禍害，但這是我們自己首先製造出來的。」⑨雖然其出發點仍是基於本身利益的反對思考上的自虐，但畢竟是與「黃禍論」不同的聲音。

不同的聲音也有的是從軍人中發出的。東亞騎兵團的中校威查德・馮・維拉莫維茨—穆倫道爾夫（W. V. Wilamowitz-Moellendorff）**伯爵**一九〇〇年參加了侵華聯軍，在中國的見聞與經歷給他留下了深刻的印象。**日俄戰爭之後他寫了一本小書《有黃禍存在嗎？》**，書中揭露了歐洲軍隊在中國的罪行，特別是毫無顧忌地斥責了教會的弊端，認為西方傳教士的不良行徑是引起中國人反感和反抗的首因。維拉莫維茨還說：「政治上的黃禍是一個幻影，尤其對於德國來說並不存在。」他出於抵制俄國在歐洲大陸稱霸的野心需要，甚至稱「黃種人是日耳曼人反對斯拉夫人的天然同盟者」⑩。所以他對俄國被日本打敗一事說不定有幾分竊喜。

還有一位德軍少校弗雷德里布・馮・戈爾茨（Friedrich V. Goltz）男爵，一九〇七年寫了一本題為《從歷史觀點看黃禍》的書。他一方面說已經結束的日俄戰爭使得「關於黃禍的舊詞獲得了新的生命」，證實一種亞洲的統一感已開始出現，並預言亞洲人民將團結起來反對歐洲的殖民主義；但他同時更注意探討誰的損失最大，以及對於德國會有什麼影響的問題。正因為有後面的這一考慮，他得出的不是悲觀而是樂觀的預斷：「無論如何，對於我們德國人來說，黃禍是最不能成立的。如果它來到的話，我們能以充分鎮靜的心情來面對它。也許它對於我們甚至是有益的，如果由於黃種人有成效的擴張努力而出現各民族的財富和力量對比中的變動的話。那時我們一定要做好準備來利用環境的有利之處。」⑪還有一位被德國人稱為「偉大軍人」的科爾馬·馮·戈爾茨（Colmar V. Goltz）元帥在私下的通訊中，曾對歐洲列強貪婪的殖民主義以後會遇到阻礙表示高興，並充分地估計日本以及可能還有中國進入「大國圈子」這一事實的世界政治意義。

總之，在德國，雖然有德皇率先大談「黃禍」，而且如同本書第二節所述，德國還充斥著把「黃禍」戲劇化的論調，但是也不乏非議直至反對「黃禍論」的聲音。這些不同的聲音，除了德國社會民主黨和少數人道主義者是基於國際正義之外，更多的也許是立足於對客觀形勢和本身利益的判斷。後者多能看到實際上能夠構成威脅的主要矛盾是什麼，因而即使他們對長遠的可能前景不能置之不理，但還是會對眼前實際存在的危險與未來可能出現的威脅做出精確的區別，並確定當前和未來的對策。所以當時利用「黃禍論」製造驚慌的人並未能完全支配思想和輿論陣地。

在被視為抵禦「黃禍」前線的俄國，也有反對甚至尖銳批判「黃禍論」的聲音。聲音的發出者有學者、和平主義人道主義者，而尤為深刻者是列寧。

俄國社會學家約·諾維科夫（Jakob Novicow）曾一度旅居法國，所以對法國喧嚷「黃禍」的情形有所了解。他對「黃禍論」的批駁，首先體現為對於這種莫名恐懼的根源的剖析，在一八九七年諾維科夫出版的《白種人的前途，當代悲觀主義批判》中，指出法國人對白種人前途問題討論得特別熱烈的原因有二：一是一八七〇年代普法戰爭和巴黎公社運動所受的刺激，一是由社會心理學家古斯塔夫．勒朋（Gustave Le Bon）提出，而為不少人接受的「拉丁民族沒落論」的影響。這種悲觀主義又適逢「世紀末」，故恐懼和憂慮就可能製造出一個假想敵，「黃禍」不幸占據了中心位置。他說：「以往，人們總想在一齣戲或一部小說的結尾處讓人們從美好的事物獲得勝利的方面得到舒服的感受。可是今天卻要使人們產生一種痛苦和絕望的心理。今天人們只是喜歡去看事物消極的一面。似乎一切美好善良和高尚的事物必然要沒落，白色種族必定要被低等種族所扼殺，野蠻和不開化最終將取得勝利。」

諾維科夫還分析造就「黃禍論」的有關各種「科學理論」，他認為種族主義的思想意識、人口論和經濟學，都有部分學說為「黃禍論」者所用。為了反駁悲觀主義和「黃禍論」，他提出了「種族概念的不穩定性」，與「種族的穩定性」針鋒相對；提出了不要將「生理現象和社會問題混淆」，以反駁有關出生率和生活水準之間有固定關係的看法。諾維科夫的駁斥對象，包括前述皮爾遜、勒朋、埃斯圖內勒．德康斯坦，還有自由派政論家法蓋、女記者阿爾韋特．巴里納（Arvède Barine）等多人，強調所謂「黃禍」是出於自己的恐懼心理⑫。

諾維科夫主要從白種人尤其是法國人的主觀感受上探尋他們的恐懼心理，而且對造成恐懼心理的有關「科學理論」做了批駁。因而不僅反映了那個時代的社會心理，提供了一份思想史式的作品；而且讓後人看到，在評判一個錯綜複雜的事物時，無論是肯定還是反對的理由，都會打出「科學」的旗幟，因此他對「黃禍論」產生的社會心理和相關理論，亦用社會科學的方法做探本溯源的分析與批駁。但他很少採用歷史或現實的實證，對白人恐懼的對象即黃種人本身涉及不多（這是該書主旨決定的）。而且他對把「美好」、「善良」、「高尚」等始終與白種人相聯繫，而把「野蠻」、「不開化」歸之於黃種人的觀念，並未多做分析與批駁。

俄國銀行家約翰．布洛赫（Johann Bloch）是個「和平主義者」，海牙和平會議的推動者之一。他從大商人和經濟集團的利益出發，並不否認確有「亞洲人的亞洲」呼聲，甚至存在著「可怕的競爭」和「黃禍」。他在一九〇〇年出版的一本小書《論中國的現狀——政治經濟研究》中說，如果中國真正覺醒了，「那時候我們將突然看到英印邊境問題，法國東京灣的邊境問題，西伯利亞邊境問題以及其他問題都出來了」。布洛赫還對事實上不可能出現的「中日同盟」感到擔憂：「如果這兩個黃色種族中的一個，如果不是更多的話，更好地組織起來，擔負起對千百萬人的領導，那麼這兩個黃色種族的聯盟是最可怕的。人們將會突然看到一個強國正在站起來，它掌握著無限的軍事潛力，歐洲對此必須有足夠的估計。日本提供幹部和組織者，中國提供人員，全世界提供經濟來源。因為金錢並不懂什麼愛國主義，只要付給高利息，這個新的帝國可以獲得足夠的貸款。」他在書中

「研究」了中國的經濟發展和軍事力量增強的可能性，並得出了對於歐洲國家「不利」的結論。從這個角度說，布洛赫至少也是一個「黃禍潛在」或「黃禍可能」論者。

不過在如何對待中國這個問題上，或許可以說布洛赫與那些窮兇惡極的帝國主義者稍有不同。他堅持認為，人們無法用軍事的帝國主義之措施去阻止或消除來自遠東的威脅，這樣做相反只能煽動和加強這種危險。因此他警告西方國家不要在軍事上、政治上和經濟上逼迫中國過甚，而應該以平等的態度對待中國，當中國走在獨立自主的道路時不要妨礙它：「為了消除『黃禍』，必須克服認為四億中國人可以和一個歐洲國家一樣去對待的看法，必須拋棄冒險政策和危險幻想的政策。」⑬這就是他主張的所謂「嚴肅對待黃禍」的態度。

所以，儘管布洛赫認為德皇在一八九五年表達對「黃禍」的憂慮有一定理由，但在海牙和平會議上還是明確地譴責了德國的對華政策（德國在一八九八年率先強租膠州灣，因此掀起了列強瓜分中國的狂潮）。一九〇〇年夏八國聯軍侵華期間，他還在俄國的《綜合雜誌》上發表了題為〈征服中國的幻想〉的文章，以南非布林人抗英的戰爭為例，尖銳地提出了**「如果把四億人民逼迫到絕望的地步，人們能預期他們幹些什麼」**的問題。可見，布洛赫的思想上存在矛盾，他不否認可能會有「黃禍」，主張嚴肅看待這個問題；不過不贊同對中國推行過於激烈的打擊、遏制政策，在這方面他和本書以後將要談到的赫德的態度相似，然而他自己強調的主張又空洞無物。

俄國大文豪、人道主義者列夫・托爾斯泰（Leo Tolstoy）**是對中國文明和中國人民抱持熱愛、友好態度的人士。**托爾斯泰通過英、法、德、俄等文字，閱讀過有關中國的專著和譯本多達數十種。他從一八七七年起開始研究和翻譯《老子》，從一八八四年起開始閱讀和研究孔子、孟子和墨子，和波波夫（Popov）一起根據德文譯出了《道德經》，自己編選出版了《中國賢人老子語錄》，還寫了〈論老子學說的真髓〉、〈論孔子的著作〉、〈論《大學》〉等文。從一八八四年到一九一〇年，托爾斯泰共寫出和編輯了近十種有關中國哲學的論文和著作。他在〈論孔子的著作〉中說：『中國人是世界上最古老的民族，中國人是世界上最大的民族……中國人是世界上最愛好和平的民族，他們不想占有別人的東西，他們也不好戰。』一九〇〇年十一月十二日他在日記中寫道：「專心研究孔子，感到很好。吸取精神方面的力量。」⑭托爾斯泰讚賞孔子的「仁」、「恕」、「己所不欲，勿施於人」；讚賞孟子的「良知」；讚賞佛教的獻身與泛愛和墨子的「兼愛」、「非攻」；尤其高度評價老子的「道」和「無為」。因為這些與他的人道主義、和平主義、重農傾向及「不以暴力抵抗邪惡」的主張相近。

所以，當德皇威廉二世炮製出那幅《黃禍圖》不久，托爾斯泰就發表評論，稱其為「我們時代最可笑的人物之一」和「特別愛國者」，並且說德皇的「愛國主義」是「粗鄙的、異端的」，「已落後於時代一千八百年」。正是這種愛國主義「越來越激怒這些愛好和平的國家（指中國等東方國家——作者），並且教給了它們愛國主義和戰爭，現在更大大地激怒了它們」。托爾斯泰警告那些帝國主義者說：「如果日本和中國像我們忘記了基督的教導那樣，把釋迦和孔子的教導忘得一乾二淨，那麼他們很快就能學會殺人的藝術。他們都無所畏懼、敏捷靈巧、健壯有力、人口眾多，不可避免地很快即將像歐洲各國改變著非洲那樣來改變歐洲各國，如果歐洲不發明出某些比槍砲和愛迪生的發明更強有力的東西的話。」⑮

一九〇〇年八月八日，正值八國聯軍進攻京津期間，托爾斯泰寫下了著名的文章〈不可殺人〉。此文的大部分內容是反對使用暴力，批評「以眼還眼，以牙還牙」，譴責操人之生殺大權的「帝王將相們」利用政變、刑罰殺人，特別是「使成千上萬的人慘死戰場」；甚至也反對被壓迫者的起而反抗殺死君主和官吏，認為這種行動雖然「可以理解」，卻又是「缺乏理智」的。托爾斯泰稱後者為「白費力氣」，因為「帝王們早已為自己建立了這樣一種制度，猶如市場上出售的玩具手槍，當一顆子彈射出去之後，另一顆子彈立刻跳入空彈槽內」，所以**「人民的苦難不是由個別人造成的，而是由社會制度造成的」**。不能說托爾斯泰的思想不深刻，但是他「不以暴力抵抗邪惡」的主張並不能解決制度問題。

當然托爾斯泰在這篇文章中也譴責了德皇和沙皇。他說：「像德國威廉皇帝那樣愚蠢、粗魯、虛榮，以容克地主為理想的人，腦袋裡能裝什麼？當然只有愚蠢齷齪的東西。」「他如果說德國軍隊在中國作戰不要留下俘虜，而要統統殺掉」，就該把他送進瘋人院。托爾斯泰還指出：「尼古拉二世一方面提出一個幼稚愚蠢、也十分虛偽的全面和平倡議，另一方面又下令擴軍……還下令屠殺中國人，犯下了跟他的和平倡議完全背道而馳的駭人聽聞的罪行。」托爾斯泰對德俄兩國最高統治者直言不諱的譴責，體現他無與倫比的道德勇氣。

托爾斯泰在譴責德皇和沙皇的同時，還進而追問道，對於德皇，人們不僅「不會把皇帝送進瘋人院，仍會高呼萬歲，並且大批地湧到中國去執行他的指示」；對於沙皇，人們也是「對他大肆吹捧」、「喝彩」、「讚揚進軍的勝利」，這說明什麼問題呢？他認為「真正的罪魁禍首是擁戴他們當皇帝，同意他們可以擁有生殺大權的人」，更有「產生了他們的各國社會制度」，而「支持各國現存制度的是人們的自私自利之心」。托爾斯泰的譴責包含了君主、將軍、官吏，尤其是不合理的現存制度，但是他把問題歸結到人心的時候，無疑也包括了「受到愛國主義和偽宗教教育的蒙蔽」，「為了謀取一點私利」而「犧牲了自己的自由和人格」的普通人。所以他提出的問題解決之道，即「消除壓迫人的現象」，「結束不需要的戰爭」的根本方法就是「正告」各國統治者，「你們自己就是殺人兇手」，「不許他們殺人，拒絕執行他們的殺人命令」；同時大家都從各國政府施行的「催眠術」中「清醒過來」，「停止互相殘殺」。

很明顯，托爾斯泰譴責歐洲帝國主義國家的統治者及其集團為殺人的罪魁禍首，並深入批判當時各國的社會制度，批評一般人被所謂愛國主義與偽宗教教育所蒙蔽，為了滿足自己的「權勢慾」、「虛榮心」和「一點小小的物質利益」⑯，就喪失理智和良知，犧牲自己的自由和人格，不僅無條件地支持政府的掠奪和戰爭政策，而且聽從號令去殘忍地殺人，這些都是值得敬佩的見解。但是他主張依靠人們的自我覺悟，停止互相殘殺，恐怕也無異於佛家的「放下屠刀，立地成佛」的幻想與自欺。

一八七二年出身於江蘇的張慶桐，於一八九六年入北京同文館學習俄語，一八九九年被同文館派到俄國聖彼得堡的法政大學留學。一九〇五年十二月一日他給托爾斯泰寫了一封表示敬意的信，並贈送他和俄國東方學者沃茲涅森斯基（Andrey Andreyevich Voznesensky）合譯的梁啟超的著作《李鴻章傳》（亦名《中國四十年來大事記》），請托爾斯泰指教。托爾斯泰於同年十二月四日寫了〈致張慶桐〉的回信。張慶桐回國後任清廷駐恰克圖都護副使，一九一二年他出版了《俄遊述感》一書，書中載有托爾斯泰回信的譯文⑰。

托爾斯泰在信中表示，他「相當熟悉中國的宗教學說和哲學」，「墨翟的學說，更特別使我為之驚佩」，「我對於中國人民向來懷有深厚的敬意」。他還具體說道：「中國常常被人責備為頑固保守，如果把它和基督宗教世界得到的一些結果相比較，它比基督宗教世界所處的充滿仇恨、刺激和永不停止的鬥爭的情形要好上千百倍。」他認為：「在俄國和中國兩大民族之間，有一種內在精神上的聯繫，他們必須手攜手地並肩前進。」總之托爾斯泰誠懇地表達了讚賞中國文明精神，希望俄中人民攜手前進的良好願望。

但是托爾斯泰表達的另外一些看法，顯然重犯了他在〈不可殺人〉中出現的同樣錯誤。例如在一九〇四年發生的日俄戰爭中，中國宣布中立，讓自己的東北領土成為日俄兩軍的戰場，托爾斯泰卻說：「中國人民建立了極大的功勳，在這種功勳面前，不僅日本人的勝利變得微不足道，而且把俄國和日本政府的全部狂妄與殘暴的醜態也真實地照亮出來」。而中國人的「功勳」本身，竟是「在於指出了人民的高尚美德並不在於暴力和殺人，卻在於不管一切的刺激、侮辱與災難，遠遠避開一切的怨恨，寧願忍受加於它的一切暴力，而能堅持到底的忍耐精神。」把屈辱當作功勳，恐怕再有忍耐精神的人也不能苟同。

同時，托爾斯泰雖然承認「改革就意味著成長、發展、完善，是不能不表示同情的」，但他認為如果只是「模仿」或把西方的「一些形式」引進中國，「那將是最大的和致命的錯誤」。他強調中國人「應該發展自己的精神力量，而不是追求技術上的完善。精神上的力量被歪曲了，技術上的完善只會起破壞作用」。他希望中國「不要走日本的道路」，「改革必須從一個民族的本質中生長出來，而且應該是一些新的，和其他民族完全不相像的形式」⑱。從理論上說，托爾斯泰的這些話不僅沒有錯誤，甚至還很深刻；但是聯繫地看他的相關文章，就可知道托爾斯泰所說中國人的精神力量就是不以暴力反抗的忍辱負重，所謂不應追求的技術完善就是不要工業化，繼續維持個體農民的生產方式和鄉村文明。如此一來，中國人民將會永遠淪為中外反動統治者的奴隸。

托爾斯泰與中國的聯繫還體現在他所寫的〈給一個中國人的信〉，此事的原委如下：日俄戰爭結束以後，中國的保守主義者辜鴻銘於一九〇四年十一月寫出長文〈當今帝王們，請深思：論日俄戰爭道義上的原因〉，同年十二月十日起在《日本郵報》上以日文連載。一九〇六年初由上海墨丘利（Mercury）公司出版英文單行本。一九〇六年三月，辜鴻銘通過俄國駐上海總領事，將此單行本與他在一九〇一年出版的另一本英文著作《尊王篇》寄給托爾斯泰。托爾斯泰收到後，於同年八月回贈了自己若干著作的英譯本，又在同年九月給辜鴻銘寫了一封長信，此信於同年年底刊登於德國的《新自由報》和法國的《歐羅巴郵報》，題目就是《給一個中國人的信》，不久還出版了此信的俄文單行本。

托爾斯泰來信到一九二八年為止至少就有三個譯本。一是連載於無政府主義者劉師培在日本創辦的《天義報》（一九〇七年第十六、十七、十八、十九期）上，可能是透過日文譯出的，此時距原信的寫作時間剛剛一年。劉師培選刊此文顯然是欣賞托爾斯泰信中的無政府主義觀點。二是刊登於《東方雜誌》第八卷第一號（一九一一年農曆二月二十五日出版），此時距原信寫作時間已五年，中國國內的立憲運動和革命運動已形成高潮，清王朝的統治搖搖欲墜。而這次的譯者很可能就是辜鴻銘本人，故譯文中特別突出了批評中國當時改革派的文字。第三個譯本是《東方雜誌》第二十五卷第十九號（一八二八年十月十日出版）上署名「味荔」譯自《世界週刊》第十三期的譯文，譯文已全用白話。此後也許還有別的譯本，但最準確可靠的，還是最晚出的由朱春榮翻譯、載於《列夫・托爾斯泰文集》第十五卷《政論宗教論著》的譯本。因為這個譯本是直接根據俄國為紀念托爾斯泰百年誕辰而出版的《托爾斯泰全集》第三十六卷原文，其篇幅是前述根據外文報刊而譯出的中文的兩倍多。

不過這封回信雖然很長，其要旨不外兩點。其一是對中國人民表示真摯的同情和友愛。托爾斯泰說，「愛好和平」的中國人正在遭受「歐洲人，其中在很大程度上是俄國人」的「不道德的、極端自私的、貪得無厭的暴行」侵犯，中國「處在國家沒有軍隊的狀態之中，而又為不能過獨立生活的軍事強國所包圍，於是不可避免地會遭受掠奪和侵占」，因此，「中國人民過去經歷過，現在仍在經歷著的折磨是巨大的和艱難的」。他譴責歐洲侵略者，稱「粗野的、自私的、只過著獸性生活的人總是這樣，與中國發生關係的歐洲民族正是如此」，並且尖銳地指出，西方民族的「整個生活完全建築在必須用暴力和狡詐從還過著合理的、農耕生活的中國、印度、俄國和其他國家為自己攫取生活資料之上」，故稱之為「寄生民族」。

托爾斯泰還談到中國自身的問題，說：「中國同樣感覺到了專制政權的危害」，政府對人民有諸多的「不合理要求」，「官吏們的淫威」使人民遭受「奴役和掠奪」。所以無論從外部關係還是從內部關係來看，都需要來一個「偉大的轉變」。這個「轉變」在托爾斯泰看來，就是「中國、波斯、土耳其、印度、俄國，可能的話還有日本等東方民族」爭取「實現自由」，而「中國應該在領導東方民族中發揮偉大的作用」，並「給各民族指明那條通往自由的真正道路」。他對中國文明精神的示範作用寄予了很大的期望。

其二，托爾斯泰繼續表示，中國「千萬不能效法」西方國家，如「制定憲法」、「保護關稅」、組織「常備軍隊」、實行工業化而「拋棄農業」等等，尤其不要失去「忍耐」，「按照歐洲人的樣子武裝起來」，「用武力抗擊歐洲民族所施加的暴行」。他認為這些選擇或決定「不但是輕率的和非常愚蠢的，而且完全不符合聰明的中國人民的本性」；中國人應該繼續過著「明智的、愛好和平的、農耕的生活」。托爾斯泰強調，中國人只要「遵循自己的三大宗教教義（孔教、道教、佛教三者的教義一致，都是要擺脫一切人的權力，己所不欲、勿施於人，克己、忍讓、愛一切人及一切生靈——原註），他們現在所遭受的一切災難便會自行消亡，任何力量都不能戰勝他們」。除了堅持三大宗教的教義之外，他還具體談到了在他人看來是消極的不合作的鬥爭方式：「只要你們不服從自己的政府，在別的民族向你們施加暴力時不協助他們的政權，不到私人的、國家的、軍隊的機構中去為他們服務，就不會有你們正遭受的一切災難。」⑲

顯然，就托爾斯泰的第二個要旨而論，它不可能為中國人民爭取自由的道路指明正確的方向。相反，如果中國人不學習西方文明，不走科學、民主、法制和工業化之路，中國會永遠停滯於農耕的、專制的、貧弱落後的社會發展階段；如果中國人一味忍耐，不與中外反動勢力做猛烈而持久的鬥爭，中國人就只能永遠淪為奴隸。而且古今中外的歷史證明，幾乎沒有一個反動統治集團或落後的社會制度會因為人民的「忍耐」而自行崩潰，也沒有任何受壓迫的階層或民族會因「忍耐」而得到解放和自由。所以托爾斯泰對中國人民和俄國人民開出的藥方絕非良藥，甚至稱其為「麻醉藥」也不為過。但是托爾斯泰譴責俄國和其他歐洲國家藉口「黃禍」對中國發動侵略，點名道姓批評德皇和俄皇；讚賞中國文明精神，尤其是一再肯定中國人愛好和平的本性，是對「黃禍論」的有力反駁，當時曾產生很強烈的影響。

最深刻地剖析俄國與歐洲列強政府的本質，譴責帝國主義強盜的罪行，對中國人民表達最真摯的情意，從而有力地批駁「黃禍論」讕言的，仍然是蘇俄的締造者列寧。一九〇〇年十二月，列寧在俄共的《火星報》第一號上發表了〈中國的戰爭〉一文，以國際主義立場和馬克思主義的觀點，駁斥了帝國主義者的種種謬論，肯定了中國人民反抗的正義性，表達了社會主義者對民族解放運動的支持。

列寧首先辛辣地嘲諷了俄國的「黃禍論」鬧劇圖景：「目前在報刊上大肆攻擊中國人，叫囂黃種人野蠻，仇視文明，俄國負有開導的使命，還說什麼俄國士兵去打仗是如何興高采烈，如此等等。向政府和大財主搖尾乞憐的記者們，拚命在人民中間煽風點火，挑起對中國的仇恨，手都寫腫了。」帝國主義強盜瘋狂鎮壓中國人民，「主戰派卻硬說這是由於『黃種人敵視白種人』，『中國人仇視歐洲文化和文明引起的』」，列寧認為這是做賊喊捉賊。

文章對中國人民的苦難做了概括：「中國人民從來也沒有壓迫過俄國人民，中國人民也遭到俄國人民的苦難，他們遭受到向飢餓農民橫徵暴斂和用武力壓制自由願望的亞洲式政府的壓迫，遭受到侵入中國的資本的壓迫。」列寧進而指出，現在，列強已不滿足於對中國實行一般意義的「資本的壓迫」了，「歐洲各國政府（最先恐怕是俄國政府）已經開始瓜分中國了。不過它們在開始時不是公開瓜分的，而是像賊那樣偷偷摸摸進行的。它們盜竊中國，就像盜竊死人的財物一樣，一旦這個假死人試圖反抗，它們就像野獸一樣猛撲到他身上。它們殺人放火，把村莊燒光，把老百姓驅入黑龍江中活活淹死，槍殺和刺死手無寸鐵的居民和他們的妻子兒女」，中國人民的苦難真是到了極點。列寧還分析了俄國政府為什麼喧嚷「黃禍」，並如此兇殘地對待中國人的原因，他說沙皇政府是一個「只靠刺刀才能維持的政府」，在這樣的政府統治下，俄國「人民的不滿是無法消除的」，政府「必須設法把這種對政府的不滿轉移到別人身上去」。列寧譴責「沙皇政府在中國的政策是一種犯罪的政策」。

列寧以活生生的事實和階級觀點支持中國人民的反抗鬥爭：「中國人民並不是憎惡歐洲人民，因為他們之間並無衝突，他們是憎惡歐洲資本家和唯資本家之命是從的歐洲各國政府。那些到中國來只是為了大發橫財的人，那些利用自己所謂的文明來進行欺騙、掠奪和鎮壓的人，那些為了取得販賣毒害人民的鴉片的權利而和中國作戰的人，那些用傳教的鬼話來掩蓋掠奪政策的人，中國人難道能不痛恨他們嗎？」[20]列寧的文章邏輯嚴密，愛恨分明，對「黃禍論」的批駁深刻有力，切中要害。更重要的是列寧與其他人批駁「黃禍論」的明顯區別，他力求把在種族和文化上表現出來的問題歸結到社會政治的根本原因，而不是從人種優劣、文明高下、道德標準以及什麼東西方衝突等等來理解。

在法國和比利時，不附議「黃禍論」的聲音亦不弱。地理學家埃利賽·雷克呂斯（Elisée Réclus）希望儘快實現世界範圍內的經濟發展平衡和文明交融，並且在他的《新世紀地理》中描繪了這種新的圖景。他說：

「從中國和日本對歐洲列強的關係來看，無論這兩國的政治和軍事的命運趨向如何，有一點是肯定的，即東西方的各國人民將來是互相提攜的。通過生活資料和貿易物資的互通有無，通過文明的白種人到亞洲去旅行，中國人和日本人到歐美去旅行，通過人口的遷進和遷出。各種文化會相互滲透，自由貿易會順利進行，而用大砲不能達到的目的將會通過一種完全不同的、極為有效的方式來達到。那些政治界限、不同的語言、不同的傳統、不同的風俗習慣和法律阻礙不了雙方相互接近……隨著外在的變化，心理變化也隨之產生，就如貿易一般，人們的觀念也互相交流，東方人和西方人達到了相互了解的地步，於是他們了解到雙方的共同點在哪裡。他們會認識到世界太狹小了，各民族的文化怎麼能在地理界限明顯畫分的地區內孤立地發展呢？他們必須融匯成一個更高度的文化……中國人置身於這兩個歐洲（指歐洲和新歐洲即北美——作者）之間，置身於這兩個新的大陸之間，於是同樣的榜樣、同樣的思想湧向中國。這股不斷的洪流越過大陸和海洋，從一個民族湧向另一個民族，漫遍我們居住的星球。」

當然他在這裡依然認為歐洲人比亞洲人文明，所謂文化融匯顯然是以白種人的文化為中心，但這在那個時代的西方人當中，恐怕是一種普遍觀點。

雷克呂斯批駁了「東方人的思想是死的」，中國人拒絕西方文明的論調。他說：「今天世界上所有國家內，社會分成兩個部分，一部分人使自己不斷革新；而當這一部分人為了改善本身的生活條件而進行勞動的時候，另一部分人由於害怕未來而遁入舊的傳統中。中國……那些捍衛過時的習慣的忠實衛士們都想從以往幾世紀中尋求他們的黃金時代。然而就在他們的統治底下活動著一個生氣蓬勃的社會階層，這些人敢於投入探求未知事物的冒險行動中去……今天對東方民族的下層群眾而言，他們的主要任務不僅是從歐洲文化中學會一些化學公式和工業上的操作規程，而且要獲取人類文化的新面貌。他們必須致力於尋找一種新的理想，這些都是關係到他們能否生存的問題。」㉑雷克呂斯不僅認為東方學習西方是必然的歷史趨勢，體現出了西方文明優越論，而且迴避了西方對東方的擴張和侵略。他只是不同意那些主張用孤立和隔絕的辦法防止「黃禍」的意見。從這個角度出發，他認為德國的拉采爾、里希特霍芬（F. P. W. Richthofen）等人的「黃禍論」至多也只是一種臆測。

還有一些人則因為感到另有真正的威脅而不同意鼓吹「黃禍」。針對一八八〇年代西歐流行「美禍」之說，法國作家伏蓋（E. M. de Vogué）一八八四年訪問俄國時，發現了「東方的美國」即俄國正在實現工業化，認為不久西歐就會面臨俄國的經濟威脅。他於是強調，法國人只留心「美禍」是不夠的，人們還必須考慮到俄國：「我們父輩的幻象即哥薩克的入侵，我們是逃避不了的，只是它以現代的形式——農業和工業的壓迫——出現。」㉒伏蓋只是因為更重視「美禍」和「俄禍」而不附議「黃禍」而已。

比利時駐日本領事路易．施特勞斯（Louis Straus）則是從生產、貿易和消費關係的角度而認為所謂「黃禍」沒有根據。他說，如果未來生產率和勞動效力提高，所有地區都會同時繁榮起來，自然淘汰的普遍法則一起作用，也就不會必然產生過去那樣殘酷的爭奪。以後的競爭將以文明的形式進行，必然遵循人類道德的原則，出現人類的互助，這樣就會提高生產力。而生產力的提高反過來會使所有的人受益，財富增加，貿易發展，促使每個國家去興辦能獲取更大利潤的工業。一個民族的工業部門越發展，世界財富就越豐富，透過國際貿易對其他民族的物質福利的貢獻就越大。他強調，提高勞動效率是以改進普遍的物質福利和增加工資為前提的。工廠開得多，居民的生活狀況就改善得快，消費也會迅速提高，這三者的增長成正比。因此，先進國家應向正在工業化的國家提供工具（指資金、技術、設備），滿足這些國家新出現的需要。先進國家的某些勞動部門會從這種需求中獲益，這些行業的工人也能提高自己的消費量，所有的人都能從後進國家的工業化中得到好處㉓。簡言之，施特勞斯是以樂觀的眼光看待遠東的工業化，從而否定「工業黃禍」的。

法國內閣官員兼殖民地理論家路易．維涅翁（Louis Vignon）也不贊成「黃禍論」，他在一八九七年法國的《政治》雜誌上發表了題為〈黃禍〉的文章，對「黃禍論」的所謂依據逐條加以駁斥，但重點也是放在遠東的工業化會帶來什麼這一點上。維涅翁批駁了掙五法郎的歐洲工人會因為感到沒有前途而反對掙五蘇（五分錢）的東方工人。他認為關於遠東工人工資的報導絕大部分不可靠，而且儘管黃種工人的工作能力遠遠低於歐美工人，但如果能受到更好的訓練，他們的需求肯定會提高。

維涅翁舉出一些證據，反駁「遠東沒有罷工，勞動工時更長，沒有工會組織」的說法，預言亞洲的工業和社會狀況會變得越來越和歐洲相似。至於中國產品和歐洲產品的競爭問題，維涅翁也舉出富有說服力的例子，說明遠東的需要越來越多，歐洲的生產和貿易就能從中獲取更多利潤。所以他說，遠東加入世界經濟行列這一歷史性的事實，不會使得西方的老牌工業國在經濟上喪失競爭力：「對我們來說，『黃禍』並不嚇人。實際情況是，儘管局部地區發生危機，儘管暫時有困難，開發新市場會提高老地區的物質福利；因為不但生產了新的產品，而且同時出現了新的消費階層。生產增加，消費也隨之增加。如果貿易額增加了，這將為我們星球上所有的人帶來更大的利益。」

維涅翁嘲笑那些被「黃禍論」弄得昏頭昏腦的人，他們希望逃避經濟競爭的普遍法則而主張封鎖和隔絕政策，稱：「在統一地球的運動中會出現這樣一個新階段，現在這個統一運動正在使人類行動起來。直到今天為止地球割裂成很多地區，這些地區被高牆互相隔絕。儘管關稅保護政策起著阻礙作用，但總有一天各處的高牆會在同一時刻倒塌下來，於是人們朝著國際間相互提攜的方向靠近，因為每個民族至少在經濟上對所有其他民族是有所依賴的。」㉔維涅翁承認在全球統一的遠景實現之前會有危機和困難，但這些困難和危險不能歸罪為「黃禍」。法國經濟政策家、評論家亨利·伯拉尼埃（Henri Brenier）贊同維涅翁的見解，一八九八年他在巴黎出版的《政治科學年鑑》上發表意見時，給自己的文章命名為〈黃色幻象〉。

法國探險家兼作家馬塞·莫尼埃（Marcel Monnier）也認為「黃禍論」是一種杜撰。他在自己的《亞洲紀行·中國》一書中說：「從中國人具有無可否認的優點這一點，並不能做出他們在經濟領域內就一定會起優越的、進攻性的這樣的結論。他們在這方面缺乏原動力、經營事業的頭腦、首倡的精神。首先他們是故步自封的人，從不考慮將來，在最小的生活細節上都要從死去的人遺留下來的典範中尋找先例。」㉕在日本東京大學擔任法學教授的法國人亨利·杜摩拉（Henri Dumolar）談到日本的情況時則認為，歐洲人和美國人可以放心。日本經濟的積極因素只是廉價的勞動和摹仿的才幹。由於缺乏資本，由於惡劣的經營風氣，由於產品品質低劣，由於技術上的缺陷，日本經濟卻有很多消極因素㉖。上述兩人均從經濟問題的角度強調西方國家的優勢，雖然對當時的中日兩國流露出一定程度的輕視，但其言論的目的仍是在批駁經濟上的「黃禍論」。

著名的法國作家阿那托爾·法郎士（Anatole France）於一九〇四年在《人道報》上發表了一部題為《在白色的石頭上》的小說。小說寫的是幾個法國人和一個義大利人在羅馬的談話，討論當時的日俄戰爭、殖民主義政策以及展望未來等，中間穿插著許多故事和法郎士的評論。

小說藉其中一個人物之口對歐洲殖民主義者在中國犯下的罪行進行了譴責：「在我們這個時代裡，信仰基督宗教的民族已經形成一種習慣。他們習慣於當自己在中國建立的秩序遭到破壞時，就共同地或單獨地向那麼大的中國出兵，通過搶劫和擄掠、殺人、放火來恢復秩序。這些民族已習慣於用槍炮對這個國家進行『和平』滲透。而中國人的反應遲鈍，不抵抗或是抵抗不力，人們就能輕而易舉地『屠殺』他們。」持有同情中國人的立場和態度。

話題轉到日俄戰爭，談話者都認為俄國人在日本海和中國東北所喪失的，不僅是俄國貪婪兇殘的東方政策，而且意味著全歐洲的殖民政策吃了一次敗仗。法郎士認為，即使有「黃禍」，也應歸咎於白種人自身：「並不是黃種人跑來襲擊白種人，而是黃種人多年來就懂得『白禍』了……『白禍』製造了『黃禍』。日本這個歐洲人在中國的義務幫兇，在這次戰爭中倒給中國報了仇，它成了黃種人的希望。」

法郎士認為，日本的勝利確實造成了世界格局的變化，給歐洲人造成了心理上的恐懼。他說：「日本和被日本重新振作起來的中國會在世界市場上和我們競爭。這種競爭的方式是殘酷可怕的和異乎尋常的。我們的經濟學家一想到它就會毛髮悚然」，因為「害怕日本人」，「許多歐洲人認為有理由要求把日本人和中國人消滅掉」。

法郎士顯然認為這種恐懼和仇恨過了頭。他**以為，如果日本能使白種人不再小看黃種人，那就是替人類做了一件好事**，並為把世界建成一個「不安寧的集體」做了準備。為了全人類的利益，歐洲人應該盼望而不是害怕強盛的日本來提攜中國。因為**「只要所有的民族都強盛了，他們就會爭取和睦共處，互相競賽開發世界上的資源財富。像土耳其和中國這樣弱的民族往往是不安和危險的根源」**。法郎士的人類和平觀可說很獨特，他認為要結束戰爭和殖民主義，不能寄希望於戰爭狂人和殖民主義者道德上的向善，而只能依靠各個民族國家都強盛而實現力量均衡。

法郎士始終認為殖民主義不「合法」，稱其為「野蠻的最新形式」和西方「文明的壽終正寢」的標誌。他批評奉行殖民主義政策的政府是：「利用征討殖民地人民的辦法，來討好陸軍和海軍，來討好工廠主、牧師和傳教士，用一個黃種人或是黑種人國家的財富去討這批人的歡心。」他是一個徹底的人本主義者，認為：「人類最寶貴的物質是人本身，誰想正確地估計地球的價值，必須首先重視人的價值。地球上的土地、礦藏、水力以及一切物質和力量都需要人、人類、所有的人去開發。」也為此而主張一切人種、民族之間的平等與和平：「白種人、黑人和黃種人共同努力，才能把地球上的財富全部開發出來。如果我們去觀察推動人類社會的潮流，就會發現這種跡象，使用暴力的時代必然會結束。」㉗

《在白色的石頭上》問世不久，就受到日本人的關注，因為小說提到日俄戰爭，並希望日本「提攜」中國，但對日本曾經侵略中國和朝鮮的事實也沒有放過，因而對日本以後的態度存有疑慮。這雖然是十分晦澀的預言，但是有些日本人顯然明白了。一九〇六年日本文學家德富蘇峰在〈勝利的悲哀〉一文中就說，日本戰勝俄國之後，一方面是白種人的嫉妒、猜忌與不安大增，另一方面是其他有色人種亦聞風而動，日本「立於此兩間，欲如何作為？如一步失當，勝利即變為亡國之端，並成為世界空前人種大戰亂之因」。七、八十年後的橋川文三進而認為，二十世紀前期，日本在「大東亞戰爭」和「大東亞共榮圈」

的名義下，一方面侵略亞洲各地，一方面藉口「解放亞洲」排除歐美人的勢力，正顯示了當時法郎士和德富蘇峰的預言不幸而言中㉘。

在英國，「黃禍論」不像在德、俄、法三國那樣具有聲勢，反擊的人也就較少，比較集中刊登反擊者文章的是《十九世紀和未來》雜誌。一九〇四年，英國漢學家德米特留斯・包羅傑（Demetrius Boulger）在該刊發表題為〈「黃禍」惡魔〉的評論文章，對俄國的「黃禍」鼓噪做了尖銳的批評。在他看來，『黃禍』是出於一個明顯的目的而被捏造出來的「惡魔」，正體現捏造者患有「幻想病」。他說：「俄國人為什麼要創造一幅『黃禍』的圖景是很明顯的；正是使他們去造出一個種族的『法蘭克斯坦』的原因也會使我們在其中去看到『黃色的煙霧』。」俄國人為了自身的利益，而又很難找到合適的他人為其火中取栗，想重演一八九五年俄、德、法三國聯盟的把戲，於是編造了「黃禍」威脅整個歐洲的神話。包羅傑認為，在未來的世紀裡可能會有「黃禍」，但目前唯一的真正危險卻是俄國，如果用俄國這個詞代替日本的話，那麼「黃禍」就包含另一個嚴重得多的因素。

由於當時英俄矛盾尖銳，而日本是英國的同盟國，因此包羅傑偏袒日本而猛批俄國。他揭露俄國叫嚷「黃禍」的企圖不能說不深刻，但他仍然預測在未來的世紀中會有「黃禍」，而且這種「黃禍」可能是「嚴重」得多的俄國利用其境內的亞洲居民、甚至利用中國來反對歐洲。包羅傑視俄國為最危險的敵人，輕蔑地稱之為「亞細亞的」、「韃靼式的」國家㉙。英國另一個東亞問題專家奧托．尤利烏斯．艾爾茨巴赫（Otto Julius Eltzbacher）也在《十九世紀和未來》上發表題為〈黃禍〉的文章。他在對待「黃禍論」和批判俄國的態度上與包羅傑完全一致，不過他還分析了和俄國站在同一條戰線上的一些法國政治家與評論家的言論，指出他們不過是在為俄國盟友做側應和聲援。文章還諷刺了德皇威廉二世的態度和做法㉚。

一九一一年農曆二月二十五日出版的《東方雜誌》第八卷第一號上，刊登有一篇題為〈聳動歐人之名論〉的譯文。文前譯者誌曰：「此論原名 Letters from John Chinaman，為中國無名氏所著。刊行於倫敦，一時頗聳動歐人之觀聽。他國多有轉譯者，我國似未有譯本，爰譯載本誌。其文字之奇警痛快，諒亦有目者所共賞。唯譯者欲不失原文之本意，故譯文不免冗漫，則譯者之過也。」這封〈約翰中國人的來信〉的作者被譯者猜測為「中國無名氏」，日本橋川文三教授據此推測為「清朝政府官員」或者「留學生」，後來經過多名日本學者的揭示和橋川教授自己的考證，才確切弄明所謂「約翰中國人」原來是在英國劍橋大學王子學院擔任歷史和哲學講師的高登瓦爾斯．洛斯．狄更森（Goldsworthy Lowes Dickinson, 1862-1932）。

從橋川文三的研究可以知道，狄更森生長於宗教氣氛濃厚的傳統之家，但從學生時代起就重視古希臘的人文主義，服膺因撰寫無神論作品而被逐出牛津大學的雪萊（P. B. Shelley）。狄更森尤其反感為帝國主義政策服務的「偽基督宗教」，批評西方教會強迫中國接受基督宗教，當釀成事件、傳教士受到傷害時，又以此作為新的掠奪藉口。一九一〇年以前，狄更森就寫有《希臘人的生活觀》、《善之義》、《王國更替》、《現代法國的革命和反抗》、《十九世紀議會的發展》、《宗教、批判主義和預言》、《正義和自由》、《宗教和道德》等著作。一九一三年狄更森首次到東方，遊歷過印度、中國和日本。此後又寫了《表象：關於中國、印度和日本文明的短論》（約一九一四）、《歐洲的混亂》（一九一六）、《我們面臨的選擇》（一九一七）、《魔笛》（一九二〇）、《戰爭的本質、原因及對策》（一九二三）等，是一個具有廣泛視野的文明史專家。狄更森對當時印度的神祕主義有些難以接受，倒是覺得「中國如其所想」，因而中國「是他唯一熱愛的外國，對儒教的合理主義評價很高」。

一九〇一年《辛丑和約》簽訂之後，狄更森曾被推舉為英國「應如何使用華北事變賠償金討論委員會」委員，由於他主張賠償金「應該為中國的利益使用」，因而與和平主義者羅素一起被逐出該委員會。第一次世界大戰開始不久，狄更森基於對「力量即正義」的憎恨，反對以武力決定國際秩序，率先提出建立「國際聯盟」（League of Nations）的構想。一九三一年「九一八」之後，狄更森看到他所熱愛的中國遭受日本侵略，內心十分痛苦，一九三二年八月，他七十歲時結束了自己孤獨的單生生涯。由於狄更森的博愛主義、和平主義立場，日本學術界對其頗為重視，「二戰」之後研究和介紹其人其書者頗不乏人㉛。

但在中國似乎無人談過狄更森，對《東方雜誌》上推測其為「中國無名氏」之誤也歷來無人糾正。

狄更森的那篇《約翰中國人的來信》寫於八國聯軍之役的翌年，即一九〇一年。刊行在同年倫敦出版的《週六評論》（*Saturday Review*），一九〇三年又在紐約出版，標題改為〈一名中國官員的來信〉（*Letters from a Chinese Official*），並在該書的題名頁上附加了「西方文明之東方見解」（**Being an Eastern View of Western Civilization**）數字。可知此文在英美兩國具有一定影響力。但此文的兩個題目或許正是使《東方雜誌》的譯者誤認作者為中國人的原因。

狄更森的文章分「東西文明之衝突」和「衝突之動機」兩部分。作者以中國人的立場和眼光，表明對西方文明的「領會」，闡釋「吾人所以極力排除該文明勢力之理由」。他雖然表示「間有一二處認西洋文明之優點」，而且西人「向以野蠻之民目余等」，但至今「而不悔為野蠻人」。文章指出，西人以中國人「為野蠻之論斷」，是在「亂民蜂起，掠奪慘殺諸君同胞之時，遂以此類暴民推及吾儕全體」，「又以吾政府之行動判斷吾人」。作者強調：「暴徒與政府兩者之行動，有識見之中國人皆非難而排斥之。」所以絕對不能因此把全體中國人看成「殘忍好殺食人國之民」。他反問道：「北清事變（指八國聯軍攻入京津——作者）時，諸君之軍隊跋扈於吾國，暴戾狼藉，無所不至」，那麼中國人「以此推定西洋文明之性質」，不是也會產生「嫌惡的感情」嗎？

作者對中西文明做了對比。認為中國文明的長處「不但在安固，而亦構成一種道義的秩序」。「吾人之文明，則全然儒教也……即道義也，道德也。」體現在個人與社會的關係上：「吾人眼中所先映者社會，而個人次之。在吾人之社會，凡人生而為家族之一人……所教訓者在敬祖尊親，各從其份……以此結合而成為一團，即社會之單位也。」在這樣的社會組織之下，中國人「無好與人爭競之念」：「吾人絕不致被陷於欺罔人強迫人之邪道……唯玩味自然之惠澤，修禮節。利慾以外，以道義的關係，享有與其同胞交際的本能及機會。」總之，中國文明使中國人在倫理道德上保持了「優秀」的地位。

而西方「以個人為單位。一切單位皆自由自任也」。家庭只是兒童的「保護所」，兒童成人之後，父母子女之間既無義務也無責任，一切「唯從其意之所向」。各人自立、競爭、苦鬥，「皇皇營利，汲汲求私，齷齪其狀」，「以金錢關係為唯一無二之關係」，因而「諸君之社會，動搖也，混亂也，道義之缺乏也」。故在中國人看來，西方社會「不外野蠻社會之表彰」。中國人「推測文化之程度，不在財富堆積之份量，而在國民生活之品性與價值」，如果要中國人從「物質的美點」與「德義的美點」兩者中選擇其一的話，中國人自然會選擇「德義」而放棄「物質」。

作者認為：「近時釀成吾中國之風雲之幾多事件，實不外兩文明之衝突」。但如果認為「衝突之挑撥者，中國也」，則是「誣之甚也」。因為中國人深知，「適應於吾人，非必能適應於他人」，故中國人「不求與西洋交通」，「不願望揭自己之宗教，以風靡他人，及營國外通商貿易之念也」。作者聲稱：「吾人不信救濟萬國之民或帶教化之使命之言，況謂必以砲火與刀劍始得遂其使命！……吾人唯以得解決自己之問題於願已足，何所好而必牽入於他國民之問題？」他反覆強調：「政治上經濟上，吾人始終向吾人自求其滿足，自消費其所產出者，復自產出其所消費者。絲毫不望仰給於他國……彼強其開放市場，至以干戈與他國相見者，不可不謂為不正之行為。吾人以為一社會而欲立於確乎不拔之政治之地盤，當保有經濟上之獨立。」

因此無論是從中國人的態度，還是從既往的事實來看，引起中西衝突的主動者都是西方。「東西交際之開始，西人實以強力行之。」「諸君以自己之宗教，視為獨一真正之宗教，或臨以白刃，務以強他國之民之信奉為其義務，此即一侵略之動機，更合於其他有力之一動機，遂至堅持其強橫漁奪之態度而不自覺。其他一動機云者，即本於宗教以外之經濟事情者是也……諸君以發現市場於他國之領域，賣出所產之製造品，易食料品與原料品。為開放此市場之故，近年以來，諸君之國頻頻構事於中國」，還美其名曰「開發富源」，「為清國之利益」。這都是西方主動強迫中國的行動。而且現在更有進者，西方希望中國：「當改造中國之全社會，由農業國民一變為商業工業之國民；當犧牲政治上經濟上之獨立，求前途之大繁榮。凡產業、道德、習慣並社會制度，皆當施一大舉新。」總之是西方要把自己的社會、文化、制度的模式強加給中國。

狄更森指出，西方社會「數百年間」「努力整頓調處，而其效果僅為泡沫」，社會貧富不均，風氣敗壞，秩序蕩然。「競爭市場之結果，至為戰亂流血等慘狀，較之往者以王侯之野心，僧侶輩之迷信為戰爭之原因者，所見尤頻。」展望未來，「可知他日至無何物可分割之時，則彼等不至互相搏噬不止。諸君軍備擴張之故，實不外此」。因此可以預料，按照西方的道路走下去，「驅百萬生靈，競爭殺戮，腥風血雨，遍染於世界地表之時日，當不遠矣」。

作者聲明，自己「居於英國天地中已送迎多許之春秋，於英國一切文物制度」，自有「言論之權利」；但又「終不失其為中國人」，故對「故邦」「亦絕不失其議論資格」。即他對兩種文明均有了解，而且能排除「偏狹自私其國之見」的干擾，探討有關「文明之真相」。文章強調，如果因為西方各國現時之社會混亂與對外侵略擴張，就認為「歐洲住民之天性，較之支那民族，愚而且惡者，余可斷謂不然。蓋人之性情，萬民相等，或善或惡，唯隨境遇而變遷」。所以西方被中國人信為種種「缺點」的起因，「固非由於諸君之國民性格之缺陷，乃諸君強我等採用之政治上社會上諸制度之故也」。即認為不同種族、民族的人，性情差異並不是根本原因，關鍵在於政治、社會的各種制度。

狄更森還以中國人的立場表示，西方國家強迫中國人採用西方的一切制度，其實中國人如果「模仿諸君之社會制度，所謂富力，所謂科學，所謂藝術，與諸君頡頏高下，當亦非難」。即中國如果走西方國家之路，就很容易與西方並駕其驅。但中國人鑑於西方制度對自己內部造成的物慾橫流、金錢至上；對外的必然經濟擴張、軍事征戰不止，因此中國人「苟不瞑目，則不得不敬以辭之」，即「卒不欲採用此制也」㉜。即表示中國不是不能，而是不願走上西方式的制度之路。

在今天的中國人看來，狄更森此文深刻揭露帝國主義對中國的種種軍事暴行，經濟侵略和宗教強迫，尤其反對把西方制度強加於人，自然是一種可敬的公允和友善態度。他強調各種民族、各種文明平等的主張，尤其顯得難能可貴。但他反對商貿往來，主張「自消費其所產出者，復自產出其所消費者，絲毫不望仰給於他國」，並且以對外交通貿易為影響國家獨立和導致「社會腐敗之淵源」等，實在令人想到當年乾隆皇帝拒絕與英國通商時的振振有詞。另外，他對中國的家族制度，對中國人的家庭觀念，以及對輕物質、重德義，輕創新、重守成的儒學教義的過度肯定，非常類似於與他同時代的辜鴻銘等保守主義者。在迫於救亡圖存，急於向西方學習，因而激進思想成為時代洪流的二十世紀前期，狄更森的言論在中國不受重視是可以想像的，這就像辜鴻銘的言論在中國受到嘲笑，而在西方受到重視的遭遇一樣。

其實狄更森本人可能也意識到了這一點，所以當有印度人向他提出把他批判西方文明的文章譯為「古札拉杜語」（印度的一種地方語言——作者）時，狄更森並不太贊成，說：

「那是為西方而寫的，並不是為東方寫的。」㉝可見他寫這篇文章的主要目的，是藉中國人之口，從外部來批判西方文明。因此在客觀上也具有批判西方「黃禍論」的意義。

在整個十九世紀，美國始終存在著「排華」和反對「排華」兩種聲音。如一八七一年十二月《紐約時報》發表文章說，美國應該是全世界人民的收容所，絕不應該因為塞爾特人（Celt，指反對華工最力的愛爾蘭工人）不喜歡這些蒙古種人，我們就也表示不歡迎㉞。

一八六〇年代末任國務卿的西華德（W. H. Sewards，又譯西沃德），不僅與蒲安臣簽訂了前述條約，還一以貫之地支持移民。他說英國人允許中國人移民新加坡，荷蘭人不禁止中國人移民印尼，美國人應該學習這些榜樣。西華德卸任後做了一次環球旅行，出發前特地在排華爭論最激烈的舊金山發表反對排外政策的演講。他說：「移民和擴張是美洲文明的基本因素之一，和其他地方比較，這對太平洋沿岸是更需要的，也更能產生有利的影響。」他認為遷入加州的移民是使該地區更生氣勃勃的力量，不應該抑制這種趨勢。

當西華德到達中國向外移民的出發地香港時，他又發表了一次主題鮮明的演講。他說：「移民有三種有利後果：移民所必需的海運促進了貿易；移民使人口過剩的國家卸除了勞動過多的包袱；返國的僑民不但帶回了財富，也帶回了能使祖國復興的知識、技能和道德原則。因此，讓我們把促進移民的任務承擔下來吧！」㉟西華德具有那個時代最徹底的自由思想，他的人口政策排除了一切種族觀點，他相信透過移民能使各地區的人口平衡；人類只要和睦相處，就能使商業、財富和文化均衡發展。

哈佛大學地質學教授拉菲爾．朋倍利（Raphael W. Pumpelly，又譯龐佩利）與西華德的觀點相同。朋倍利曾在中國和日本擔任地質勘探師和礦山工程師，也曾在世界各地旅行。他在中國時就住在蒲安臣家裡，對中國人有一種熱情、親近的態度。朋倍利預言中國在未來的國際社會中將占有舉足輕重的地位，對中國文化中的「民主精神」非常敬佩，他還認為中國人富於進取精神、拓殖力量和經營組織的才能，且以平等待人；中國的教育內容無所不包，只有受過足夠的教育者才能充當官吏，這都是中國的優點。

關於中國向美國的移民問題，顯然引起了緊張和不安；或者有人認為美國無論如何會繁榮起來，如果依靠中國移民大量入境，這個代價過於高昂。朋倍利則根據中國人頑強的生存能力和文化才能，中國人的勤勞性格和與人為善的處世態度，強調中國移民只會對美國有利而不會有害。朋倍利認為美洲需要的勞動力是一個龐大數字，加州和內華達州特別需要大量勞動力，而從歐洲來的移民已經逐漸減少，因此除了使用華工別無他法。他還指出，歐洲勞工的工資已經提高，而美洲如果擁有大量廉價的勞動力，美國就能很容易從實行關稅保護轉為自由貿易，這對各國都會有利。

朋倍利承認，如果給中國人平等機會，移民到美國的中國人將會在數量上超過其他民族，但是他認為這無足憂慮。他說：「未來的觀察家們如果看到一切事物的發展都是社會力量和自然力量進化的結果，是具有進步傾向的、朝著未來和平時代演變的事物之偉大內在規律在起作用，自然就不會有絲毫驚懼之感了。」他解釋說：「有人提出責難說，中國人既然會在人數上遠遠超過美國人，勢必壟斷各門工業，在各個方面都將成為競爭勢力。那麼他就該這樣回答：中國人必須真正具有和歐洲民族競爭的能力，才可能競爭，而這樣我們就更無理由排斥他們，不讓他們享受和其他民族相同的權利了。」朋倍利還說：「如果說世界發展的前途是人類結合成一體，那麼這種結合的途徑就是通過不同種族的優點和長處的融合而產生一種全新的人種類型。」㊱但是他主張在美國的中國人必須美國化。

美國傳教士兼宗教學家、人類學家顧立克（Sidney Lewis Gulick，中譯亦有作古利克）有意針對「黃禍」之說，像法國的法郎士一樣，提出「白禍論」。顧立克在日本傳教及在大學講授「比較宗教學」前後共二十餘年之久，與日本關係甚為密切。當一九〇四年在日俄戰爭中日本取得勝利之後，「黃禍論」在西方甚囂塵上時，顧立克在一九〇五年出版了《東洋之白禍》一書。

《東洋之白禍》歷數西方國家在東方實行「軍事侵略的歷史」，諸如「法國在東京（指越南北部——作者），英國在香港和威海衛，德國在膠州，俄國在旅順口和滿洲」等等；考溯歷史，從一八三、四〇年代起，「過去七十五年間和中國多次的武裝衝突，曾經導致白種人的軍隊進攻中國首都，中國許多最貴重的珍寶和建築物遭到破壞」。西方國家不僅倚仗「軍事上的強大」，「迫使中國接受了那些完全違背其本意的條約」，還「正在明確地計畫要瓜分中國」。

還有，在商業和工業方面，西方國家「要摧毀久已建立起來的貿易關係，要使千百萬工人陷於貧困，要使東方的財富轉到西方的保險箱中去」，中國「千百萬人民的固有生活手段的突然消失，包含著許多可怕的經濟問題」。同時，「建築鐵路權以及採礦和領土特權曾接二連三地給予白種人」；「在司法行政中，白種人在政治上和財政上的影響，就常常比正義和真理更為有效」。還有「白種人在東方各地如此普遍地顯示出來的不道德生活和自私自利精神」，「顯然破壞了道德」。

顧立克認為，這一切正是白種人「今天正加於黃種人頭上的實際災難」，所以「白禍」才是客觀存在的「重大現實」。也因為如此，中國人以為「解決白禍最可取的辦法就是驅逐白種人——這種辦法在美國和澳洲作為解決蒙古人種的禍患的辦法並不是沒有試用過」——應該並不令人意外。

那麼有沒有「黃禍」呢？顧立克認為，「黃禍和白禍是相互關聯的」，有壓迫就有反抗。如果事態仍然照當時的趨勢進一步發展下去，比如瓜分中國，控制中國的命脈，強力「執行白種人的意志」，「把黃種人降低到政治附庸和經濟奴隸的地位」，那麼「早晚會使黃種人對於所有白種人產生這樣一種憤怒和仇恨之情」。黃種人將「奮身而起」，「摧毀白種人的銀行、鐵路、工廠和一切企業，並且以咒語和屠殺從自己的土地上把白種人趕出去」，從而「真正引起一場黃禍」。**顧立克還指出，白種人的「功利主義」和「傲慢的精神」是一種禍根**，如果中國人一方面接受了西方的功利主義，一方面以相應的仇恨精神報復西方的傲慢精神，那麼「中國在五十年或一百年或二百年以後，行動起來擺脫根深柢固的殘暴的白禍壓迫時，它將是精明強幹的，並且以現代武器裝備起來」，到那時出現的「災難和流血，義和團騷動與之相比就會顯得不算一回事」。**顧立克的意思是，確實是先有「白禍」，然後才會引發「黃禍」；現實是白禍仍在肆虐，未來則是「黃禍」更可怕。**

問題如何解決呢？顧立克列舉了一系列白人輕蔑、粗暴地對待中國人的劣跡之後，提出了「白種人以公平和文雅的態度來對待黃種人」的問題，希望西方國家政府、駐東方國家的公使、領事等，發布命令或行使權力，要求所有的西方人「本著有禮貌和善於體諒的態度」，「遵守東方人的禮節上的習慣」，而不是「依靠他們的拳頭和槍砲的力量」，不顧亞洲各國各民族的願望和發展，「把亞洲看作是一個合法的軍事和商業擴張的場地」。當然從根本上著眼，是西方人必須放棄「白種人在本質上是優越的，具有支配全世界並使一切有色種族服從於他們經濟利益的固有權利」的「信念」，而「相信一切人的價值和權利在本質上是平等的」，「相信天下之人都是兄弟」。否則，「白種人就會繼續是世界平和與福利的一種禍患」。

對於日俄戰爭後西方「黃禍論者」大談「日本武裝和領導黃種人來和白種人作戰的可

能性」的言論，以具有「在日本的長期經驗」自豪的顧立克斥之為「極端無知」。他說日本領導人「知道日本的財政、政治和文明在世界上所處的地位。他們也知道一場種族戰爭——東方對西方的戰爭——所將引起的禍害。他們絕不會追求這樣一場戰爭」；相反，「他們認識到，他們的繼續繁榮密切地依賴於和整個世界繼續保持親密的關係」，因此日本對於美英兩國「並不是沒有深刻的感恩之情」。顧立克還認為：「日本人的文化本能太美好了」，「它將不會自吹自擂，也不會謀求剝奪白種人……（日本）將作為白種人和黃種人之間的調停者，為他們的共同利益而努力」。

出於這樣的判斷，顧立克認為日本對俄國的勝利「具有重要性」，「也將有助於抑制白禍當前特殊的侵略形式」。因此美英兩國應該「尊重」日本，不要相信俄國宣傳的「它是為白種人而戰」的理由，拒絕俄國人「尋求同情」的呼籲，而是堅持「使日本民族同西方結成親密的夥伴」，這樣就「有助於避免黃禍」。如果「由於膚色和宗教的相似，美國和英國的同情是在俄國一邊」的話，則會使日本把這場戰爭「認作是一場種族和宗教的戰爭，因而加深將東方和西方分隔開來的鴻溝」[37]。

顧立克的〈東洋之白禍〉列舉了西方侵略東方的一系列事實和思想根源，如實地承認先有「白禍」，而且未來可能引起「黃禍」，並且顯示了一個虔誠的傳教士希望人類平等、世界和平的宗教信仰，這使得他與西方的「黃禍論」者有了很大的區別。但是他忽視了西方的殖民主義方針和帝國主義政策問題，認為西方人不能平等對待東方人僅僅是個

「態度」和思想認識的問題，從而靠政府及外交官發布命令及行使權力就能改變現狀，逐步消融東方人的仇恨，這只是自欺欺人的願望。至於他對日本認識與判斷的偏頗和失誤，更是顯而易見的。或者可以從根本上說，是二十世紀初年美日矛盾還不及美俄在遠東的矛盾尖銳，才導致了顧立克特意強調「尊重日本」的主張。

第一次世界大戰爆發前數年，美國國內擔憂「黃禍」的議論再度興起。來自華盛頓州的眾議員阿爾貝特・詹森（Albert Johnson，又譯約翰森）發表演說，認為中國雖然正處於推翻清王朝之後的混戰之中，但這種「正在進行著的戰鬥一定會加速軍隊的發展，使之在實際戰鬥中受到比一切演習都要強得多的訓練」。中國很容易訓練成「五十萬人的軍隊」，並且「找到自己的拿破崙」，然後「就足以使英國對印度的統治無法繼續下去」，「從而把印度的三億一千五百萬人加到中國的四億三千五百萬人這邊來」。繼此之後，「痛恨基督宗教世界的廣大伊斯蘭教世界，將立即和一個有效率的、勝利的亞洲聯盟攜手，以便成全和分享它的霸權」。他還認為，軍事上的「黃禍」和經濟上的「黃禍」是密切聯繫的，中國、日本和印度一樣，龐大的、日益增長的人口將迫使他們從事擴張，而為了擴張就會進行戰鬥。為此詹森無中生有地說：「中國領袖們好久以前就表明過，一俟他們足夠強大，將為他們的移民強行打開澳洲和美國的大門，如有必要，就以大砲來打開。」

詹森還老調重彈，宣稱亞洲工人比任何地方的白種工人都能幹更苦的工作，勞動時間長而所得報酬低，「如果在工業、農業、一切形式的手工勞動和貿易方面進行自由競爭，中國人無疑會勝過其他一切種族」。因此西方國家如果允許自由移民和自由競爭，世界「每一處地方都將有游擊的種族戰爭」，而且黃種工人尤其是中國人「將逐步取得勝利」。詹森還強調指出，阿拉斯加有被日本奪取的迫切危險。

為了防堵「黃禍」，詹森不僅主張西方國家繼續「對亞洲移民關閉大門」，而且美國應加強防備，「修築一條從巴拿馬至阿拉斯加的鐵路，以便美國在整個太平洋沿岸可以擁有防禦之利」。他還提出「白人國家早日實現聯合」，尤其是英、法、德、美四個白人大國訂立攻守同盟，這四個國家「代表著世界工業的十分之九，合起來就會構成一種壓倒一切的力量」，而對手就是「太平洋彼岸」的「九億」人和「八百萬」武裝人員㊳。總之，詹森所鼓吹的，是名為防止，實為企圖「製造」出一場人種間的大戰。

來自馬里蘭州的眾議員弗蘭克．史密斯（Frank Smith）也在演說中主張：「最優秀的份子，人類最先進的類型應該有最好的機會來擴張，或者無論如何應能保持住他們的地位」，「這對於人類生活整個說來是最妥善的」。然而東亞日益成長的力量正在動搖和威脅白種人的地位，東亞的力量「在幾年之內就要把英國趕出印度和澳洲，把法國趕出印度支那，把荷蘭趕出荷屬東印度，而在此之後就要吞併西伯利亞，最後則壓服俄國本土，再一次像一二四一年那樣把難以數計的蒙古軍隊帶到德國邊界上」。鑑於世界上「每有一個白面孔，就有兩個有色面孔」，即有色人種居於多數，史密斯反對「多數一定要始終居於統治地位」；同時赤裸裸地宣揚武力強制，稱：「一切和平都是強制的，如果未擁有儲備充裕彈藥的行政力量，和平就連五分鐘也不能維持。」他和詹森議員一樣，認為要解決「燃眉之急」的有色人種威脅問題，白種人大國之間絕對不能「繼續傾軋不和」，而是必須由英、法、德、美等白人國家「組成一個國際執行權力」，「作為保持其霸權的唯一方法」㊴。

還有前面已經說到的美國海軍上將瑪漢，原本不大從種族角度思考遠東戰略，而且對日本十分信賴，但到一九一三年前後他的思想略有變化。這年的六月，他在回答英國《泰晤士報》國外新聞部主任瓦倫亭·吉樂爾（Valentine Chirol）關於種族糾紛的提問時，雖然說：「我完全否認我的種族比中國人或日本人優越的任何假定或信仰」，「我承認我清楚地看到日本人像白種人一樣比之黑人有巨大的優越性」，但仍然覺得他的美國「同胞」認為種族問題是一個值得「害怕」的「困難」的想法是「合理」的。瑪漢特別談到「日本人的剛強品質將更能有效地抗拒同化，他們將構成一個純一的外國集團……這將成為我們與日本發生摩擦的永久性原因，其危險之大甚至要超過目前」㊵。顯示出瑪漢此時已對移民美國的日本人和美日關係懷有警戒之心。

針對以上種種言論，顧立克仍然堅持其一貫的反對立場。他指出：「雖然二十年來白種人已開始預見到一場可能的黃禍，但有色種族面臨一種實際的白禍，已有四百年之久。」「在這四百年不間斷的征服過程中，歐洲民族已經取得了整個新世界——北美洲和南美洲，還實際上取得了整個非洲、澳洲、紐西蘭、西伯利亞和亞洲的大部分。」他還說：「白種侵略者在中美洲和南美洲殘酷地屠殺了千百萬人，犯下了可怕的罪行，在北美洲對印第安人做了許多壞事，這些在白種人的歷史中構成了讓人想起來就感到可怕而又可恥的一頁。」「東亞在各個方面都受到白種人包圍」，「剩下的只有日本和中國」。然而現在白種人突然「發現，它要統治世界的美夢遇到了抗阻，瓜分中國還遠不是已定之局」，而日本更已找到「應付並克服白禍的方法」，從而使得「白人國家的思想和政策，正日益被對於黃種人的恐懼所支配」。總之，是「白禍」逼出了「黃禍」，並引起了白種人對黃種人的恐懼。

顧立克接下來對白種人的思想認識做了揭示：「在許多人的眼中，亞洲人及其文明都是可鄙的和低劣的，由他們來統治世界，將是一場難以形容的災難。」而「白色種族及其文明所固有本質上的優越性」則使得他們形成了這樣一種信念：「世界和世界上所有的一切都是為了他們的特殊利益而創造的；異教土地上的一切民族和財富都是供搶劫掠奪的合法目標；占有、統治和剝奪由他們所發現的每一塊土地和每一個民族，是他們的神聖權利。」總之，白種人認為，「奪取一切能夠奪取的和殺死那些表示反抗的，這完全是上帝給予他們的權利範圍以內的事。」

由於顧立克內心也存有白人「先進」的觀念，所以認為「由於長期以來殊途的進化造成了不同的種族、語言和文明而引起，有些民族在發展的一些特殊方面不可避免地會比其他民族先進」，因此顧立克並沒有批駁白種人的「文明優劣觀」本身，他只是譴責「白種人對待有色人種極端殘暴」，並且做了一些「換位思考」，比如他質問道：「如果美國的斯塔滕島（Staten Island）被法國占有，紐澤西州由於發生了殺害某些義大利人的事而被義大利奪去並加以占領，科德角（Cape Cod）被德國占有，曼哈頓島（Manhattan Island）被分為許多外國租界，由各國分別占有和管理，美國人會感到滿意嗎？美國人對於那些掠奪了美國的國家還會十分友好嗎？可是這實際上就是中國的情況。」可見顧立克在討論白色種族與有色種族的歷史與現實上的關係狀況，以及思想感情的是非時，還是比較客觀公正的。

顧立克也總結了東亞人對待西方的態度。他認為「黃種人發自內心地輕視」白種人，並且「對於白種人的高壓手段還充滿著憤怒情緒」，他們起先用簡單的方法，如「印度以兵變、中國以義和團起義來試圖排斥外國人」。但是日本通過學習西方，「給了日本以新的力量，並使它在大國中取得了公認的地位」，從而「向整個亞洲指出了民族獨立的道路和應付白禍的道路」。所以現在「亞洲打算學到白種人對大自然的控制，打算接近白種人的力量源泉，打算發展文明和財富的物質工具，打算提高它所有各民族的生活標準。而作為達到這個目的以及獲得政治獨立和政治權力的一種手段，它在計畫武裝和訓練自己的陸軍和建立自己的海軍」。而且，「隨著亞洲人的智慧日益增長，民族自覺和種族自覺就日益提高，對於喪失主權的憤怒就日益高漲」。

那麼前景將會怎樣呢？顧立克認為，亞洲人「計畫對白種人實行侵略性的復仇」，即採用白種人一貫的做法，進行「世界範圍的戰爭和征服」的事情，「在什麼地方都沒有出現」。最多也只會是，亞洲人「能夠成功地對白種人保持住自己的陣地，重新獲得失去了的領土並重新建立完全的主權，他們就會感到無限的滿足」。但顧立克又給自己的這種樂觀估計留有轉變的餘地，所以他接著又說：「任何一個像白種人那樣發展的種族都會走上同樣的世界大發現和征服世界的道路，並且會以同樣的方式對待外國種族。」對於顧立克認識中的這種矛盾，只能解釋為他一方面譴責「白禍」，一方面又為「白禍」辯護；一方面認為亞洲人吸收白種人文明的結果在目前只會是要求「恢復舊有」的「陣地」和「主權」，另一方面也擔心未來仍不可預測。

儘管顧立克在該書本章的結尾說到，白種人、黃種人、棕種人和黑種人「尋求和平與進步的方法的時代已經到來。和平與進步只有通過互相了解、發展親善關係和互助精神才能實現。先進的必須幫助落後的，落後的必須向先進的學習。每一個國家都必須發展工業能力和社會、政治方面的廉潔和效率」，但他仍舊擺脫不了社會達爾文主義的「優勝劣敗」觀念的影響。他說：「中國文明雖然在許多方面令人敬佩，但是在其他方面也是極為落後的。」「如果中國終於被『列強』瓜分，那將真正是由於中國人在政治上的無能。日本併吞朝鮮，也同樣是由於朝鮮政治上的腐敗與無能。」他甚至認為：「白禍不能認為僅應歸咎於放肆的侵略……不同的社會風俗習慣和理想——再加上人類天生的自私自利和貪得無厭——不可避免地導致了衝突。白種人在軍事上的優勢不可避免地造成了征服。」因此他說：「要使被征服的種族承認他們之所以受到那種方式的對待，部分應該怪罪他們自己，這是困難的」，但卻又是千真萬確的「事實」㊶。由此可見，顧立克儘管在事實的層面上譴責了「白禍」，在情感上也對「被征服的種族」表現了同情，並對「黃禍論」做了批駁，但在深層的核心價值觀上，仍然保持著「白種人先進」和強者對弱者的「征服」「不可避免」的判斷。

註釋

①郭士立：《中華帝國史》（Karl Gützlaff, *Geschichte des Chinesischen Reiches, Hrsg* Von K. F. Neumann, *Magdeburg-und Tübingen,* 1847），第 910 頁。

②參見海因茨．哥爾維策爾：《黃禍論》中譯本，第 27-28 頁。

③《德文新報》（*Ostasiatische Iloyd*），20.XII, 1895。

④維爾特：《黃禍和斯拉夫禍》（A. Wirth, *Die gelbe und die slawische Gefahr,* Berlin, 1905），第 3 頁。

⑤德國《前進報》文章譯文見《近代史資料》，1957年第五期，第6-7頁。

⑥希曼：《德國和世界政策》（T. Schiemann, *Deutschland und die grobe Politik*, 1904），第164頁。

⑦參見海因茨．哥爾維策爾：《黃禍論》中譯本，第216頁。

⑧狄采爾：《生產資料的輸出是經濟自殺嗎？》（H. Dietzel, *Bedeutet Export von Produktionsmitteln volkswirtschaftlichen Selbstmord*, Berlin, 1907），第56頁。

⑨參見海因茨．哥爾維策爾：《黃禍論》中譯本，第202頁。

⑩維拉莫維茨：《有黃禍存在嗎？》（W. V. Wilamowitz-Moellendorff, *Bestehe eine gelbe Gefahr?* Potsdam, 1905），第69頁。

⑪戈爾茨：《從歷史觀點看黃禍》（F. V. Goltz, *Die gelbe Gefahr im lichte der Geschichte*, Leipzig, 1907），第115頁。

⑫諾維科夫：《白種人的前途，當代悲觀主義批判》（J. Novicow, *l'Avenir de la race blanche. Critigue du Pessimisme Contemporain*, Paris, 1897），第1、3-6、12頁。

⑬布洛赫：《論中國的現狀：政治經濟研究》（J. V. Bloch, *Zur gegenwä-rtigen Lage in China. Eine politisch-wirtschaftliche studie*, Berlin, 1900），第8、25、39頁。

⑭轉引自戈寶權：〈托爾斯泰與中國〉，《托爾斯泰研究論文集》，上海譯文出版社，1983年，第8-9頁。

⑮呂浦、張振鵾等編譯：《「黃禍論」歷史資料選輯》，第128頁。

⑯托爾斯泰：〈不可殺人〉，章海陵譯，載《列夫．托爾斯泰文集》，第十五卷（政論宗教論著），北京，人民文學出版社，1989年，第461-467頁。

⑰關於張慶桐及其與托爾斯泰這段文字緣的考訂，見前引戈寶權〈托爾斯泰與中國〉一文。

⑱托爾斯泰：〈致張慶桐〉，戈寶權譯，載《列夫．托爾斯泰文集》，第十六卷（書信），北京，人民文學出版社，1992年，第325-326頁。

⑲托爾斯泰：〈給一個中國人的信〉，朱春榮譯，載《列夫．托爾斯泰文集》第十五卷（政論宗教論著），人民文學出版社，1989 年，第 519-529 頁。

⑳列寧：〈中國的戰爭〉，《列寧選集》，北京，人民出版社，1972 年，第一卷，第 213-217 頁。

㉑雷克呂斯：《新世紀地理》（Elisé Réclus. *Nouyelle Géographie Universelle*, VII, Paris, 1882），第 14-15、17-18 頁。

㉒伏蓋：《回憶和預見》（E. M. de Vogüé, *Souvenirs et visions*, Paris, 1887），第 226 頁。

㉓參見海因茨．哥爾維策爾：《黃禍論》中譯本，第 151-152 頁。

㉔維涅翁：《黃禍》（Louis Vignon, *Le Péril Jaune*），載（*Revue Politique*, 14, 1897）；參見海因茨．哥爾維策爾：《黃禍論》中譯本，第 152-153 頁。

㉕莫尼埃：《亞洲紀行．中國》（M. Monnier, *Ie Tourd' Asie. I'Empire du Milieu*, Paris, 1899），第 359 頁。

㉖杜摩拉：《日本的政治、經濟和社會透視》（H. Dumolard, *Le Japan Politique, economique étsocial*, Paris, 1903），第 135-165 頁。

㉗法郎士：《插圖本全集》（A. France, *Oeuvres Complètes Illustrées*, Paris O.J.），第十三卷，第 476-500 頁。

㉘橋川文三：《黃禍物語》，第 88-90 頁。

㉙包羅傑：《「黃禍」惡魔》（D. C. Boulger, *The "Yellow Peril" Bogy*，載 *The Nineteenth Century and after*（Vol, IV, Jan-Juni, 1904），第 30-40 頁。

㉚艾爾茨巴赫：《黃禍》（O. J. Eltzbacher. *The Yellow Peril*），載同上，第 910-926 頁。

㉛橋川文三：《黃禍物語》，第 121-143 頁。

㉜〈聳動歐人之名論〉，《東方雜誌》第八卷，第一號（一九一一年農曆二月二十日出版），第 6-10 頁。

㉝橋川文三：《黃禍物語》，第 138 頁。

㉞參見海因茨·哥爾維策爾：《黃禍論》中譯本，第 76 頁。

㉟西華德：《環球旅行記》（W. H. Sewards, *Travels around the World*, ed. by O. R. Seward, New York, 1873），第 30、278 頁。

㊱朋倍利：《跨過美洲和亞洲》（R. Pumpelly, *Across America and Asia etc*, New York, 1870），第 263 頁。

㊲顧立克：《東洋之白禍》，引文見呂浦、張振鵾等，編譯，《「黃禍論」歷史資料選輯》，第 244-254 頁。

㊳顧立克：〈美日問題〉，引文見呂浦、張振鵾等編譯《「黃禍論」歷史資料選輯》，第 257-259、265-266 頁。

㊴顧立克：〈美日問題〉，引文見呂浦、張振鵾等編譯《「黃禍論」歷史資料選輯》，第 260-261、267-268 頁。

㊵顧立克：〈美日問題〉，引文見呂浦、張振鵾等編譯《「黃禍論」歷史資料選輯》，第 262-263 頁。

㊶顧立克：〈美日問題〉，引文見呂浦、張振鵾等編譯《「黃禍論」歷史資料選輯》，第 256-280 頁。

中國近代報刊的輿論回應

對於喧嚷一時的「黃禍論」，中國人並非麻木不仁，毫無覺察和反應。檢索十九世紀末、二十世紀初年的報刊，可知從一八九八年的《昌言報》開始，此後陸續有《清議報》、《新民叢報》、《外交報》、《中外日報》、《遊學譯編》、《警鐘日報》、《大陸報》、《廣益叢報》、《東方雜誌》、《庸言》、《大陸》等報刊，曾經刊出有關「黃禍」的文章約有七十餘篇，其中譯載英美報紙文章約二十五篇，譯載日本報紙文章約十五篇（中國人所譯日文文章有的又是日本譯出的英文文章），中國人自己撰寫的約有三十篇（不包括孫中山有關文章和談話），可見當時中國思想界和輿論界對這個問題還是很重視的。

這裡先概述翻譯西文的情形。由張元濟編，嚴復、蔡元培、馬裕藻等人擔任「譯撰」，在上海商務印書館出版的《外交報》，共刊載英報文章四篇，美報文章一篇，此外，《清議報》、《警鐘日報》各譯載英報文章一篇。《東方雜誌》、《廣益叢報》、《大陸報》和《大陸》則既有譯文，也有以「紀事」和「時局叢談」為形式的介紹和「譯述」文章。

其中首先值得一提的是譯載英國報紙的文章〈白禍論〉。文章指出：「黃禍之說，創自白人。」但真實情況完全相反：「自歐人東漸，勢力日盛以來，世之所謂白禍者，年甚一年，直至今日。」作者列舉從十六世紀以來歐洲人在亞洲各地的種種殖民侵略行動，論證「若言白禍，則誠有之」，而所謂「黃禍」，「實讕言也」。文章指出亞洲人尤其是中國人反抗列強，但目標只是要求收回被白人侵奪的土地和主權，「復其固有」而已，並稱：「華人性質，以太平無事為福，高掌遠蹠，可決其無此思想」，故「白禍去，黃禍亦消歸於無有」①。譯文未載原作者姓名，無從知道作者的詳細情況，但由此可見在西方國家中，不附和輿論主流，敢於說「公道話」者也不乏其人。而中國輿論界藉英國人的「另類」文章來反守為攻，亦不失為對「黃禍論」的有力批駁。

十九世紀末和二十世紀初，英日同盟與俄、法、德三國尖銳對立，因此當時的英報文章多次揭露俄、法、德宣傳「黃禍論」的用心，稱：「俄國及依附於俄國之諸國，見日本勢力堅強。出其意外，遂越以急激之調，唱黃禍之聲，此聲惡聲也。」②他們指出：「歐洲大陸各國倡言黃禍，無非徇一己之私。」尤其是俄國，一面「蠶食中國北境」，「兼併中土」，一面以「黃禍論」「欺歐洲諸人，以遂其撫有中土之政策」，「其禍之尤甚於黃禍」③。有的文章甚至說：「俄國跨有東亞，故亦謂為黃種。」「俄人實為亞人，非黃種而何耶？」俄國不僅「為暴歐洲」，還「將鉗束中國，而制其死命，豈非黃禍也哉？是則最烈之黃禍，實唯此為甚也」④。乾脆把俄國稱為「黃禍」。

英國報紙在日俄戰爭期間一反其同類皮爾遜、里亞爾、克勞賽和陸軍元帥伏爾賽利的「黃禍」之說。宣稱來自日本和中國的『黃禍』，是「假設」的「懸揣之詞」，至少「非今日之事，乃數百年以後之事也」。雖然作者預見「白人貿易遠東所得利益，必有為黃人全奪之一日」，或者擔憂在二十世紀「歐人斷不能如昔日之操縱自如，得以遠馭於亞洲各國」，但其相信「黃禍云者，非進攻歐洲之謂，乃使歐人不能管轄亞洲之謂也」。「黃人往攻白種之事，未必果有。」英報文章做如是說，乃是為了阻止俄、法、德等國利用「黃禍論」離間英日同盟，並且把迫在眉睫的英國與俄國在中國爭奪利益的矛盾放在首位。他們的所謂目前不存在「黃禍」，也僅指軍事方面而言，在政治上、經濟貿易上仍然憂心忡忡。

英報文章在把矛頭對準俄國時，大力美化日本和他們自己。上引的同一篇文章說：日本在中國東北對俄作戰，「實非志在拓土，唯望中國之日臻富強而已」。「日本所求，唯輔助中國維新及開闢其礦產、增厚其防務而已。」亦不忘表白：「我英非有意侵占中土，所期者唯中國能自強自保，及英人在華貿易，得享自由權利耳。」⑤極力否認日本和英國的侵華野心。有的文章強調日本之所以強盛，原因就在日本已「脫亞入歐」，「彼日本者，非藉其黃種之能力以勝敵也，乃由取法白種，經營實業，而後有以致此耳」⑥。如此抬舉日本，不僅意在說明日本不會為禍，而且要讓日本與亞洲各國徹底分道揚鑣，甘當英國在亞洲的鷹犬。

與此同時，英報文章極力蔑視和醜化中國。其內容可分為兩個方面：一是指現實政治狀況，認為中國「無完全無缺之中央政府，各省規制互異，不相聯屬」，而且「時至今日，失權甚矣」。統治階級「守舊性成……堅不可破」，「又安望其再有維新之舉耶」？

此類判斷基於文章作者們對清王朝的認識，指出中國在這樣一個腐敗無能、受制於人而不思振奮改革的王朝統治之下，終究難以有所作為，這種觀點雖含有輕視但還不能說是污蔑。但此類文章還有第二個方面，即醜化中國人的民族性格，貶斥「華人無學而性質又劣」，「無愛國之忱」，「性耽逸樂，唯願長處昇平」，「天性懦弱，不可救藥」等等，所以「不能為禍於列強」。他們還認為「華人信服日人，舉國若一」，也希望中國「事事效法」日本⑦，即要中國臣服於追隨英國的日本。如果中國不能走上這條道路，「若竟為（日本）所侵凌，則中國之事為有道德之人（仍指日本）所主持，猶勝於為行專制之人所主持也」。即寧願中國受制於日本，不願中國受制於俄國。

不僅如此，當時還有英報文章深以赫德的觀點為然，即認為潛在的「黃禍」來自中國而非日本，因為中國「有仇視西方之心，固各國所共知」，而日本從制度到精神全然效法西方，故「兩國必無聯盟之理」⑧，即預計中國不會走上日本式的西化之路。加上「中國礦產，且較美國為多，豐饒之處，世罕其匹。其人民長於製造，性質勤敏，亦非他國所及」，「至其勇於戰鬥之心，則與他人無異」。還說中國人「好拓疆域之思想，亦與俄人相類」。作者因此贊同赫德「他日中國能為天下患」的「預言」⑨。至於美報文章，此時仍然主要根據人口和移民的問題，稱「黃禍屬於華人」，因為「日本國小，不足置慮」，而「中國民數之多，財源之富，苟行殖民政策，較之日本不更為可慮耶」⑩？可知在二十世紀初年，不僅俄、法、德三國報紙，還有英美兩國的報紙，都在宣傳旨在排斥和壓制中國人的「黃禍論」。

《清議報》、《外交報》、《遊學譯編》、《警鐘日報》及《江蘇》雜誌、《湖北學報》、《東方雜誌》等，共譯載日本報紙文章約二十篇。日本文章對稱自己為「黃禍」或視「黃禍」包括日本的觀點，千方百計地「辯其誣妄」，並進而把俄國和中國說成禍源。

有些日本文章出於分化歐美，爭取同情的目的，對其他西方國家也在喧嚷「黃禍」的實情，以及美日矛盾逐漸凸顯的形勢，佯裝不見，先把矛頭集中於俄國。他們稱俄國編造「黃禍論」，目的是「欲使各國之憤我嫉我，使我國困於孤立」，指出「黃禍」其實是「俄禍」。因為「俄國遂行其侵略主義」，「彼之所為，實專為反對文明道德之主義，於公法固不相容，即列國之利益亦有妨害」。同時美化自己，文章說：「日本之所以戰者，為保己國之安全，東亞永久之平和，世界將來之利益。」並宣稱：「日本之勝，亦文明、平和、進步國民、公同主義之勝利，世界列國之利益也」，而且「即盎格魯薩克遜主義之勝利」⑪。把自己說成正義的衛護者，並極力取得英美的好感。

有的文章則表示「人種之爭可不深究」，而關鍵在「文明與非文明」。作者力斥俄國「野蠻」、「專制」，而標榜日本「文明」、「立憲」和「進步」，故稱日本戰勝俄國就是文明戰勝野蠻。文章進而強調：「文明者，絕非歐西諸國之私物，以黃人中文明思想之國，與白人中文明思想最低之國，而比較高下，其結果亦可知矣。」⑫他們又用「優勝劣敗」的觀點來證明「黃禍」說得不合學理，稱中世紀蒙古人能夠征服東歐，是斯拉夫人智力、學問及軍事武力均不及蒙古人之故；二十世紀初年，日本將戰勝俄國，亦由於日本的「組織、知識進步，德義也同時進步」，「日本人之智力更遠勝俄國」⑬。總之，日本為了論證俄國是禍源，並且美化自己，不僅對日俄戰爭的起因和性質完全做了只利於自己的辯解，而且用歷史與現實、人種與文明，以及優勝劣敗的進化論等多種理據，證明「黃禍」與自己無關。

在此同時，有的日本文章卻指中國人為禍，作者藉英國人之口說：「若乃中國人之所為，則非吾人之所敢保證，彼殆無榮譽功名之見，唯求免其責任、充其情慾已耳。」稱中國能否「持正當之見解，慎（日本）戰勝之效果而不濫用之，殆無人敢為之保證」⑭。這是警告中國人在日本戰勝俄國之後，要接受列強尤其是日本的安排處置，否則中國就會被視為「禍源」。當時日本還有人認為，西方國家不應使中國「開放」，因為「開放」「不唯不能速其死，反使彼有生機」。理由之一是：「開放其國，是牖其智而覺其夢也，以敏明勤練之支那人，使之從事於工業，則其橫行於天下，誰能抗之？」理由之二是：「以言勞力之多寡，則支那人為其最；以言工價之高低，則支那人居其廉。」故「支那開放勞力輸出之時，即世界白人勞力者危急存亡之秋也」。作者提出對於中國人最好是「無驚其噩夢，徐起而制其斃，庶幾無死灰復燃之慮也」⑮。文章顯然是模仿拿破崙勿驚醒中國睡獅之說，但用心更險惡，因為其最終目的是讓中國在睡夢中由日本和列強來制其死命，以永絕「黃禍」。

上述四十餘篇翻譯文章，並不能反映西方和日本對「黃禍論」的全部觀點和態度。當時俄、法、德三國與英日同盟對立，前者叫嚷「黃禍」最多最凶，英美兩國也有類似說法，不過英國此時為了拉攏日本對付俄德兩國，報刊上頗多為日本開脫的文章。而中國報刊只從英、美、日本的文章中選擇譯載，而且所選者多為揭露俄國的侵略野心，美化英國和日本的言論，這固然可以理解為一種鬥爭策略，即藉外國人之口表達只有「俄禍」（附帶表示也有「白禍」），而不存在「黃禍」，尤其中國不會為禍的觀點，但這種處理方法也使後人感到當時中國人對西方喧囂一時的「黃禍論」未必全然了解，尤其是對俄、法、德三國的輿論，可能因為語言文字的緣故，完全沒有涉及。

而且對上述四十餘篇譯文，只有二篇加上了「附識」和「按語」。其一是《清議報》在〈中國人種侵略世界〉文末「附識」曰：「吾人有此絕大招忌之物，惹外人之兇暴壓力。今地球各國，孰不欲芟滅吾人而甘心哉？吾人今日苟不思振奮自保，必無噍類矣，可不寒心！」⑯「附識」對中國深受列強欺壓的境遇及險惡前景，表示了極大憂慮，但面對文章中誣衊醜化中國人和中國歷史的謬論，毫無駁斥，尤其是附和了中國人口眾多才「招忌」、「惹外人之兇暴壓力」的觀點，顯然更是錯誤。其二是《外交報》在〈非同文同種〉之後加了「按語」⑰，說日本在俄、法、德三國干涉還遼之後，「倡同文同種之說，以潛布勢力於我國」，而在與英國訂立同盟之後，「又有恐以此招歐人之忌，而著論非之者。前後兩說皆非實意，不過外交家之作用耳」。「按語」僅僅揭露了日本輿論反覆無常的特徵及其利己動機，但未能揭穿西方和日本對中國的深藏禍心。所有譯文應說是客觀而有選擇的產物，但由於對英國和日本的種種自我美化沒有批駁，難免使讀者誤以為英國與喧嚷「黃禍論」無關，並被日本把自己在東亞的侵略擴張與爭霸說成維護和平與正義的詭辯所迷惑。而且上述文章有的為說明中國不足為禍而對中國極盡輕蔑和鄙視，有的為說明中國可能為禍而對中國加以醜化、歪曲，譯者和報刊對此缺乏適當的反應，近乎成了對種種謬說的默認。

中國人自撰的約三十篇文章，以刊於《中外日報》的六篇為最多，《外交報》四篇次之，《清議報》、《東方雜誌》各三篇，《河南》雜誌、《北京雜誌》、《滇話報》、《雅言》、《庸言》等各一、二篇。這些文章分別表達了如下幾點思想內容。

一是從正面回答中國不是「黃禍」，這主要體現在二篇短文中。其一為旅居美國的張又棠發表在北美報紙上的文章。該文指出：「黃禍」由華人而起之說始於義和團事件，當時中國人認為「瓜分之時已至」，因而奮起「自保疆宇」，其所作為「乃力拒人之害己，而非欲侵占他人者也」，故能使一切「安分華人亦與之表同情焉」。敢於肯定義和團鬥爭的正義性。接著作者強調：「中國對外政策，素主平和，其或出於戰爭，則迫於不得已耳。蓋夙尚商業農業之人，焉能捨其籌算，棄其耒鋤，從事疆埸，以占人土，而為人之患哉？」故「華人侵犯歐美之事，有所必無」。「黃禍之事，自必烏有。」⑱文章不長，但能冷靜說理，尤其是聯繫考慮了華人主要的生活特徵和民族性格。

其二為駐英公使汪大燮和英國記者的談話。汪大燮認為：「華人心氣和易，殊無所貪，且中國富於礦產，宜於農牧，謀生之道，無待外求。」而且表示清政府與各國交往，「自當遵約而行」，「與英、美、日之邦交，自必益厚」，如此「焉得而成黃禍耶」⑲？答詞雖然顯得底氣不足，但也符合一個弱國外交官的特殊身分。

二是反守為攻，闡述中國人對人類文明的巨大貢獻，進而揭露白人種族主義的危害。如〈論中國人種有功於地球〉一文，從中國人「開闢地球之草昧」、「轉輸地球之商務」等等活動，證明：「地球之文明生產，支那人亦頗有功焉。」但是「列國以限制支那人為第一大問題，以分割支那為第一大政策」，尤其是西方列強「曰地球上之土皆宜為白人之私產，地球上之人皆宜為白人之服役」⑳，以世界主人自居，不容其他人種尤其是中國人自存自主。

有的文章強調：「考諸往事，白人之為禍世界，亦甚亟矣！」逐一列舉俄國、法國、德國在全球各地「鯨吞蠶食而欲得人地」的事實，並指出他們藉「黃禍」之說「煽惑列邦」，「於中取利」，以圖實現其「鉗制亞洲人民」並「轄治其土地」的目的㉑。作者已洲之地盡取而為己有，不足以快其吞併之心；非令亞洲之人盡服從於歐美，不復有反側之思，不足以遂其兼羅並包之念」。於是一面製造「黃禍之說，一面離間破壞亞洲各國人民的關係和感情，足見「競爭之念，既以越逼而越狠；排擠之術，即因愈用而愈精」，「必使亞洲黃人不得復見天日而後快」㉒。以亞洲尤其是中國所面臨的危急形勢向人們敲響了警鐘。

三是指出「黃禍專指中國」對中國有巨大損害，但中國人對此認識不足，更未振作行動以反弱為強。〈論黃禍專指中國〉一文的作者指出：「黃禍之說，則已於吾人有切膚之災矣！」因為日本無論「以幅員論」還是「以人口論」，均不會使歐美各國感到它「能使地球遍受其害」，而「中國之版圖與民數，皆十倍於日本」，列強視中國「有大可為之資」，因而對付中國「趁機唯恐不先，舉事唯恐不密，壓迫唯恐不周，殄滅唯恐不盡」。然而中國卻「至愚極庸」，「方以酣嬉淋漓，因循卻顧者應之」，結果將「萬無一幸矣」㉓。〈辨黃禍之說〉一文也認為「黃禍論」「蓋特為中國發耳」。因為歐美各國以為中國受日俄戰爭之刺激，從而「規劃於國門之內，舉所以腐爛之原而痛除之，舉麻木不仁之疾而大灸之」，「為正本清源之治」，「眈眈然崛起於東方」。然而事實上中國「仍寂然不動。政府之安閒也如故，官吏之營私也如故，人民之酣睡也如故，不肖之賣國也如故……終無夢醒之一日矣」㉔。

還有〈讀西人黃禍說感言〉一文，也是感嘆：「吾族則酣歌於漏舟之中，鼾息於岩牆之下，一聽人之仇讎我、魚肉我，茫然曾不思所以禦之。」作者著重指出，被英國某些文章視為「非黃禍」的日本，「慮他人之競著先鞭，乃奮起疾驅，莫肯讓人」。「去自歲（一九〇七年）以來，乃盡棄其同種同文、唇齒輔車之舊說，專力與我為難，謀殖其勢力於大陸。」中國被誣為「黃禍」，實則「大勢之危，其尚能有豸乎」㉕？這類文章對「黃禍論」並未多加批駁，重點放在批評當時政府和國人缺乏應對之策，沒有採取有效的改革行動。

四是從歷史和未來論證黃種人尤其是中國人的「優勢」。〈歷史上黃白二種之競爭〉一文，從被中原王朝打敗的大月氏能打敗大夏，匈奴能「破峨特，入羅馬」，突厥「屢破東羅馬」，「雄視歐亞」，還有蒙古「並俄羅斯，擾波蘭、匈牙利，敗德意志」等等，證明「黃人之天然武力，實勝於白人」㉖。〈論中國人種之將來〉一文，則以為中國人具有「富於自治力」，「有冒險獨立之性質」，「長於學問，思想易發達」，「民人眾多，物產沃衍，善經商而工價廉」四個有利條件，預言中國人「將握全世界商工之大權」，「天下之富源必移而入中國人之手」。進而說：「中國人於來世紀必為世界上最有勢力之人種」，「能有實力以開通全世界」㉗。這類文章對於處在困境中，並且多少有些喪失自尊自信的人，未嘗不是一種精神鼓舞，但文章絲毫沒有涉及如何改變中國落後危急的現狀，如何回應「黃禍論」的問題，而且難免有片面選取某些歷史事件以自豪，故作大言以自壯之嫌。

通觀當時中國人自撰的有關文章，不難發現其中的不足與失誤。其最根本的原因是上述作者未能像同時以孫中山為代表的革命民主派那樣，認識到當時世界已經進入帝國主義和被壓迫民族自求解放的時代，而「黃禍論」幽靈的再現，乃是帝國主義為轉移各自國內人民的鬥爭目標，協調列強之間的矛盾，加緊征服和瓜分中國而捏造出來的「惡魔」。正因為如此，所以作者們對某些國家抱有幻想。他們在揭露叫嚷「黃禍論」者，分析其用心，批駁其「偽言」時，也只把矛頭集中於俄國，對德國、法國已很少提及，於英美兩國更完全予以迴避，甚至說：「英美二國之不以黃禍之說為然」，這顯然不合事實。

同樣，在反守為攻，批判「白禍」的時候，多是統言「白人」、「白種」，具體談到國家名字時，也只限於俄法，對德國也是輕描淡寫，而對英美的自我美化不僅未加揭穿，反而吹捧說：「英美之於亞洲，如此措施，華人亦斷無仇視之心，尚何有侵犯之念耶？且英美之於其屬境（指其殖民地），所在許人自由，故土人莫不感服。」㉘對此恐怕不能過高估計當時作者們的智慧，以為這是在使用策略，分化列強而盡量少樹敵。而是他們對英美的「文明發達」懷有敬畏，抱有幻想，所以上述十幾篇文章都沒有使用當時已為中國革命人士所熟悉的「帝國主義」一語。

其次，同樣是由於沒有認識帝國主義的本質和特點，再加上夾雜著以人種劃線的消極影響，使得他們對日俄戰爭的理解，對中日關係及中國前途的認識，均體現出種種偏差失誤。

比如他們說「日本之勝」，「此中實有一大可喜之事在」，因為「自西歐人相遇以來，歐人無不勝，亞人無不敗，黃不如白之言遂深入人心，而牢不可破」，認為日本戰勝俄國打破了這種「天實為之」的宿命論㉙。故以為：「日勝俄敗，正天下太平之福。」㉚這些言論表明，當時中國思想界確有一些人認為中國「得力於日本甚大」㉛。他們雖然未像英報文章那樣吹噓日本「人種進化之速率」，戰爭中「用兵之神妙，應敵之有方」，但對日本確實敬佩有加，故極力恭維大隈重信論「黃禍」的文章「用意之深遠，措詞之巧妙，可以推廣於無窮」，「真大政治家之緒論也」。甚至說：「今日本之攻俄，固已無負保全中國土地之義務矣。」㉜由於他們對日本不乏「感激」之情，所以對日本報刊上侮辱中國人，甚至誣指中國為禍的種種謬論，都採取了息事寧人的忍讓態度，對日本侵略干涉中國的行動也未加譴責。

再次是由於當時中國人正圍繞著救國是需要「革命」還是需要「立憲」展開爭論，恰恰《清議報》、《外交報》、《中外日報》、《東方雜誌》等在內政問題上都持溫和的改良立場，故論及中國的前途或世界和平的希望時，皆不忘大談「立憲」的優越。如認為日本戰勝俄國，說明：「國家強弱之分，不由於種，而由於制。黃種而行立憲，未有不昌；白種而行專制，未有不亡。」㉝故中國只要「開國會以通輿論」，「改專制為立憲」，就能「糾內力以當外侮」㉞。甚至以為在立憲之國，國家有危難時「國民必思自救之法」，而政府「欲博開疆拓土之榮」時，「則必有人阻之」。如此一來，「中國既興，則瓜分之說息，而天下之兵可以不用矣」；「俄國憲政若成」，其國民必能阻止政府對外擴張。總之，「天下之禍，莫禍於戰」，而「立憲」可以強國，可以「弭戰」㉟，豈不是最好的辦法和道路？這顯然只是懸想甚至欺人之談。因為中國通過立憲能否強大，俄國通過立憲能否變得不好侵略，皆屬未知數，再說美法早是「民主立憲」國，英、日是「君主立憲」國，不是正在世界各處為禍？

此外，上述文章對「黃禍論」的其他「理據」，諸如中國人口眾多，會向各處移民擴張；中國工人會奪去白種工人的飯碗，中國工業化會使歐美的工業產品失去市場；中國人習慣於「排外」，「不開放」，「難以和他人共處」；尤其是對於醜化中國歷史，貶低中華民族文化的種種讕言，或因了解不多，或因自己「底氣」不足，都沒有予以批駁。

然而上述作者卻自以為高明，認為他們對「黃禍論」的回應已經足夠，分寸更拿捏得當，因此勸告別人：「毋徒辯黃禍之無征，為他人竊笑，以自速其亡可也。」㊱有的甚至譏笑「自鳴為先識憂國之儔者」（似指當時的革命派人士），說他們「怒氣交憤，外強中乾，叫號跳踉，如飄風疾雨之不可終日，於是曾靡所裨益，徒使彼主張黃禍者，越得執為口實」㊲。好像受害者根據事理詳加批駁會使「黃禍論」火上加油，反之只有多多含垢忍辱才能使「黃禍論」平息，但這恐怕又是一厢情願。

但是檢索中國近代報刊，可說只有二十世紀初年這一段的報刊文章曾經熱烈地回應過「黃禍論」。而一九一二年以後，此類文章常常數年不得一見。所以不管是出於什麼原因，二十世紀初年出現的這批文章，在有關「黃禍」問題的論辯史上應該占有相當重要的地位，它能在相當的程度上反映當時中國人的思想認識。

註釋

①〈論白禍〉（譯英國1905年6月《顯屈烈報》），《外交報》乙巳年第二二號（總第一二二期）。
②〈論黃禍〉（譯英國1904年5月6日《印度泰晤士報》），《外交報》甲辰年第一四號（總第八二期）。
③〈論黃禍〉（譯英國1904年1月《顯屈烈報》），《外交報》甲辰年第三號（總第七二期）。
④〈論黃禍〉（譯英國1905年1月7日《泰晤士報》），《外交報》，乙巳年第三號（總第一〇三期）。
⑤〈論黃禍〉（譯英國1904年5月6日《印度泰晤士報》），《外交報》甲辰年第一四號（總第八二期）。
⑥〈論黃禍〉（譯英國1904年4月2日《斯忒梯司報》），《外交報》甲辰年第一一號（總第八〇期）。
⑦〈論東方之害〉（譯英國1905年5月《康頓白烈報》），《外交報》乙巳年第一七號（總第一一七期）。
⑧〈論黃禍〉（譯英國1905年1月7日《泰晤士報》），《外交報》乙巳年第三號（總第一〇三期）。
⑨〈論黃禍〉（譯英國1904年5月6日《印度泰晤士報》），《外交報》甲辰年第一四號（總第八三期）。
⑩〈論黃禍之屬於華人〉（譯美國1907年11月《拿呼美報》），《外交報》戊申年第一號（總第二〇〇期）。
⑪〈論日俄戰爭之真相〉（譯自1904年6月14日日本《國民新聞》），《外交報》甲辰年第一八號（總第八七

期）。

⑫〈論黃禍〉（譯自 1904 年 7 月 20 日《外交時報》），《外交報》甲辰年第二一號（總第九〇期）。

⑬〈論黃禍之說不合於學理〉（譯自 1904 年 7 月 13 日日本《時事新報》），《警鐘日報》甲辰年六月十一日（1904 年 7 月 23 日），第三版「外論」。

⑭〈黃禍辯〉（譯自日本大阪《每日新聞》，未註日期），《警鐘日報》，甲辰年正月二十八日（1904 年 3 月 14 日），第三版「外論」。

⑮〈黃禍預測〉（海州張景光譯自《早稻田學報》，未註明刊期），《江蘇》第一期，1903 年 4 月 1 日出版，第 103-107 頁。

⑯竹越與三郎：〈中國人種侵略世界〉，《清議報》第四〇冊，光緒二十六年（1900）農曆三月一日出版，「時論匯錄」，第 5-7 頁。

⑰〈非同文同種〉（譯自 1902 年 5 月 2 日日本《時事新報》），《外交報》壬寅年第一〇號（總第十二期）。

⑱〈中國張君又棠論黃禍〉（譯自美國 1904 年 9 月《而利費報》），《外交報》甲辰年第二八號（總第九七期）。

⑲〈清駐英公使汪大燮就黃禍等問題答路透社訪員問〉（譯自英國 1906 年 1 月 26 日《繙連蘇報》），《外交報》丙午年第七號（總第一三九期）。

⑳無涯生：〈論中國人種有功於地球〉，《清議報》第二八－二九冊，光緒二十五年農曆八月二十一日、九月初一日出版，「本館論說」第 1-5、1-5 頁。

㉑〈中國張君又棠論黃禍〉，《外交報》甲辰年第二八號（總第九七期）。

㉒〈論西報謂白人宜查究黃種聯盟事〉，《中外日報》光緒二十九年十月初一日（1903 年 11 月 19 日），第二版「論說」。

㉓〈論黃禍專指中國〉，《中外日報》光緒三十年九月十九日（1904 年 10 月 27 日），第二版「論說」。

㉔谷音：〈辨黃禍之說〉，《東方雜誌》第二年第二期（1905年3月30日出版），「社說」第32-35頁。

㉕〈讀西人黃禍說感言〉，《外交報》戊申年第五號（總第二〇四期）。

㉖〈歷史上黃白二種之競爭〉，《東方雜誌》第三年第一三期（1907年2月7日出版），「社說」第248-250頁。

㉗梁啟超：〈論中國人種之將來〉，《清議報》第一九冊，光緒二十五年，農曆五月二十一日出版，「本館論說」第1-6頁。

㉘〈中國張君又棠論黃禍〉，《外交報》甲辰年第二八號（總第九七期）。

㉙〈論日俄戰爭之益〉，《中外日報》光緒二十九年十二月二十八日（1903年2月13日），第二版「論說」。

㉚〈論黃禍〉，《中外日報》光緒三十年二月五日（1904年3月21日），第二版「論說」。

㉛〈清駐英公使汪大燮就黃禍等問題答路透社訪員問〉，《外交報》丙午年第七號（總第一三九期）。

㉜〈論大隈伯黃禍說書後〉，《中外日報》光緒三十年三月二十九日（1904年5月14日），第二版「論說」。

㉝〈論日俄戰爭之益〉，《中外日報》光緒二十九年十二月二十八日（1903年2月13日），第二版「論說」。

㉞〈讀西人黃禍說感言〉，《外交報》戊申年第五號（總第二〇四期）。

㉟〈論黃禍〉，《中外日報》光緒三十年二月五日（1904年3月21日），第二版「論說」。

㊱谷音：〈辨黃禍之說〉，《東方雜誌》第二年第二期（1905年3月30日出版），「社說」第32-35頁。

㊲〈讀西人黃禍說感言〉，《外交報》戊申年第五號（總第二〇四期）。

辜鴻銘的「文明論」回應

十九世紀末二十世紀初，當歐美列強為了瓜分中國並企圖用基督宗教使「中華歸主」而先發制人地虛構「黃禍」威脅之際，在政治上和文化上都持保守主義態度的辜鴻銘，也做出了自己獨具特色的解答。由於辜氏的此類文章均用英文寫作，而且發表在外國人所辦的刊物上，因而對外影響可能更直接。但因此也就不為大多數中國人所知道。一九九六年黃興濤大量收入辜氏西文作品的《辜鴻銘文集》問世之後，才使讀者發現，這個自命為「真正的中國人」的文化怪傑，對「黃禍論」和「誰是魔鬼」這種挑釁式的問題，有著有理有據、極具價值意義的及時回應。

由於辜鴻銘能閱讀多種西文，且廣泛結交外國人士，故能充分了解西方喧嚷「黃禍」威脅的來龍去脈及問題的嚴重性，也能明確具體地對一些「黃禍論」者做指名道姓的批駁，體現出他言詞犀利的論辯風格，而且有關批駁不是泛泛之論。「黃禍論」出現不久，他就尖銳地指出，論者顯然不僅是為「貪求物質利益並著眼於貿易目的的自私」，而是歐洲的「殖民政策」這個「龐大的吃人惡魔」，才「激起了這位顯然是中世紀歐洲最後的一位皇帝，去繪製了那幅『黃禍』的著名圖畫」。即強調商業利益背後隱藏著殖民主義者的人種歧視和「文化戰略」，把批評的矛頭直指一八九五年繪製《黃禍圖》的德皇威廉二世，他還明確地表示：「黃種文明本身如何會對歐洲人構成一種潛在威脅，實在讓人難以思議。」①

西方「黃禍論」者的所謂理由多種多樣，諸如中國人「仇外」、「排外」，「不開放」、「不守信用」，一八九〇年代長江流域各省的「教案」尤其是世紀之交的義和團運動，證明中國人抵制基督宗教；東方文化「低劣」，中國人「不文明」等等之類，可說不外是對歷史和現實的歪曲捏造或者誇大其詞。一個英國人在上海就曾當面對辜鴻銘說：「你們中國人非常聰明並有奇巧的記憶力。但儘管如此，我們英國人仍然認為你們中國（人）是一個劣等民族。」②這種西方民族和文化的優越感及由此而來的傲慢與仇視，隨著「黃禍論」的出現日益蔓延和放大。

問題還在於，西方的帝國主義者和殖民主義者在虛構了「黃禍」圖景之後，將會採取後續實際行動。一九〇〇年八國聯軍在鎮壓了京、津地區的義和團，並迫使清王朝朝廷避遷西安之後，那個混跡中國多年，擔任中國海關總稅務司的英國人羅伯特·赫德，撰文提出了他為消除「黃禍」所做的兩個設想：「一種是實行強硬的軍國主義瓜分，一種是在中國奇蹟般地傳播基督宗教。」赫德承認，鑑於中國地廣人眾，人民富有反抗精神，瓜分之後各國統治不易，因而最好的辦法還是迅速傳播基督宗教以征服中國的人心，「認為這樣中國人民就會變『乖』，成為友好列強的摯友，從而使歐洲擺脫『黃禍』」。辜氏讀了赫德的文章後辛辣地諷刺說：「赫德爵士怎麼沒有想到把歐洲人從『黃禍』中拯救出來，鴉片與基督宗教一樣是最好的麻醉劑！無論怎麼說，鴉片癮的廣泛傳播，比基督宗教的傳播要簡便易行，容易接受得多！」③他把基督宗教與鴉片置於同等地位，看出了西方列強要從精神上征服中國人的企圖。

文化民族主義者的辜鴻銘，本來就視「道德力」重於「物質力」，一貫不以中國學習西方的堅船砲利為然，深信有悠久歷史和發達文明的中國不可能被列強瓜分，因此他與孫中山先生略有不同。孫中山認為，歐美帝國主義標榜「維持文明之福，防塞黃禍之禍」，其目的在「分割支那（中國），隸之為列強殖民地」④，故回應重點首先放在警醒國人，迅速奮起革命以救亡，同時向世界表明中國強大之後也不會損害西方利益和在亞洲稱霸。而辜鴻銘則把重點放在論證中國文明的高尚優美，說明中國人不是「劣等民族」，尤其反對西方用基督宗教使中國人從精神上「西化」的宗教戰略。

西方人認為中國文明落後、中國人性低劣的一個根據是中國的物質生活水準低下。對此辜氏指出，這只是一種「沒有思想且講究實惠」的「標準」或「尺度」。他強調：「一個民族的生活水準可能因為經濟原因而變得非常低下，但是它本身卻不是該民族道德文化或文明低下的一個證明。」那麼，評判文明高下的真正標準是什麼呢？辜氏認為應該是道德教養所造就的生活態度，是待人接物的溫良有禮。他強調說：「只要無私和仁慈——那麼，不論你是猶太人、中國人還是德國人，也不論你是商人、傳教士、軍人、外交官還是苦力——你都是一個基督之徒，一個文明之人。但假若你自私和不仁，那麼即使你是全世界的皇帝，你也是一個亂臣、賊子、庸人、異教徒、夷、蠻子和殘忍的野獸。」⑤為此，辜氏把西方文明與中國文明從核心處做了對比。

辜鴻銘認為，歐洲中世紀的基督宗教文明是「建立在一個依賴於希冀和敬畏（上帝）之情的道德文化基礎上的文明」。由於到了「現代」，人們對「上帝」的希冀和敬畏之情已不復存在，於是只有依靠法律、員警和軍隊等「外在」之物作為「一種約束力量」來維持社會秩序，故「在公理通行之前只有依靠強權」一語不脛而走；進而，「歐洲的軍國主義」成了「用來對抗真正的文明，反對中國人民及其政府」的主要手段。簡言之，現代西方文明靠物質力、強制力、武力來維持，因而富於侵略性。

而中國的儒教文明是「建立在一個依賴於人的平靜的理性基礎之上的道德文明」，「這一文明人們更難達到。而一旦實現，就能永恆持久，不衰不滅」。它不是出自外鑠，而是「出自人類生來熱愛仁慈、正義、秩序、真理和誠實本性的內在之愛」⑥。儒教文明的三大特徵是「深沉、博大和純樸」，它造就的中國人「完全過著一種心靈的生活——一種情感的生活」⑦。這種文明是一種道德的、從內心自發的精神文明，它從未構成對他人的威脅，尤其不會使用武力去危害別的國家和民族。相反，儒教文明曾給叫嚷「黃禍」威脅的歐洲帶去光明和進步，「現在無論何人，只要他不厭其煩地去閱讀伏爾泰（Voltaire）、狄德羅（Denis Diderot）的作品，特別是孟德斯鳩（Montesquieu）《論法的精神》，就會認識到中國的典章制度的知識對他們起了多大的促進作用……至少對我們今天所講的自由思想之迅速發展與傳播是起過促進作用的」，而當時的自由思想「帶來了歐洲中世紀制度的『全面解體』或徹底崩潰」⑧。也就是說，導致歐洲「走出中世紀黑暗」的「啟蒙運動」，就曾得益於中國的理性精神和道德文明。

儒教文明不僅使得中國人「擁有理性民主的精神」，同時還富於互助和自治的性質。辜鴻銘不是用自己的話，而是引用了英國傳教士、也是漢學家的麥嘉溫（John Macgowan）的《近代中國的人和生活方式》一書中的話來加以證明：「這個民族的一個顯著特徵，即他們的結合能力，這種能力是文明人的主要特徵之一。對於他們來說，由於生來崇尚權威和恪守法紀的天性，組織與聯合行動是件容易的事情……可以說他們的國家，立於人人自治自立之上。」⑨所以中國始終是一個有秩序、守信用的國家，儘管「在中國的一般外國人，他們往往蠻不講理，易躁易怒，而一般中國人則彬彬有禮，具有涵養」。

義和團事件期間，擔任北京使館區司令的英國外交官竇納爾（D. MacDonald）指責中國人「不守信用、背信棄義」，辜氏回敬說，這首先是由於列強「對中國人所施行的詭計和地地道道的背信棄義行為」所致，因此，「事情的說法正好可以反過來，而且逼迫中國人不得不像他們所做過的那樣行事的力量，甚至更為強大」⑩。辜氏強調，西方仗恃力量強大，一再對中國予取予奪，食言自肥，所以「不守信用、背信棄義」的不是中國人，而是列強自己。

辜鴻銘曾具體地為義和團辯護說：義和團「完全是一種合法的村社防禦制度，其目的在於防禦，而不是進攻」，其所以後來「脫離了原有的運動軌跡，變成了一種更富於攻擊性的、好戰且完全失去控制的狂熱」，首先應歸咎於「外國使臣的干涉和壓力所強化了的『地方困難』」⑪。而歸根到柢，則是起因於「歐洲那『養尊處優的集團』（按辜氏文意，養尊處優的集團是指統治者和資產階級——作者）竭力驅使政府以一種愚蠢野蠻的方式和這一文明（指中國文明——作者）進行交往」⑫，於是「義和團民才不得不奮而起事，和他們的法國兄弟在一七八九年所做的那樣，向全世界發出血淋淋的呼籲，呼籲應當把中國人當人看待」⑬。在這裡，辜氏也許拔高了義和團民的思想認識，誇大了義和團運動的歷史意義，而避開義和團運動的諸多缺陷，但他強調的主旨「義和團不是黃禍」，或者至少可以說不是中國人首先加害於歐洲人，而首先是列強造成了中國人的恐懼不安，仍不失為對「文明衝突」的探本溯源之論。

辜鴻銘上述對中國儒教文明本質的探討，對中國人性格特徵的總結，對中西交往歷史特別是對世紀之交義和團運動起因的回顧，充分說明了中國文明「不僅對於現在的歐洲民族，就是對於人類的命運與文明也不是真正的威脅」⑭。相反，中國文明崇尚道德、仁愛，追求正義與和平的理性精神，是人類文明中最可寶貴的一部分。

據辜鴻銘說，八國聯軍占領京、津期間，當時住在上海的一位傳教士夫人瑪麗·菲奇（Mary Fitch）曾經提出過「究責誰是魔鬼？中國人還是外國人？」的問題，從而引起了辜氏的討論興趣。為此辜氏引述了孔子的話：「人能弘道，非道弘人。」並發揮說：「你是什麼樣的人，你就有什麼樣的道；而不是你自稱有什麼樣的道，就決定你是什麼樣的人。」⑮此語實在深刻，一個人的自我認知或自我定位與他人的認可並非完全一致，關鍵還是在這個人實際上怎麼做和做什麼。在辜氏的眼裡，當時那些從西方到中國來的外交官、記者、軍人、商人、傳教士乃至無業遊民，儘管他們都打著「上帝」、「民主」、「自由」、「平等」、「博愛」等炫目的旗幟，可是他們的言行卻未必與其所宣揚的「道」相符。

辜鴻銘認為，西方文明之「道」並非一成不變。西方的基督宗教儘管是建立在希冀和敬畏（上帝）之情的基礎上，但畢竟有勸人向善的功用。然而後來「遞相傳衍，越失其真，非特無以為教，且足以阻遏人心向善之機」⑯。尤其是在舊教勢力甚大的國家出現的堅持反對宗教改革的耶穌會，標榜「教皇至上」，實則拋棄了「博愛」精神而代之以自私自利。另一方面，十八世紀的自由主義或曰自由思想曾有打破黑暗的中世紀時代之功，「為公理和正義而奮鬥」，但「今天歐洲那種自由主義也已經變成了一種獨裁，一種『養尊處優的集團』的獨裁」，「今天的假自由主義則為法權和貿易特權而戰」，「只是賣力地促進資本家與金融商人的既得利益」⑰。他把西方列強的所言所行稱為「軍國主義」、「帝國主義」和「殖民主義」，特別著重指出：「英國虛偽的帝國主義和德國吃人的殖民政策，不過是耶穌會教義與虛假民主雜交的產物。」⑱其批評的深刻犀利和擊中要害，在十九至二十世紀之交的中國，鮮有人能出其右。

辜鴻銘還對幾個主要西方國家的「養尊處優的集團」和「群氓」（按辜氏文意「群氓」是指那些「半受教育」，因而「粗野不堪，無優雅之處可言」，而且「無法克服和抑制自身的慾望」因而「過激」的政治人物⑲——作者）**的性格特徵做了概括。他說英國人「總是一邊抗議著偷盜，一邊又去偷盜」**⑳，**他們的身上附著一種「傲慢的惡魔」**㉑；**德國人身上則有「自私的毛病」和「嚇人的胃口」**㉒；**而正在吞噬法國人靈魂的，「不是放縱肉慾或淫蕩，而是耶穌會教義」**㉓。辜氏多次形象地說耶穌會教義曾使耶穌基督「變成食肉動物」，即根本扭曲和改變基督精神，由教人向善變為恃強凌弱。此外，辜氏還說：**「與俄羅斯人被認為殘暴一樣，美國人被認為粗俗。」**㉔辜氏的這些概括多是依據自己對這些國家在華人士的直觀印象而成，很難說準確恰當，只能說是對視中國人為「劣等民族」的一種反唇相譏，但其中也未必沒有貼切之處。

接下來辜氏又從外國人的報刊通訊中找到諸多例證，說明在華西方人行為的無禮粗暴、殘忍無情及採取雙重標準的可惡嘴臉。如外國公使通常是「引導或幫助其國民透過出賣主義信條、假藥、鐵路股票，或後膛裝彈的新式槍械去做生意或謀生」㉕。他們不僅頑固維護外國人在華的特權——「治外法權」，甚至粗暴干涉中國官員任免，如英國公使要求朝廷「解除四川總督的職務」㉖。

再如一九〇〇年夏天八國聯軍攻占天津和北京之後，上海的外文報紙上刊登了眾多報導，辜氏摘取了兩條作為對比。一是戰爭造成的可怕景象：「天津，七月十五日電：街頭上躺著成千上萬具（中國人的）屍首，死屍在陽光的照射下發著慘人的光。城內大部分地區還在燃燒，夜幕降臨時，熊熊的火焰將郊野上空映得一片血紅。」二是與這一慘景形成鮮明的對照：「上海租界的外國僑民竟張燈結綵，舉著火把騎自行車遊行，以慶賀北京的陷落和公使館解圍。」這種強烈的對比，使辜鴻銘忍不住說出：「卑鄙下流者的突出標誌就是粗俗。」㉗然而這種責備仍然不失「彬彬有禮」。

外國人在中國都「高尚」嗎？辜鴻銘又舉了一例，仍是一九〇〇年「夏天，在北京和天津，外國平民、傳教士，甚至於還有官員，公然無恥地搶劫財物。連上海出版的那份並不很嚴正的《字林西報》也為此感到羞愧，並不得不在社論中大聲疾呼『……制止眼下正在北京持續的這種無恥局面』」。然而前述羅伯特．赫德竟能平靜地面向全世界作證說，「的確沒有發生過真正的搶劫」。對此，辜鴻銘忍不住進行了諷刺，說如果「讓像赫德爵士這種頭腦中具有隨機應變的雙重道德價值標準的人充當辯護士，要回答『究竟誰是魔鬼？中國人還是外國人？』的問題，是不容易的」㉘。

辜鴻銘仍把重點放在揭露傳教士的所作所為上。辜氏強調，傳教士是伴隨著「某些外國政府砲艦的威脅」進入中國的，因此，他們「傲慢自大和狂妄放肆」㉙，「不在乎（中國的）公眾輿論」，「無惡不作」，「到處插手和施展小小的暴虐」㉚。辜氏又說：「四處奔走的傳教士們，乃是……做生意的『旅行推銷員』。」「不用說其他骯髒生意，僅他們所從事的土地投機買賣一項，就已熱門得了不得。除此之外，在中國，每一次教案，對耶穌會士來說就意味著發一筆橫財。因為每遭受一兩銀子的損失，他們就要中國政府賠償白銀五百至一百兩。我不知獲利的百分比是多少！」㉛不僅勒索中國官府，教會甚至認為「它有權向中國的饑民索取賠償。在這些饑民的家中，基督教會的代理人們幫著縱火，使他們無家可歸，無以為食，以致陝西已經在出售人肉」㉜。而當忍無可忍的中國民眾起而反抗時，「這些口口聲聲對這裡的人民念著仁慈和慈愛的人們……便以砲彈和葡萄彈威脅他們」㉝。

少數傳教士居然在中國蒐集情報。辜鴻銘引用了進占北京時的法軍統帥的機要祕書埃里松（le Comee Herisson）所著《一位譯員在中國的日記》，日記中清楚地記載著傳教士為八國聯軍效勞的行為：「耶穌會士所呈獻給將軍的一切情報——以及說明情報準確性的事件，無論是關於我們將必須經過的那些省份的資源的情報，還是關於我們將要在前面碰到的（中國）部隊人數的情報，都是透過耶穌會士獲得的……耶穌會士在這個時期表現出了熱烈的愛國主義和令人敬佩的忠誠。」㉞隨著西方列強在中國戰爭的進展，教會更加無所忌憚，絲毫「沒有什麼恥於為之的事，它甚至不以『傳教士搶劫』為恥」㉟。所以八國聯軍占領天津、北京期間，不僅有傳教士持槍上陣，還有傳教士加入了外國平民、軍人、官員的搶劫者行列。

更加令人觸目驚心的是，辜鴻銘引述的德國大主教昂塞（Anser）在一九〇〇年末的一期《未來》（*Zukunft*）雜誌上撰寫評論德皇的名為〈不要寬恕〉講演文章，其中居然白紙黑字地寫著：「我們俘擄五萬名中國佬幹什麼？養活他們都很困難。如果我們遇上五萬條毛毛蟲，我們會怎麼做？把牠們統統碾死！」辜鴻銘評論說，如果「依照這位政治牧師之見，耶穌基督也會變成食肉動物」㊱。不過辜鴻銘始終沒有直接說出來華的西方不速之客是魔鬼，他只是說，希望「外國列強或他們在中國的高級代理人」儘快採取「真實、智慧和道德」的態度及行動，「使中國人民相信，歐美人真的不是『魔鬼』，而是像他們一樣有心肝的人類」㊲。

辜鴻銘既從文化和政治本質上對西方列強的軍國主義、帝國主義與殖民主義做了理論分析，又以大量的具體事例揭露了西方外交官、軍人、僑民尤其是傳教士在中國的種種遠遠說不上是「規矩」、「高尚」、「文明」的言行，實際上對「誰是魔鬼」的問題顯示了他的答案。儘管他的舉例已有眾多史料可以證實，但是這些事例仍然經過了「篩選」。為數眾多的傳教士自然良莠不齊，但不可否認，也有一些虔誠的教會人士不僅沒有蔑視中國文化和為非作歹，反而是對溝通中西文化做了若干貢獻，給中國的教育、醫療、社會救濟等工作帶來了一股新風。他們傳播的西方科學知識，不能說是「愚昧的東西」；也不該把他們吸收的中國信眾統稱為：「中國人中的最糟糕、軟弱無知、貧困墮落之徒。」㊳辜鴻銘議論時愛走極端的結果，往往更多地掩蓋了其觀點的合理性。

辜鴻銘認為，「黃禍論」、義和團，尤其是來自西方的傳教事業和強加給中國人民的戰爭，造成了「一種可怕的彼此恐懼狀態。中國人為亡國滅種而恐懼，歐美人則為他們在華同胞的生命財產而恐懼」。因而緊要的工作不是像赫德那樣強化這種彼此的恐懼，而是要消除或者至少是「減輕這種可怕的彼此恐懼」㊴。以免這種恐懼進一步發展為仇視。

如何解決這個問題呢？辜氏首先著重強調的是中國人和西方人都「需要擴展」（expansion）。他解釋說：「我這裡的所謂『擴展』就是需要懂得：那些後來被歸納成體系的稱之為基督宗教或儒教的理論彙編，行為規範與信條，並不是絕對真實的宗教，正如中國的文明或歐洲文明並非是真正完美無缺的文明一樣。」㊵「孔子說『有教無類』，這就是『擴展』的真正涵義」，「或如中國人所說：一視同仁」㊶。為此中國人需要一定的「自省」。他說：「自來我中國士大夫夜郎自大，其貽譏外人固不足怪。」㊷而且客觀事實是：「在今日的中國，真正的儒家文明或道德文化可以說正處在衰落狀態。」㊸故必須承認：「中國文人學士之所以束手無策，無能為力，是因為他們沒有此種認識。現代歐洲文明無論利弊如何，其偉大的價值與力量——就在於法國大革命以來，歐洲人民已經有力地抓住了這種擴展觀念。」而中國不少文人學士卻「堅守社會的、政治的和宗教的陳規故套」，「頑固排斥一切新事物」㊹。通觀辜氏的全部作品，此類「責己」的文字雖然不多，但應該看到，在第一次世界大戰發生之前，辜氏並沒有完全拒斥西方文明。

辜鴻銘同時指出：西方人，尤其是「現代英國人更需要『擴展』，一種心靈開闊意義上的正確擴展」，「不再那麼迫不及待地要將自己的這種小小看法強加給別人」。應該尊重他人的文明，把中國人看作文明民族，平等地和中國人交往。他強調要「實現這種真正的擴展」，可以套用「一句政界的時髦詞來說，就是『門戶開放』的原則」。不過這裡的「門戶開放」不僅僅是指「貿易和鐵路的『門戶開放』」，也不是僅指「政治上或物質上的『門戶開放』和『擴展』，而是一種知識和道德意義上的『擴展』。沒有知識上的門戶開放，不可能有真正的心靈擴展；而沒有真正的心靈擴展，也就不可能有進步」㊺。

辜鴻銘深知已經形成定勢的東西幾大文明不可能彼此取代，即中國不應也不會西方化，西方也不會中國化，所以他選擇「擴展」一詞，即各方都不放棄其文明核心，但可通過開闊胸懷，放開視野，平等地對待不同的文明，讓不同的知識和道德在全人類中交流，互相融合，彼此補充，作為解決「文明衝突」的根本之道。為此他希望西方人尤其是英國人改變「自私」、「傲慢」、「虛偽」的性格，回歸到「共同的理性意識和道義感」㊻上，「為獲得我們稱之為普遍自由主義名義下的新的道德文化而鬥爭」㊼。需要指出的是，辜氏在向列強提出批評和建議的時候，多援引《聖經》及一些以自由、平等思想著稱的作品為根據，他曾自供說：「吾用彼國學說，倘責我，應先毀彼彝訓。」㊽這種以子之矛攻子之盾的方法，有點近於以西學反西方。

大概辜鴻銘也認識到這種建議難免流於抽象，所以他還提出了若干具體亟待解決的問題。例如他認為：「傳教士在中國的存在，無論對於中國人還是外國人都是一種危害。」因此，有關國家應該「採取措施，如果不將其全部撤走，至少也應該對目前在中國業已存在的整個傳教系統做出某些修改和調整」㊾。他尤其強調西方社會在看待中國時，不要只聽傳教士和某些在華記者的一面之詞，民眾和政府不要被那些不公允、不客觀的輿論所影響甚至左右。還有，「如果在中國廢除治外法權的時機還不成熟，那麼列強……便應採取適當的措施」，「以保證在華外國人自身的良治秩序」，不能進而「允許其代理人否認帝國政府對於中國的國民的裁判權」，不要「侵犯中國地方官對於國民的裁判權」㊿。當然最根本的問題是，中國人「希望有一種選擇權，憎恨突然給他們劃定道路」51。辜氏根據自己已形成的現代國家主權觀念，強烈要求「讓中國獨立」，認為：「只有當帝國政府的中央當局有權去做它認為正確的事情，帝國的法律至少對於所有的中國國民還具有唯一絕對的效力時，改革方才成為可能。」52

當然辜鴻銘也清楚地知道，列強不會為他的口舌所動，「大人物們都是些滑膛槍崇拜者」，歐美人「在很大程度上對使用暴力喪失了理性」53，所以義和團事件之後，西方報刊「齊聲要求所謂在中國的砲艦政策並平靜地列出瓜分中國的計畫」。對此，辜鴻銘就不僅從「是非」也從「利害」上表示自己的看法，「我不知道是不是有人曾經想過」，如果瓜分中國而引起中國人狂熱的反抗，那麼「要維持中國四萬萬民眾的秩序與治安將會耗費歐洲各國多大的開支」？「外國人在中國實施砲艦政策，將只能對中國人和外國人所有相關的利益構成損害。」而且，「一旦軍國主義在中國成為必要，那麼中國人肯定會成為一支強大的軍事力量，或者勢必為外來軍事力量所制服。但無論出現哪種情況，全世界都將不得不為此付出一大筆額外的軍事負擔」㊹。辜氏的文章主要是寫給外國人看的，他的建議或要求也許帶有與虎謀皮的天真幼稚，他的利害分析又是站在對方的角度「為人」謀算，但其中智慧的預見卻大多得到了歷史和現實的證實。

孫中山和辜鴻銘是中國近代曾對「黃禍論」做出最多回應的兩個代表人物。他們都了解西方文化，重視西方輿論。但一個是先進的反對皇權的革命者，一個是守舊的保皇主義者，然而兩人在批駁「黃禍論」方面卻有異曲同工之妙，這說明把中國人妖魔化的「黃禍論」是對全體中國人的誣衊和傷害，因此必然會遭到各式各樣中國人的批駁。

註釋

①辜鴻銘：〈尊王篇．遠東問題中的道德難題〉，《辜鴻銘文集》，上冊，海口，海南出版社，1996年，第171頁。

②辜鴻銘：〈尊王篇．序言〉，《辜鴻銘文集》，上冊，第13頁。

③辜鴻銘：〈尊王篇．關於中國問題的近期劄記之四〉，《辜鴻銘文集》，上冊，第133-134頁。
④孫中山：〈支那保全分割合論〉，《孫中山全集》，第一卷，北京，中華書局，1981年，第219頁。
⑤辜鴻銘：〈尊王篇．關於中國問題的近期劄記之三〉，《辜鴻銘文集》，上冊，第116頁。
⑥辜鴻銘：〈尊王篇．遠東問題中的道德難題〉，《辜鴻銘文集》，上冊，第177-180、182頁。
⑦辜鴻銘：《中國人的精神》，海口，海南出版社，1996年，第5、31頁。
⑧辜鴻銘：〈尊王篇．遠東問題的道德難題〉，《辜鴻銘文集》，上冊，第174頁。
⑨辜鴻銘：〈尊王篇．遠東問題的道德難題〉，《辜鴻銘文集》，上冊，第173頁。
⑩辜鴻銘：〈尊王篇．為了中國的良治〉，《辜鴻銘文集》，上冊，第53-55頁。
⑪辜鴻銘：〈尊王篇．一個中國人對於義和團運動和歐洲文明的看法〉，《辜鴻銘文集》，上冊，第29-30頁。
⑫辜鴻銘：〈尊王篇．遠東問題中的道德難題〉，《辜鴻銘文集》，上冊，第179頁。
⑬辜鴻銘：〈尊王篇．關於中國問題的近期劄記之五〉，《辜鴻銘文集》，上冊，第152頁。
⑭辜鴻銘：〈尊王篇．遠東問題中的道德難題〉，《辜鴻銘文集》，上冊，第177頁。
⑮辜鴻銘：〈尊王篇．關於中國問題的近期劄記之三〉，《辜鴻銘文集》，上冊，第116頁。
⑯辜鴻銘：〈給托爾斯泰的祝壽文〉，《辜鴻銘文集》，上冊第234頁。
⑰辜鴻銘：〈尊王篇．遠東問題中的道德難題〉，《辜鴻銘文集》，上冊，第180頁。
⑱辜鴻銘：〈尊王篇．關於中國問題的近期劄記之四〉，《辜鴻銘文集》，上冊，第138頁。
⑲辜鴻銘：〈中國牛津運動故事〉，《辜鴻銘文集》，上冊，第370-371頁。
⑳辜鴻銘：〈尊王篇．關於中國問題的近期劄記之一〉，《辜鴻銘文集》，上冊，第76-77頁。
㉑辜鴻銘：〈尊王篇．關於中國問題的近期劄記之二〉，《辜鴻銘文集》，上冊，第95頁。
㉒辜鴻銘：〈尊王篇．關於中國問題的近期劄記之三〉，《辜鴻銘文集》，上冊，第112頁。

㉓辜鴻銘：〈尊王篇．關於中國問題的近期箚記之四〉，《辜鴻銘文集》，上冊，第132頁。
㉔辜鴻銘：〈尊王篇．關於中國問題的近期箚記之五〉，《辜鴻銘文集》，上冊，第145頁。
㉕辜鴻銘：〈尊王篇．序言〉，《辜鴻銘文集》，上冊，第10頁。
㉖辜鴻銘：〈尊王篇．為了中國的良治〉，《辜鴻銘文集》，上冊，第57頁。
㉗辜鴻銘：〈尊王篇．關於中國問題的近期箚記之五〉，《辜鴻銘文集》，上冊，第166頁。
㉘辜鴻銘：〈尊王篇．序言〉，《辜鴻銘文集》，上冊，第11-12頁。
㉙辜鴻銘：〈尊王篇．為吾國吾民爭辯〉，《辜鴻銘文集》，上冊，第44頁。
㉚辜鴻銘：〈尊王篇．為吾國吾民爭辯〉，《辜鴻銘文集》，上冊，第44、48頁。
㉛辜鴻銘：〈尊王篇．關於中國問題的近期箚記之四〉，《辜鴻銘文集》，上冊，第141頁。
㉜辜鴻銘：〈尊王篇．關於中國問題的近期箚記之五〉，《辜鴻銘文集》，上冊，第148頁。
㉝辜鴻銘：〈尊王篇．為吾國吾民爭辯〉，《辜鴻銘文集》，上冊，第46頁。
㉞辜鴻銘：〈尊王篇．為吾國吾民爭辯〉，《辜鴻銘文集》，上冊，第50-51頁。
㉟辜鴻銘：〈尊王篇．關於中國問題的近期箚記之五〉，《辜鴻銘文集》，上冊，第147頁。
㊱辜鴻銘：〈尊王篇．關於中國問題的近期箚記之三〉，《辜鴻銘文集》，上冊，第114頁。
㊲辜鴻銘：〈尊王篇．一個中國人對於義和團運動和歐洲文明的看法〉，《辜鴻銘文集》，上冊，第36頁。
㊳辜鴻銘：〈尊王篇．為吾國吾民爭辯〉，《辜鴻銘文集》，上冊，第44、42頁。
㊴辜鴻銘：〈尊王篇．一個中國人對於義和團運動和歐洲文明的看法〉，《辜鴻銘文集》，上冊，第34頁。
㊵辜鴻銘：〈尊王篇．中國牛津運動故事〉，《辜鴻銘文集》，上冊，第279、280頁。
㊶辜鴻銘：〈尊王篇．關於中國問題的近期箚記之五〉，《辜鴻銘文集》，上冊，第152頁。
㊷辜鴻銘：〈張文襄公幕府紀聞〉，《辜鴻銘文集》，上冊，第466頁。

㊸辜鴻銘：〈日俄戰爭的道德原因〉，《辜鴻銘文集》，上冊，第203頁。
㊹辜鴻銘：〈中國牛津運動故事〉，《辜鴻銘文集》，上冊，第280頁。
㊺辜鴻銘：〈中國牛津運動故事〉，《辜鴻銘文集》，上冊，第282-283頁。
㊻辜鴻銘：〈尊王篇．關於中國問題的近期箚記之二〉，《辜鴻銘文集》，上冊，第97頁。
㊼辜鴻銘：〈尊王篇．遠東問題中的道德難題〉，《辜鴻銘文集》，上冊，第180頁。
㊽孔慶茂、張鑫著：《中華帝國的最後一個遺老辜鴻銘》，南京，江蘇人民出版社，1996年，第136頁。
㊾辜鴻銘：〈尊王篇．為吾國吾民爭辯〉，《辜鴻銘文集》，上冊，第47、41頁。
㊿辜鴻銘：〈尊王篇．序言〉，《辜鴻銘文集》，上冊，第9、10頁。
(51)辜鴻銘：〈中國牛津運動故事〉，《辜鴻銘文集》，上冊，第281頁。
(52)辜鴻銘：〈尊王篇．為了中國的良治〉，《辜鴻銘文集》，上冊，第64頁。
(53)辜鴻銘：〈尊王篇．遠東問題中的道德難題〉，《辜鴻銘文集》，上冊，第177頁。
(54)辜鴻銘：〈尊王篇．遠東問題中的道德難題〉，《辜鴻銘文集》，上冊，第179、180頁。

孫中山先生的綜合回應

孫中山因為曾遇到「黃禍論」的挑戰和困擾，對這樣一種西方輿論顯然有所考慮。無論是從他對於此類問題的正面回答中，還是從他在外交、內政方針的制定上，都可以看出他對「黃禍論」的應對策略和嚴正立場。晚年他對國際局勢的科學分析，對中國在維護人類正義與世界和平方面作用的期許，更是對「黃禍論」的有力批駁。

說孫中山曾遇到「黃禍論」的挑戰和困擾，並不是想像之詞。孫中山讀過亨利・喬治的書，而其書中就有排斥華人移民的觀點。一九二四年冬，孫中山在〈對神戶商業會議所等團體的演說〉中，稱：「美國便有一位學者，曾做一本書，專討論有色人種的興趣。這本書的內容是說日本打敗俄國，就是黃人打敗白人，將來這種潮流擴張之後，有色人種都可以聯絡起來和白人為難，這便是白人的禍害，白人應該要思患預防。他後來更做了一本書，指斥一切民族解放之事業的運動，都是反叛文化的運動。」①孫中山這裡所說的美國學者，應該是前述亞當斯兄弟、格蘭特（Madison Grant）、路斯克（H. H. Lusk）等人中的某一個。

凡是研究孫中山或辛亥革命的人都知道，從辛亥革命發生前數年直到南京臨時政府時期，孫中山與他的軍事顧問即美國人荷馬・李亞過從甚密。不過人們不大知道荷馬・李亞也是一個「黃禍論」者。當然他與前已提到的另一個「黃禍論」者、美國海軍上將瑪漢不同，瑪漢主張美國與日本結盟，徹底征服中國；而荷馬・李亞主張美國和日本進行「生存鬥爭」，為此他要幫助孫中山推翻清王朝，改造中國並使中美結盟。荷馬．李亞的《無知的勇氣》、《薩克遜的日子》和《不列顛帝國的命運時刻》等書，同樣充滿了征服慾和「黃禍論」的觀點，孫中山對此顯然不會一無所知。

此外，從《孫中山全集》可以發現，從一九〇一到一九二四年，總計有十位以上的西方和日本記者曾就「黃禍論」或類似的相關問題向孫中山發問。尤其是美國《展望》雜誌記者林奇（G. Lynch）曾當面向孫中山表示：「實現他的抱負將會釀成真正的『黃禍』。」②而孫中山對這些動機各異的提問都做了解答。

毫無疑問，孫中山從一開始就對「黃禍論」的本質有清醒的認識。但由於他對西方列強的「希望」有一個由大變小、由多變少，最後完全失望的過程，反過來說也就是存在一個對帝國主義的本性認識逐漸深刻、反帝態度漸趨激烈的過程，因此他對「黃禍論」的回應在二十餘年間自然有所變化。這一變化大體上可以畫分為三個階段。

第一階段是一九一二年四月以前。這個時期孫中山一直在從事推翻清王朝及保衛新生的革命政權的鬥爭，無論是由於對列強的本性認識不足所產生的幻想，還是基於鬥爭策略的需要，使得他對「黃禍論」基本只能做被動的解釋，反覆說明不應該把中國和中國可能發生的變化看作禍害。儘管被動當中也有若干主動，但卻始終沒有點破不是中國給西方造成了威脅，而是西方給中國帶來了災禍這個歷史的本質問題。綜觀這一時期孫中山的文章和言論，他對「黃禍論」的回應有如下幾點。

第一，指出喧嚷「黃禍」是為瓜分中國製造輿論。他曾說：「西洋之倡分割者曰：支那人口繁盛……今其國衰弱至此，而其人民於生存競爭之場，猶非白種之所能及；若行新法、革舊蔽，發奮為雄，勢必至凌白種而臣歐洲，則鐵木真、漢拿比（即迦太基名將漢尼拔——作者）之禍，必復見於異日也。維持文明之福，防塞黃毒之禍，宜分割支那隸之為列強殖民地。」③他在同時間的另一篇文章中亦說，西方人認為：「支那地大物博，大有可為之資格，若一旦醒其渴睡，則世界必為之震驚；倘輸進新文明於國內，將且釀法蘭坎斯坦（Frankenstein，又譯弗蘭肯坦，著名電中的科技怪物）事故；現時最巧之政策，皆以共亡支那為目的，如倡『黃禍』論者是也。」

針對上述論點，孫中山辯解說：「支那人為最平和勤勉，最守法律之民族，非強悍好侵略之民族也。其從事於戰爭，亦止自衛。使外人果能始終去其機械之心，則吾敢謂世界民族未有能及支那人之平和者也。」④當然他也嚴正地向列強提出警告：中國人民絕不會讓瓜分論得逞，「支那國土統一已數千年矣」，「若要合列國分割此風俗齊一、性質相同之種族，是無異毀壞人之家室，離散人之母子，不獨有傷天和，實大拂乎支那之人性；吾知支那人雖柔弱不武，亦必以死抗之矣」。「分割之日，非將支那人屠戮過半，則恐列強無安枕之時矣。」⑤表達了中國人民不惜犧牲生命以反抗列強瓜分的無畏精神。

第二，對日俄戰爭做探本之論，並指出維護東亞和平的根本途徑。一九〇四年日俄兩國為爭奪朝鮮和滿洲，在中國東北及日本海發生戰爭，西方竟有輿論稱：「這個根源乃在滿清政府的衰弱與腐敗，它正是由於自身的衰弱，而有擾亂世界現存政治均衡局面之勢。」孫中山一方面指出這種說法「膚淺」、「表面」，「好像是說笑話」。一方面也承認：「如果不是由於滿清政府完全無力保持其在滿洲的勢力與主權，那麼這次戰爭是可以避免的。」這是部分贊同西方輿論的觀點。

但孫中山接下來著重強調，「中國終究要成為那些爭奪亞洲霸權的國家之間的主要鬥爭場所」，「這次戰爭只不過是在中國問題上利害有關各國間勢將發生的一系列衝突的開端而已」。因此戰爭無論誰勝誰負，都無法使問題得到徹底解決。他指出，維護和平的根本途徑，只能是在中國「以一個新的、開明的、進步的政府來代替舊政府」，以「消除妨害世界和平的根源」⑥。孫中山把日俄戰爭的起因歸咎於列強在亞洲爭奪霸權，並由此得出必須推翻清政府、建立新政府的結論，體現了他的革命立場。但這篇文章的突出缺陷是對日本、俄國乃至所有列強都沒有加以譴責。因為道理很明顯，維護亞洲和平既要靠中國等喪失了主權和獨立的國家振興、強大起來，使列強不再有爭奪的目標；同時還要趕走列強，讓亞洲各民族完全自主。這本來是同一問題的兩個方面，但孫中山只強調了前者而迴避了後者。

第三，用歷史證明中國的傳統並非「封閉」，指出「排外」只是清政府的主張，表示革命成功之後中國會對各國「開放」。孫中山說：「西方人中有一種普遍的誤會，以為中國人本性上是閉關自守的民族，不願意與外界的人有所往來」，而「歷史可以提供充分的證據，證明從遠古直到清朝的建立，中國人一直與鄰國保有密切的關係，對於外國商人與教士從沒有絲毫厭惡歧視」。他列舉了漢代傳入佛教，隋唐時傳入景教，歷代均有外國商人來華貿易，以及明代徐光啟等人皈依天主教、利馬竇（Matteo Ricci）等來華傳教士得到當時中國朝野的尊崇等等事例，證明中國人並非「不樂交通」。而清代之所以形成「排外精神」，清政府採取「閉關自守政策，乃是滿洲人自私自利的結果，並不能代表大多數中國人民的意志」⑦。

為了消除外國人對中國是否「開放」的疑慮，尤其是為了中國得到更快的發展，孫中山反覆表示：未來的新中國「可使全國與外人通商，可使鐵路推廣敷設，可使天然物產日益發達，可使民族高尚其資生之程度，可使外來物品銷售越多，而萬國商業必百倍於疇昔」⑧。因此，他認為有理由讓人們相信：「占全世界人口四分之一的國家的復興，將是全人類的福音。」⑨武昌起義勝利之後，孫中山在歐洲的演說及對外國記者的談話都一再宣布：「共和成立之後，當將中國內地全行開放，對於外人不加限制，任其到中國興辦實業。」⑩「新政府於各國通商一層，更為注意，當棄除與外人種種不便之障礙物。」⑪而且此後孫中山的對外開放思想還有發展。

第四，不論列強會採取何種態度，中國一定要振興工商業。還在二十世紀之初，孫中山就認識到列強只樂於使中國長期充當外國商品的傾銷市場和廉價的原材料供應地。他說：「他們不至於笨到這般地步：實行商業的自殺，來幫助中國擁有自己的工業威力而成為獨立的國家。我堅決相信，如果我們稍微表現出要走這條道路的傾向時，那麼整個歐美資本主義世界就會高嚷所謂工業的『黃禍』了。因此，他們的利益首先在於使中國永遠成為工業落後的犧牲品。」⑫對此，孫中山一面向外國人解釋說：「中國人本質上是一個愛好和平的而不是好戰的民族」，因此「產生『黃禍』的唯一可能會是在工業競爭的形式之中；但在變動了的情況下，生活舒適的程度和工資的比率會很快上升，因此無須再把中國勞工廉價輸出到世界其他各地去」⑬。意思是說，工業競爭是不可避免的，但是隨著中國工商業的發展和人民生活水準的提高，這種競爭不再是以中國廉價勞力與他國工人搶飯碗的形式出現；只要不是這樣，外國也就無權干涉。孫中山堅定地主張中國必須振興實業，南京臨時政府甫成立，他就把發展實業、改善民生作為工作重點之一。

第五，在有關對外宣言中反覆表示堅持「和平主義」的立國方針。無論是一九〇六年發布的〈中國同盟會革命方略‧對外宣言〉，還是一九一一年冬的〈通告各國書〉，一九一二年初的〈臨時大總統宣言書〉、〈對外宣言書〉以及這段時間的各種演說，孫中山均一再強調「當盡文明國應盡之義務，以期享文明國應享之權利」，於「排外之心理，務一洗而去之；與我友邦益增睦誼，持和平主義」⑭。具體地說，上述談話都表示承認武昌起義之前清政府與各國所訂條約為有效，承諾償還清政府所欠所借債款，答允保全外人在華租界，保護外人生命財產和各種「既得權利」。還曾特別提到：「雖日俄強逼清政府所訂各種不公平之和約，新政府亦依然遵守。」⑮

當然，在有關談話中孫中山提到過「於海關則須有自行管理之權柄，蓋此乃所以保其本國實業之發達，當視中國之利益為本位」；並表示中國「各種改革完成時，政府當立即取消領事裁判權」。關於前者，孫中山稱：「須與西人和衷商議，絕不使中國使債主有煩言」，「設法不與以前各國在中國所已得之利益相衝突」；關於後者，由於設下了「各種改革完成時」的先決條件，故實施顯然是以後很久的事。不僅如此，孫中山還反覆強調，「中華民族和平守法，根於天性，非出於自衛之不得已，絕不肯輕啟戰爭」；「共和政府之精神，絕無帝國派之野心，絕不擴張軍備，但欲保其獨立及領土完全而已。倘此二者被侵，彼並無須軍備，但以最近拒用外貨辦法」，就足以使列強「望風而靡」。可以說，孫中山的上述種種表示，已經最大限度地體現了他「唯利於與列強相親，絕不利於與列強相仇」⑯的立場和態度。

總之，在上述第一階段，孫中山已經比較全面地對「黃禍論」做了揭露和批駁。但他為了取得列強對他的革命事業的支持，在涉及到如何處置列強既得利益的問題上，他是非常溫和的。這使他在美、日及歐洲各國的非當權者中得到了一批朋友，在外交場合造成了他「開明」、「文明」的形象，美國甚至有輿論稱其為「西化的東方人」，但對孫中山和中國而言，破除「黃禍論」的實際收效顯然是很有限的。

從一九一二年四月到一九一九年「五四」運動之前是第二階段。這期間有幾個因素和變化是應該作為有關背景來看待的。其一是孫中山已於一九一二年三月底離開了臨時大總統的位置，他講話時可以更自由地表達自己的真實思想。其二是列強並未因中國成了「民國」而改變其對華侵略行徑，孫中山的革命政府始終沒有得到列強的承認和支持；而且，先是有俄國趁中國政局混亂之機在外蒙古地區製造分裂，大有侵吞中國北部之勢；繼有日本以對德國作戰為名，出兵山東，還提出「二十一條」要求，幾乎要使整個中國成為其殖民地。其三是第一次世界大戰的進行和俄國十月革命的發生，使孫中山對國際形勢和中國的外交方針產生了若干新的思考。上述因素使得孫中山有關直接或間接涉及「黃禍論」的談話，既有第一階段思想內容的延續，但也有一些新的變化。

首先是既要維護主權，又要「行開放主義」。一九一二年四月中旬，孫中山在一次演說中就提出：「僕之意最好行開放主義，將條約修正，將治外法權收回，中國有主權，則無論何國之債皆可借，即外人之投資亦所不禁。」⑰又說：「通商口岸必定裁法」，因為住在口岸城市的中國人「不願在中國而歸洋人統轄」⑱。同時「開放中國本部全土，以供外人營業」，但條件是所有在華外人「應服從中國治權」⑲。簡單地說就是用開放全國來換取撤除通商口岸和收回治外法權，以實現「保障主權」。

其次是再次解釋中國不會成為「黃禍」。主要內容有兩點，一是說：「中國地方甚廣……將來一經開拓，則吾國工人無庸出外。其實余意中國若興農、礦、製造，則十年之間，可以自養其民。」⑳對於西方「外人投資中國之後，華人商業大興，必將禍及全世界之商業」的說法，孫中山指出情況恰恰相反：「中國果能日臻發達，則全世界之境況均可藉以進步。」㉑二是強調中國不會侵犯他國，但也不容許他國侵犯自己。他說：「歐人多恐中國他日之侵犯……吾意中國無侵略志，因吾人志尚和平。吾人之所以要水陸大軍者，只為自保，而非攻人。若果歐人勢逼吾人，則吾人將以武力強國。果爾，將來事勢所趍，則難預言。」㉒話很含蓄，但綿裡藏針，警告列強不要逼迫中國太甚。

最後是提出中國要加強軍備，而且對眼下最兇狠的敵人應不惜一戰。一九一二年四月下旬，孫中山就曾說過：「欲中國成為強固之民國，非有精強陸軍不可。」「今日要務在乎擴張軍備，以成完全鞏固之國。」㉓稍後又曾強調：「今日中國欲富強，非厲行擴張新軍備建設不可。」「現在強鄰如虎，各欲吞食我國，若我國不有相當武械自衛，則我國必為虎所食也。」㉔一九一二年冬，由於俄國對蒙古野心畢露，不願和中國談判，而列強對俄國均「不以為難」，孫中山十分焦慮，他說，俄國和列強的這種態度，「此非故為瓜分之餘地乎？與其俯首而聽人之瓜分，何如發奮一戰以勝強俄」？「縱以常理論之，今日戰亦亡，不戰亦亡，與其屈於霸道強權而亡，不如一殉人道而亡。」㉕孫中山這段時間關於加強軍備和武力抗俄的呼籲，明顯地呈現出對前段所持「與列強相親」的「和平主義」政策的修正。

第一次世界大戰進行之際，孫中山正忙於「二次革命」、「護國」及「護法」鬥爭，但他仍然在關注和思考中國與列強的關係問題。這段時間尤其是在醞釀著對日方針的改變。眾所周知，孫中山在從事反清革命和反袁鬥爭的過程中，曾長期居留日本，也曾多方設法爭取日本政府和各界人士的支持，故在一九一二年春，他還說日本「與我國利害相關，絕無侵略東亞之野心」，又稱：「親日政策，外交上之最妙著」㉖，主張對日本等友邦「不必限制太過，以傷感情」㉗。但他此時對日本軍國主義者的野心已有洞察，所以同時又發過驚心動魄之論：「關於中國的將來，能夠制中國於死命者必為日本，對此余確信無疑。」㉘但是一方面由於日本此時尚未有大動作，另一方面孫中山出於鬥爭策略的需要，所以直到中日發生「二十一條」交涉和日本藉口對德國作戰出兵山東時，孫中山都沒有公開發表批評日本的言論。直到「五四」運動期間的一九一九年六月，他才譴責「日本武人，逞其帝國主義之野心」，「發展其侵略政策」㉙，並從此開始把聲討和反對日本帝國主義作為他外交工作的重點。

一九一九年「五四」運動之後是第三階段。從這時起到孫中山逝世，國內外形勢和中外關係又有若干變化，如國內政局持續動盪，使得一九二二至一九二三年間列強又有對中國實行「共管」之說；一九二二年華盛頓會議之後，美日矛盾逐漸加劇；一九一七年俄國發生的十月革命，對中國的影響在「五四」之後越來越明顯；還有中國民族工業在第一次世界大戰期間得到初步發展，國內各階層反對帝國主義鬥爭熱情的不斷高漲等等，有助於孫中山徹底擺脫「黃禍論」的壓力，科學地分析複雜的現實情況，更深刻全面地表達自己的相關看法。其中最直接而明顯者有如下幾點。

第一，認為中國的實業一定能更快發展，迫使外國改變對華經濟政策；列強再度掀起的「共管」說也絕不會得逞，中國一定要實現完全的獨立自主。一九二〇年四月孫中山在美國《獨立週報》撰文，表示：「中國不能永久購買那些本國易於製造的物品，那樣做是極其不合理的。中國遲早要自己製造自己需要的東西，你們的產品將不再能夠在中國與中國的國貨競爭。因之，你們只有開始在中國與中國合作設廠，否則遲早都要被驅出中國市場。」㉚可見孫中山對我國的工業化具有極大的信心。

對於「共管」之說，孫中山更不屑一顧，他說：「現在共管之說，和十三年前瓜分之說一樣利害。」「怕他什麼？……其實歐洲戰爭之後，各國百孔千瘡，只有美國和日本還保持戰前的地位，別的國差不多是病夫了。病夫能管我們麼？」㉛他又稱：「共管一說之所以發生，就是帝國主義在中國做夢。」「我們的民氣已經發達到了收回那些管理權的極點，他們所做的夢，不僅便要失敗，便要化為烏有。」㉜這期間孫中山主持制定的國民黨「一大」宣言已經明確表示：「一切不平等條約，如外人租借地、領事裁判權、外人管理關稅權以及外人在中國境內行使一切政治的權力侵害中國主權者，皆當取消，重訂雙方平等、互尊主權之條約。」㉝可以說此時孫中山的反帝態度已很鮮明、堅定。

第二，深刻揭露帝國主義的本質，指出它們對中國的侵略止是中國內亂不已，而且將危及亞洲乃至世界和平的根源，並由此高度評價中國革命的意義。孫中山說，中國「十三年來之戰禍，直接受自軍閥，間接受自帝國主義，明明白白，無可疑者」㉞。「夫以積弱而分裂之中國，而自然之富甲於天下，實為亞洲之巴爾幹，十年之內，或以此故而肇啟世界之紛爭；故為保障亞洲及世界和平計，其最善及唯一之方，唯有速圖中國之統一及解放。」㉟所以他認為從這個意義上說，中國革命「實為歐洲帝國主義宣布死刑之先聲也」㊱。而當時革命軍北伐的直接目標，正如孫中山對美國記者所說，就是推翻「為日本外府之北庭」，「推翻日本在中國之勢力範圍」，使日本不能「遂其窮兵黷武之帝國主義」。他並且肯定地說：「能維持太平洋和平之國家，非英國，實中國也。」㊲十年以後的形勢變化，證實了孫中山分析的完全正確。

第三，對未來可能產生的世界人戰和中國所擔責任的分析，把按人種劃線的「黃禍論」徹底揭穿。一九二三至一九二四年間，孫中山對這一問題多次發表談話，他說：「夫再來之世界戰爭，論者多謂必黃白之戰爭，或為歐亞之戰爭，吾敢斷言其非也。」他預計：「那種戰爭，不是起於不同種之間，是起於同種之間，白種與白種分開來戰，黃種與黃種分開來戰。那種戰爭是階級戰爭，是被壓迫者和橫暴者的戰爭，是公理和強權的戰爭。」他還說：「將來白人主張公理的和黃人主張公理的一定是聯合起來，白人主張強權的和黃人主張強權的也一定是聯合起來。有了這兩種聯合，便免不了一場大戰。」他並且具體指出：「在歐洲露（俄）、獨（德）為受屈者之中堅，英、佛（法）為橫暴者之主幹；在亞洲則印度、支那為受屈者之中堅，而橫暴者之主幹亦同為英、佛；而米（美）國或為橫暴者之同盟，或為中立，而必不為受屈者之友朋，則可斷言也。唯日本尚在不可知之數。」

孫中山在同時的講話中稱讚十月革命「不但是打破俄國的帝國主義，並且是打破世界的帝國主義」，視蘇俄為「歐洲受屈人民之救主而強權者之大敵」㊳。並堅定地表示：中國不僅要「與世界帝國主義公開鬥爭」，而且「要濟弱扶傾，才是盡到我們民族的天職。我們對於弱小民族要扶持他，對於世界的列強要抵抗他」。以上孫中山對「受屈者」和「橫暴者」兩個陣營的畫分，大體上是正確的。他對美國和日本還留有餘地，在盡力爭取他們改變對待中國及其他被壓迫民族被壓迫國家的態度。孫中山也希望加強和鞏固黃種人、亞洲人之間的團結，因為「亞洲除日本以外，所有的弱小民族都受強暴的壓制，受種種痛苦，他們同病相憐」㊴。孫中山不以人種劃線、而以壓迫者和被壓迫者區別敵友，同時又運用策略，分化敵人，擴大聯合戰線的思想認識和鬥爭藝術，均值得肯定。

第四，從文化的角度批駁「黃禍論」。正如許多研究者已經指出，孫中山生前最後幾年思想上呈現出一種對中國傳統文化的「回歸」，不足的是這些研究者沒有把孫中山的文化「回歸」與他批判「黃禍論」的背景聯繫起來。實際上這個因素也是客觀存在的。前面已經提到，孫中山一九二四年冬在日本演說時，仍然記得那個寫過「黃禍論」的書的美國學者，所以他在演說中反駁西方人「以歐洲的文化，是合乎正義人道的文化；以亞洲的文化，是不合乎正義人道的文化」的觀點，批評「歐洲人自視為傳授文化的正統，自以文化的主人翁自居」的西方文化中心觀和白種優越論。

孫中山認為，歐洲近幾百年的文化「是科學的文化，是注重功利的文化」，同時「是一種武力的文化」、「霸道的文化」，「講功利強權，是用洋槍大砲來壓迫人」。他認為亞洲的文化「是王道的文化」，「講王道是主張仁義道德」，「是由正義公理來感化人」。他主張亞洲人對待這兩種文化的正確態度應該是以「我們固有的文化」即「仁義道德」「做基礎」，「另外還要學歐洲的科學，振興工業，改良武器」。但他強調學習歐洲人「並不是學歐洲來消滅別的國家，壓迫別的民族，我們是學來自衛的」㊵。文化是一個內涵相當寬泛的概念，孫中山用「王道」與「霸道」、「仁義道德」與「功利強權」來分別概括東西文化的特點，也許不夠準確全面，而且帶有中國傳統的古老色彩，但將其置於一九二〇年代受壓迫的東方民族與壓迫人的西方列強的激烈對抗之中，置於「黃禍論」蔑視和醜化東方文化的背景之下，就不難理解孫中山這種說法的緣由及其所包含的合理性。

總之在最後這一階段，孫中山的思想認識出現了昇華，他不再只是被動地辯解中國不會對西方和世界構成禍害，而是以堅定反對帝國主義的戰鬥精神，以科學的分析眼光和多方面的鬥爭藝術，對「黃禍論」做了有力批駁。

孫中山的一生可以說始終處於困境之中，但他一直未停止思索和奮鬥。他以其特有的襟懷、識見和思慮，為時人和後來者做出了如何對待「黃禍論」之類虛構理論的成功榜樣。這無疑也是對維護正義和爭取世界和平做出的貢獻。

註釋

①孫中山：〈對神戶商業會議所等團體的演說〉，《孫中山全集》，第十一卷，北京，中華書局，1986年，第404頁。

②孫中山：〈與林奇談話的報導〉，《孫中山全集》，第一卷，北京，中華書局，1981年，第211頁。

③孫中山：〈支那保全分割合論〉，《孫中山全集》，第一卷，第218-219頁。

④孫中山：〈支那問題真解〉，《孫中山全集》，第一卷，第246-247頁。

⑤孫中山：〈支那保全分割合論〉，《孫中山全集》，第一卷，第223頁。

⑥孫中山：〈中國問題的真解決——向美國人民的呼籲〉，《孫中山全集》，第一卷，第248-249、254頁。

⑦孫中山：〈中國問題的真解決——向美國人民的呼籲〉，《孫中山全集》，第一卷，第250-251頁。

⑧孫中山：〈支那問題真解〉，《孫中山全集》，第一卷，第247頁。

⑨孫中山：〈致魯賽爾函〉，《孫中山全集》，第一卷，第319頁。

⑩孫中山：〈在歐洲的演說〉，《孫中山全集》，第一卷，第560頁。

⑪孫中山：〈與巴黎《政治星期報》記者的談話〉，《孫中山全集》，第一卷，第561頁。

⑫孫中山：〈復魯賽爾函〉，《孫中山全集》，第一卷，第322頁。

⑬孫中山：〈與林奇談話的報導〉，《孫中山全集》，第一卷，第211頁。

⑭孫中山：〈臨時大總統宣言書〉，《孫中山全集》，第二卷，北京，中華書局，1981年，第2頁。

⑮孫中山：〈與巴黎《政治星期報》記者的談話〉，《孫中山全集》，第一卷，第561頁。

⑯孫中山：〈在歐洲的演說〉，〈與駐滬外國記者的談話〉，《孫中山全集》，第一卷，第560-561、582頁。

⑰孫中山：〈在上海中華實業聯合會歡迎會的演說〉，《孫中山全集》，第二卷，第340頁。

⑱孫中山：〈在香港與《南清早報》記者威路臣的談話〉，《孫中山全集》，第二卷，第389頁。

⑲孫中山：〈在北京與路透社記者的談話〉，《孫中山全集》，第二卷，第453頁。

⑳孫中山：〈在香港與《南清早報》記者威路臣的談話〉，《孫中山全集》，第二卷，第389頁。

㉑孫中山：〈在北京與路透社記者的談話〉，《孫中山全集》，第二卷，第453頁。

㉒孫中山：〈在香港與《南清早報》記者威路臣的談話〉，《孫中山全集》，第二卷，第389-390頁。

㉓孫中山：〈在廣州軍界歡迎會的演說〉，《孫中山全集》，第二卷，第345頁。

㉔孫中山：〈復陳其美函〉，《孫中山全集》，第二卷，第390頁。

㉕孫中山：〈倡議錢幣革命對抗沙俄侵略通電〉，《孫中山全集》，第二卷，第549頁。

㉖孫中山：〈在東京中國留學生歡迎會的演說〉，《孫中山全集》，第三卷，北京，中華書局，1984年，第26-27頁。

㉗孫中山：〈在上海國民黨交通部宴會的演說〉，《孫中山全集》，第三卷，第52頁。

㉘孫中山：〈在長崎中國領事館華僑晚餐會的演說〉，《孫中山全集》，第三卷，第50頁。

㉙孫中山：〈答日本《朝日新聞》記者問〉，《孫中山全集》，第五卷，北京，中華書局，1985年，第72頁。

㉚孫中山：〈中國人之直言〉，《孫中山全集》，第五卷，第249頁。

㉛孫中山：〈在廣州全國學生評議會的演說〉，《孫中山全集》，第八卷，北京，中華書局，1986年，第118頁。

㉜孫中山：〈在長崎對中國留日學生代表的演說〉，《孫中山全集》，第十一卷，第370頁。

㉝孫中山：〈中國國民黨第一次代表大會宣言〉，《孫中山全集》，第九卷，北京，中華書局，1986年，第122頁。

㉞孫中山：〈中國國民黨北伐宣言〉，《孫中山全集》，第十一卷，第76頁。

㉟孫中山：〈復蘇聯代表加拉罕電〉，《孫中山全集》，第九卷，第130頁。

㊱孫中山：〈致犬養毅書〉，《孫中山全集》，第八卷，第404頁。

㊲孫中山：〈與美國《華盛頓郵報》記者的談話〉，《孫中山全集》，第六卷，北京，中華書局，1985年，第101頁。

㊳孫中山：〈致犬養毅書〉，〈三民主義．民族主義〉，《孫中山全集》，第八卷，第402-404頁；第九卷，第191-193頁。

㊴孫中山：〈三民主義．民族主義〉，《孫中山全集》，第九卷，第253、193頁。

㊵孫中山：〈對神戶商業會議所等團體的演說〉，《孫中山全集》，第十一卷，第404-405、407頁。

日本與「黃禍論」

就在德皇威廉二世炮製《黃禍圖》的一八九五年春夏，也正是中日之間簽訂《馬關條約》前後，**日本有一部分「志欲敗和局，全吞中國」的狂人，大肆喧嚷「中國人種」的威脅**。其中最突出者是後來以著有《新日本史》和《日本經濟史》而聞名的竹越與三郎（一號竹越三叉）。竹越與三郎在甲午戰爭時期著有《支那論》，其書第四編中有「中國人種侵略世界」一節，文章醜化中國歷史，誇大中國的人口和移民問題，鼓動日中對抗。

竹越以陰暗的眼光看待中國歷史和中國人口問題，說中國三千年二十四朝之歷史，「無代不有革命。一殺人如草、流血如河之歷史也。他國之戰鬥，雖常有殺人；而中國之戰鬥，則專以殺人為榮。兵之所過，幾無噍類。其歷史之所謂太平者，乃當人民洗屠之後，壯者已死而少者尚幼，產物眾而人數寡，故人民厭亂而小安，實不過一時苟且之太平耳」。但中國人儘管「經幾千百回之兇殘忍殺，加以瘴毒癘疫濕熱之疾病，飢寒之死亡，且全不講衛生之術，醫藥則徒用草根木皮，如是之國……（卻是）最有膨脹力之人種」。他據一八九〇年的調查，稱當時整個歐洲也只有三億五千七百萬人口，而中國人口為三億六千一百五十萬。故惡毒地說：**「中國人者，世界最易繁殖之人種也。彼等如鼠族一般，恰似自乘數之增加焉。」**

竹越由此不僅誇張中國移民，而且論證西方國家排斥中國移民的合理性。他說：「今中國正行其人種侵略於暹邏、安南，實招法人之深恐……稱之為不可壓之人種。今法國之政治家，每思及將來，則慄然惶恐矣。」又說：「英人之初占馬來也，招五十名中國人居焉，今曾則繁殖至數十萬矣。故謂馬來為中國人所有亦無不可也。彼等又方將以南澳洲作為第二個暹邏，此地之政治家大妒忌而痛斥之，遂效美國禁壓之法。」竹越特地大段轉引皮爾遜《民族生活和民族性格》中的話：「中國人政治之侵略，雖未可確言，而人種之膨脹，則毫無疑矣。彼等直追白皙人種之跡，而發其膨脹於世界……彼等又能耐氣候之變化，堪勞動之辛苦，非白皙人種所能及也。彼等在西藏之高原，與非洲之熱地，皆能隨處繁殖。且勞動者、商賈人向有勤儉之資格，所以彼等到處與白人競爭，而終不落後一步也……中國政府不自謀殖其民，而我歐洲諸國營營於墾荒，直若為中國人闢殖民地耳。」其目的明顯在於證明歐美和澳洲喧嚷「黃禍」，並制定各種「排拒」、「禁止」華人的「至苛至虐之法」與「慘酷之刑」為必要。

《中國人種侵略世界》還分析發揮說，當時中國人「無國家之依賴，無軍艦之保護，而出海外常五百萬人，每年能獲一億萬元回本國……吸收世界之富，亦不可盡輕侮也。況其國內山澤之利源未闢，文明之工藝未興。苟一旦開採之興起之，輪船鐵路縱橫國內，其財政吞吐之勢，正如海洋之汪洋無已。國越富而人口越益」，「苟於六十年之內，彼四億萬之民更增一倍數，彼等將以何地為殖民乎？雖或襲美洲之曠野，或闢非洲無人之地，然當其膨脹力之初發軔也，其侵略之鞭所先及者，必於黃海中國海之外，自北緯五十度至南緯四十度之諸島乎」？竹越所說的這些地方，即今天人們所說的圍繞中國大陸的西太平洋第一島鏈，而當時日本已將這裡定為其擴張範圍，所以他說中國「膨脹」之初就「將直向日本之預定地而決來也」。

文章的結尾處更讓人觸目驚心。這一段話是：「中國人之勢力如此之可畏，浸假彼異日能舉動自由，縱氾橫溢，我日本何能當其衝乎？夫中國人之侵略，絕無已時也。吾人今日豈可安坐沉默，以保東洋和平之虛文乎？中日國民之爭者，直如英俄、英法之爭耳，盎格魯薩克遜與拉丁人種之爭耳。今日之必爭者，理也，勢也，人種的也，國民的也，國家的也。至爭根深結，則生死的也。今不計此要重之的，而徒用『東洋』二字之地埋空名，以養百千年之深憂大患，果何益哉？」所以，竹越撰寫此文，不僅是要反對日中兩國在甲午戰後的「和議」，誇大中國對日本的威脅，強調日中關係只能是生死之爭，而且其思想深處，顯然是要附和西方的「黃禍論」，把日本與日本人和「東亞」、「亞洲人」、「黃種人」區分開來，即從人種和地緣的連帶性中擺脫，暗示「黃禍」專指中國人。

此文的譯者看出了竹越與三郎的用心，故稱此文「皆寫其妒意」，「其志欲敗和局，全吞中國」，「多張惶之語」。譯者更強調指出：「閱者讀此文亦可窺外人妒中國之一斑矣，吾人有此絕大招忌之物，惹外人之兇暴壓力，今地球各國，孰不欲芟滅吾人而甘心哉？吾人今日苟不思振奮自保，必無噍類矣，可不寒心。」①譯者的簡短「附識」充滿了危懼之感，而今天的讀者讀了竹越的文章，雖然不會產生那種危懼，也仍然能感受到日本極端民族主義者視中國為敵的可慮心態。

儘管在當時的日本有竹越與三郎一類的人物想**「脫亞」**，或者**擺脫「黃禍」的原罪**，但是從前面的相關論述中可以知道，**從一八七〇年代到一九二〇年代，西方國家的「黃禍」喧嚷是以中國和日本為目標的。**當然從一八九〇年代起，由於日本與英國結盟，英國輿論對日本有些維護甚至美化。但結盟的俄、德、法三國與日本在朝鮮半島及中國大陸的瘋狂擴張，形成了尖銳的矛盾；日美之間也因商業競爭和日本向夏威夷、加州大量移民而始終摩擦不斷，因此俄、德、法、美諸國的輿論常常指摘日本為「黃禍」。

對此，九〇年代擔任日本駐德國公使的青木周藏，同時或稍後留學歐美的河上肇、森鷗外、小寺謙吉等都有所覺察和感受。他們在相關著述中對「黃禍論」及人種學做過或多或少的介紹，有人還做過批駁。如青木周藏在自傳中談到了德皇威廉二世的政策，稱其擔心「黃人勢力益發旺盛，白人社會必定受其危害」，因而「一方面應牽制日本勢力的發展，另一方面不應使清人（中國人——作者）進步和開明」。河上肇則在讀過德國旅英文化哲學家張伯倫（Houstom Stewart Chamberlain, 1855-1927）的《十九世紀的基礎》（*Die Grundlage des Neunzehnten Yahrhunderts*, 1899）之後，指出這本「強調人種和文明的密切關係」，宣揚「歐洲文明作為世界文明的代表，而歐洲文明又是條頓人種所造成」觀點的書，「是德國皇帝非常讚賞的書」。河上肇對該書露骨地主張「條頓人種征服世界，符合天意神慮」表示憤怒，呼籲「有血性的日本男子漢」要有「自覺」和「自信」②。

學者高山樗牛由於關心西方的人種學，並與現實中俄、德、法三國干涉「還遼」的事實相印證，使得他由此前的「排斥島國式的哲學思想」，重視「東西方思想的比較」的立場，轉變為採取「人種競爭」甚至「人種戰爭」的態度。從一八九七年到一九〇〇年，他寫了〈歷史和人種〉、〈從人種競爭看遠東問題〉、〈不同人種的同盟〉、〈大斯拉夫主義〉、〈蒙面具將落下〉、〈十九世紀總論〉等文章。在相關文章中，他把西方人稱為亞利安種人，而把原指從烏拉爾山到阿爾泰山的「都蘭語族」（中譯或作「圖蘭語族」、「土蘭語族」）擴大為「句蘭已安」（Turanian），把中國人和日本人都包括進去了。

高山樗牛在《從人種競爭看遠東問題》中說：「支那非屬於吾人同種族之唯一帝國歟？句蘭人種之國家，於遠東以外因亞利安人種而被掃蕩。吾人之日本與支那帝國，作為世界上最後（兩個）句蘭人種之國家，豈非應該擁抱協作、發誓命運相伴歟？支那是吾人唯一之同胞，……吾人之使支那半死，非自斷其一手歟？思及此處，吾人所自豪之日清（甲午）戰爭，畢竟是遠東之橫禍，非句蘭人種之一大不幸歟？」

他接著說道：「亞利安人種對非亞利安人種，尤其對句蘭人種之一千年間之姿態，吾人已知之。西力東漸之急潮，在十九世紀澎湃而來注於遠東之海的事實，亦已了然……支那和日本，是非亞利安國家之最後遺孽。此倖存之遺孽立國於大陸之遠東，如今為乘戰勝千年之勢而來之亞利安人種勢力所掩擊。決定句蘭人種最後命運之最後搏鬥早晚將至，非洞若觀火歟？決眥而望前途，不覺骨鳴肉躍。嗚呼，日本男兒真當義憤之時，該是在即將到來之二十世紀吧！」作者認為中日屬同一人種，而且是兄弟國家，視甲午戰爭為日本自斷一手，這與甲午戰爭後日本多數知識份子欣喜若狂的態度有所不同。但在高山的思考中並沒有道義上的自責，而只有對亞利安人「掃蕩」到遠東的緊張和焦慮，簡言之是出於對「人種競爭」的「利害」的考慮。

高山又在《十九世紀總論》中說：「俄羅斯不得志於中亞，乃傾全力於西伯利亞經營，橫斷東半球的北部，從黑龍江畔及薩哈林（即中國人所說的庫頁島——作者）群島直接攻擊支那、朝鮮、日本的背後。因此，作為句蘭已安人種最後國家的支那、朝鮮、日本，受到了亞利安人種的大包圍與攻擊。」德皇威廉二世用「黃禍論」挑唆俄國充當鎮壓和打擊東亞人的先鋒隊。高山樗牛則針鋒相對，在亞利安人種中特別突出俄國人對東亞的侵略，這也恰恰符合當時日本正醞釀著的對俄戰爭情緒。

不過高山始終不忘把「抗俄」置於「人種戰爭」的大旗之下。他在〈蒙面具將落下〉中說：「蒙面具將落下。即將到來者為何？試看之前如何以『人道主義』與『世界和平』為名，公然犯下多少罪惡，即可知『世界和平』已漸動搖。四千年人類歷史上從未得見的一大場武戲，即黃白兩人種的搏鬥正要在遠東開打。國民同胞，是當觀眾還是做演員呢？」誠如橋川文三所說，高山的人種思想是當時許多純樸日本人思想的反映，它帶有「少年帝國主義國家日本的緊張心情」，也「沒有面對白種（而產生）的劣等感」和「日俄戰爭之後帶有成年人色彩的詭辯」③。

日俄戰爭前夕，曾留學歐美、在中國人中是以文學家而著名的**森鷗外**，也非常關注人種學和「黃禍論」的問題，一九〇三年六月和十一月，森鷗外分別做過「人種哲學梗概」和「黃禍論梗概」的演講，曾被開玩笑地稱為「梗概博士」。他的前一篇演講以介紹和批評戈賓諾著作的形式進行。法國外交家兼作家約瑟夫·亞瑟·戈賓諾伯爵（Joseph Arthur Gobineau, 1816-1882），是個貴族主義者，對法國大革命和一八四八年歐洲革命始終懷有強烈的怨恨之情，一貫抗拒民主和平等思潮。其風行一時的著作是《論人類種族的不平等》（*Essai sur l'negalite desraces humaines*, 1853）。有關戈賓諾的其他作品，本書在「法國及比利時的黃禍論」一節已有介紹，這裡所涉及的是森鷗外對該書的注重之點及其所做的批評。

在《論人類種族的不平等》中，戈賓諾根據他的「能使他者開化」、「不能開化他者而只能被開化」、「不能開化自我也不能被開化」的所謂標準，描繪和衡量黑人、黃人和白人。他說黑人「還有很多近於野獸」，「情感極端但不持久」，「意志猛烈，智慧平凡」，「不重生命因而殘酷」，「該人種沒有自我開化的能力，也沒有被開化的可能」。黃人「體力軟弱，形體不美」，「意志不強，但頑固、追求安樂、貪心」，比黑人略微「重視生命和自由」，「智慧、理解力不高不低」，「黃色人萬事中等。這人種沒有開化他者的能力，但有被開化的能力。需要有優秀的其他人種對其進行開化，作為其開化的基礎」。白人「身體正常，體力堅強且善於運用。『美』為白人所專有」；「意志堅強，遇有阻礙能靠智力破除而前進」；「注重利益，但利益能與高尚的理想結合」；「珍視生命，但尤貴重自由和榮譽」，因此「該人種得以開化他者」。總之，「能化之人，不論現今或往昔，僅有亞利安人種而已」。

戈賓諾還認為，當時的歐洲文明已有衰退的跡象，在這一點上他可說是施賓格勒和湯恩比（Arnold Toynbee）的前導。但與後兩人不同的是，戈賓諾把歐洲文明衰退的原因錯誤地歸結為兩點，一是人種的混血，稱：「白人跟其他人種混血就吃虧」；二是革命尤其是「民主」、「平等」思潮的廣泛影響。因此他敬慕「古代的純血種族」，稱：「純血時代即黃金時代」，也要「抵抗騷然的民主和平等的要求」。他斷言：「以後新文明的唯一建設者只能是亞利安人，其他人種一概無此能力。」

森鷗外對他著重介紹過的戈賓諾的若干論點做了批駁。他說戈賓諾稱讚「古代的純血種族」和「純血時代即黃金時代」是「夢話」，完全不合邏輯。他舉例說，商、周時代的中國和古代日本的「開化」，雖然有「人種混淆」的作用在內，但那該「不是亞利安人種的開化」之功吧？他批評歐洲「以亞利安人種為中心的人種論」只是「聳人聽聞」、「粗糙」而多「空想性」的「自賣自誇」，「哪一個都基於只顧自己方便」。森鷗外與河上肇一樣，對白人的自尊傲慢懷有憤怒，他一方面覺得對這種「白人自尊之論，讀之殊無意義」，但另一方面又認為黃人「受侮而不自知，怎能講求禦侮之策」？故爾「願使讀者知道白人如何輕侮吾人」④。十九世紀末二十世紀初接觸到歐美人種學的中日知識份子，大概都有這種類似的感受。

森鷗外發表〈黃禍論梗概〉的演講是在一九〇三年十一月，翌年三月刊印單行本，此時日俄戰爭已經爆發，所以單行本中加上了「日俄之戰如今正酣。而我軍越勝，黃禍論的勢力越會增加」，「余知世界上有白禍，而不知有黃禍」之類的話。如同前面他做〈人種哲學梗概〉的演講是拿戈賓諾的書做介紹並加以批評的方式一樣，這次森鷗外所評論的書叫做《作為道德問題的黃禍》（*Die Gelbe Gefahr als Moralproblem, 1902*），作者是德國著作家巴爾特・馮・薩姆森—希默爾斯居爾納（H. von Samson-Himmelstjerna）。由於森鷗外對作者薩姆森—希默爾斯居爾納未多加介紹，橋川文三先生也沒有深究，以為那位作者「並不那麼有名」，《作為道德問題的黃禍》大致是一本談「黃禍論」而「沒有系統的雜書」，故認為森鷗外介紹此書「不一定是合適的」。

其實真相並非如此，森鷗外舉出此書也是別有一番深意。據為《黃禍物語》做「解說」的山內昌之教授說，橋川文三先生生前寫《黃禍物語》是參考過海因茨・哥爾維策爾的原文著作的。但仍然可能看得不夠仔細，所以未能深刻理解森鷗外的意圖。

根據海因茨・哥爾維策爾的研究，薩姆森—希默爾斯居爾納應該是一個「中性黃禍論」者。他一八九七年寫過《西方和東方的對比》，一九〇二年又寫了《作為道德問題的黃禍》。作者在這些書中堅定地相信有一種「黃禍」，但他強調這種「黃禍」是由於西方的傳教士和資本主義「召喚」出來的，它在緩慢地、不可避免地向西方逼近，但西方不能用暴力將其消除，而只能透過內政改革與和平手段來抵抗它。作者認為西方文化是病態的，而東方文化是健康的。他特別推崇中國文化和中國人的生活方式，強調：「我們的後代只有當他們以中國特有的武器即以中國健康的生活觀來對抗中國時，才能抵擋中國強大的擴張力。」⑤薩姆森—希默爾斯居爾納當然也談到日本對西方的威脅，但無論是把他看成擔憂也好，看成推崇也好，他對日本的重視遠遠不及中國。

因此，森鷗外對《作為道德問題的黃禍》一書加以引述的，竟然多是日本人和中國人的性格比較。按森氏的說法是，作者「把日本看成小孩，而強調中國是真正的成年人」。諸如：

「日本人全然沒有思考力、思量力和抽象的能力。由於沒有精神上的這種能力，日本人只能仿效他人，就像被施行了催眠術，完全被施術者支配……反之中國人很沉著，對一切外來物先加以懷疑，不讓它隨意靠近自己。但中國人始終在進步，靠自己的本領進步，此外才是受外來影響而進步。」

「其次是道德的比較。日本從古以來沒有獨特的道德，因此日本人的理想為何，無從得知。日本人是人們貶義上的唯物者……反之中國人在品行上受到稱讚……

人生究竟是什麼？有識者說人生就是過去、現在、將來都不間斷地生活和學習。中國的實際正體現著這樣理想的人生。」

「其次是宗教的比較。作者說日本有神道教，祭祀時有巫祝，並因宗教的緣故發生過戰爭。中國沒有宗教，這是世界上無法比美的大幸。」

森鷗外繼續引用作者的話說：「中國的道德學說不相信有人格的上帝，因而不會產生對神的依賴心，安於天命而已，這就是精神上的自由。」這一點顯示了中國道德學說的優越性，因為「西方人如果成為無神論者，同時就會有失去道德的危險；而在中國道德本來就是脫離宗教的，故無神論沒有什麼危險」。因此「歐洲將來必須養成中國人那樣獨立的道德」。

據森鷗外說，《作為道德問題的黃禍》還「論及軍事上的能力，政治、教育、農業、工商業等各種領域的問題，在所有的地方來比較日本和中國，中國都無比優秀」。

森鷗外評論說，薩姆森—希默爾斯居爾納寫作該書，是要表達如下看法：「歐洲已因日本能力之故，正在覺得危險，假如中國這個龐然大物也活躍起來，其危險將更不測。」「或許（中國）和日本聯合起來，可能威脅歐洲。其先是把全體歐洲人從整個東亞趕出去。而後蒙古人種再次襲來的噩夢就會變成真實。」應該說森鷗外還是把握了《作為道德問題的黃禍》一書的基本思想。

不過森鷗外這篇演講的重點不是放在批駁那種「中性的黃禍論」，而是突出了原作者書裡日中比較的內容，並對此發表自己的感想。他說，作者「在黃色人中分為中國人和日本人，抬舉前者而貶抑後者，無所不用其極。可謂勉強抬舉達到了理想化之程度，同時刻意貶抑則陷入吹毛求疵，其無疑醉心中國而憎惡日本」。顯然森鷗外對此心中極為不平，他以為有些歐洲人談論「黃禍」，專只注意日本，甚至對日本加以「輕侮」、「憎惡」，但同時主張對中國的軍事、經濟發展放手不管，如同薩姆森—希默爾斯居爾納一樣，甚至主張歐洲人應該學習中國人的道德，叫嚷「黃禍」而在道德上又「甘居人下」。既然如此，「就不應該說有黃禍，而是有黃福。難道不應以感激之心對待中國，改變自己的對策嗎」？橋川文三推測道，森鷗外可能在這樣說的時候，「帶著憮然的面色」，「內心也有所不安似的」⑥。

其實這種心情可以理解。西方大多數「黃禍論」者是一箭雙雕，即既指中國又指日本，但是其中也有人有所偏倚，如前面談到美國的情形就尤其明顯，有的是出於政治外交策略，有的是出於個人好惡。作為同是受到西方壓迫和欺凌的東方民族，本該同聲相應、同氣相求，但近代中日這兩個「同種」的近鄰，是既有差距也有矛盾，福澤諭吉宣傳「脫亞入歐」，蔑視朝鮮和中國落後，表示不屑為伍，甲午戰爭後日本人普遍轉向輕視中國；而中國人對日本的侵略擴張也懷有或顯或隱的憎恨情緒。雖然中國有康有為、梁啟超主張

「師法日本」，孫中山也一度傾向於亞洲大聯合；日本也有一些人主張日本、朝鮮、中國利害相關的「連帶論」和「亞洲主義」，但這種思想的基礎十分脆弱，中日之間缺乏互信。兩國本來存有利害衝突，再加上西方政策和輿論的離間，或者至少是在中日比較時厚此薄彼，一揚一抑，就會使普通人中那種本不強烈的「同病相憐」之情全然消散。

具體來說，假如當時中國人看到了西方「黃禍論」者認為「黃禍」主要是指日本，並對日本人的文化性格、道德理想進行批評，而對中國加以稱讚的文字時，心中會不會有「痛快」之感，把那類作者引為「知己」，或者至少產生「躲過一劫」的竊喜呢？由此也就可以理解森鷗外介紹《作為道德問題的黃禍》一書時的心情了。森鷗外還算不錯的，他雖然心中不快，但仍然把批評的矛頭指向「黃禍論」者，並沒有反過來說中國人的思考力和抽象力、道德、宗教及人生理想等如何低劣、如何不及日本等等。而從日俄戰爭期間開始，的確有一些日本人更強調畫分日中之間的人種界線，甚至為嫁禍中國而對中國百般醜詆。

最先顛覆傳統「日本人種論」的學者是田口卯吉（一八五五—一九〇五）。田口卯吉與福澤諭吉、天野為之並稱，當然其影響不像福澤諭吉那樣大。田口服膺亞當．斯密的學說，率先把自由主義經濟學引入日本，同時也是歷史學家，擔任《國史大系》的編輯和《史海》雜誌的發行人，又在一定的意義上涉及語言學和人類學，撰有《日本人種論》、《日本人種的研究》和《破黃禍論》等。

《日本人種論》開頭就說：「稱我日本人種為蒙古人種即黃色人種的一部分，和中國人種相同」，「乃是沿用歐洲人輕率地定下來的人種分類法」，儘管「歐洲人特別倡導，我邦人亦均認定」，「余卻不能容忍並以之教授我邦子弟」。他提出了「區別我日本人種和中國人種」的兩個「要點」：一是『語法完全不同』，最明顯的是中國語的動詞置於「主格」（主語）和「物體格」（賓語）之間，而且一般不用「助動詞」；而日語的動詞置於「物體格」（賓語）之後，有助動詞。然後他把日語、朝鮮語、土耳其語三者加以比較，得出結論說：「大體上我邦的語法和從亞細亞北部到土耳其的人種相同，和中國人種及亞利安人種不同，是很顯著的事情。」

二是「容貌骨骼」。田口承認「日本人中也有不少容貌、骨骼及智力很差的人」，但強調：「我社會上有勢力的種族不僅血統純潔，並且和其文明一樣日進於精美。其最明顯處是皮膚又白又光滑。中國人中雖非無極白者，但其中肌理細膩如一般所謂紡綢皮膚者定不可見。由此點不僅可見我人種勝於中國人種，並且勝於亞利安人種。亞利安人自誇白皙，但其皮膚多毛且粗糙，沒一個有所謂紡綢皮膚者。且其所謂白乃赤白，日本人種之白則為青白。此點我邦上等人種之容貌可以證明。」田口也承認，「我日本人種的骨骼矮小」，「體力遠比不上其他人種」，但在「摔跤或其他搏鬥時」，「我人種長於技巧，了解所謂祕訣，因此戰力雖遠不及他人種，但能以竅門得勝」。

田口卯吉大約是日本人中最先為區別中日人種而討論日本人種問題的。不過他起初還只說到日本人種與中國人種、亞利安人種不同，而和從亞洲北部到土耳其的人種相同，即還是承認日本人種屬於後來學者所說「通古斯系」，但其要在中國人種和日本人種之間劃清界線，想方設法論證日本人種優越的意圖是十分明顯的。

一九〇二年，**田口卯吉**在其《古代的研究》中擴大了他的語言學比較，範圍包括「滿洲、蒙古、波斯、西藏、土耳其、匈牙利、梵語、拉丁、希臘之各種語言」。他不僅對日本人種的祖先「屬馬來人種」說、「從南洋來」說，與「美國土人同種」說，「類似阿拉斯加的愛斯基摩人」說等，統統做了否定，而且進而對歐洲人所說的「亞利安人種乃至亞利安語族的實際存在」提出了懷疑。他說：「歐洲的語言學者研究梵文之後，驚訝於其話語和自己使用的話語一致之事實，將之視為同一語族，稱為亞利安語族。把匈牙利、土耳其、滿洲、蒙古、日本等稱為句蘭已安語族。說到為亞利安，因為在梵文的《吠咜》詩歌中，使用梵語的人種自稱為『亞利安』……說到為何將日本等稱為句蘭已安，因為波斯人自稱『伊蘭』，將其北方的人稱為句蘭，因此出現句蘭已安之名稱。其以前也有烏拉爾阿勒泰格即烏拉爾山阿爾泰山間語族之名稱，如今專行句蘭已安之名稱。然而梵語、拉丁、希臘等之語言並詞尾變化，既然反而跟匈牙利、土耳其、日本相同，而與歐羅巴不同，就可知此畫分並非正確。」田口推斷說：「果然如此，那麼今日的歐洲人才是句蘭已安人種。他們如今自稱為亞利安人種，把我們稱為句蘭已安，只能說是搶奪我們的祖先，並且貶斥我們的人種。」

在田口看來，限定在政治、經濟、科學、思想等等的範圍п討論人種問題，不大會有效果，所以他除了討論語言問題之外，還一如他自己最初在《日本人種論》談到的「美和醜」、「情愛」問題一樣，在有關文章和演講中反覆強調「大和民族的容貌體格秀美」。他說：「從整體看來，我日本男子的面色絕非黃色。其比歐美人種有所不及，乃以共同修飾不足之緣故……我邦男子由於從來染於武士道之習俗，以修飾外表為恥，此其面色不美之根由。然而若對之加以修飾，縱使不及盎格魯薩克遜之上等人種，但可能勝過其下等。至於拉丁人種，我等與之相比並無不及。余暫時對於婦人不論，特只限於觀察男子，在美國社會聽說日本男子比葡萄牙、西班牙等（男子）更博得婦人之愛。」田口把人種問題與人的形體美醜以及微妙的情感問題聯繫起來，從側面論證日本人種的優秀，頗能嘩眾取寵。所以當他演講時說到日本「原來有很多容貌難看的人，但就此點而言，歐洲人中也相當地多」時，受到了聽眾的「鼓掌歡呼」。

一九〇四年田口卯吉撰寫的《破黃禍論》，內容仍不出以上兩點。其一是說：「所謂黃禍論專是指日本人種容貌有關的問題」，而他以為證實日本人「容貌體格秀美絕不是難事」，於是只從生理的和情感好惡的方面來論證，而不是從科學的或人道理性的角度來批駁人種歧視。其二是說：「黃禍論……意味著會有以日本人為盟主的中國人及其他黃種人聯盟興起而侵入歐洲的預想。」田口說這是「不了解事實真相的杞人之憂」，原因之一是他宣稱：「日本人有何等餘暇餘財敢行這等愚蠢之舉歟？」即表示日本沒有時間和經濟實力與歐洲人為敵。原因之二是他所說的：「大和民族和中國人不同種，而和印度、波斯、希臘、拉丁等同種。因此以余所見，黃禍論的根基即錯，如將日本人看作跟中國人相同的黃色人種這一點，即已把事實弄錯，故黃禍論為完全無根之流言。」

不用說田口這種不從道義是非以及現實中是「誰在威脅誰」的本質出發，而只辯說「日本人種與中國人種不同」，是根本之意不在「破黃禍論」，而在建立「日本人種優越論」。所以他在《破黃禍論》中強調：「因此余不懷疑作為日本人種的本體的天孫人種是一種優等人種。此人種到底如何從天上降下來，實在是歷史上的疑問。然而如從其語言語法推斷的話，是和梵語與波斯等同一人種。是否屬於語言學者所稱的亞利安語族，是無須絮說之事。」⑦

人們都知道**福澤諭吉的「脫亞入歐」論是由於鄙視亞洲落後，不屑與中國、朝鮮為伍，因而要與歐洲人為友，從生產方式、經濟和政治制度，乃至思想文化上「脫亞入歐」。到田口卯吉則更進了一步，要從人種上「脫亞入歐」**了。不過他的這一辯解並非所有的日本人都贊同，前面說到的森鷗外在做〈人種哲學梗概〉的演講時就說過：「記得田口卯吉君大約寫過日本人種屬於亞利安人種之類的話，但我不大明白。」

由於從二十世紀初開始，中國有不少青年留學日本，還有革命派及失敗後的維新人士也在日本客寓，所以對於日本討論人種與「黃禍」的情形有所了解，《清議報》、《中外日報》、《外交報》、《江蘇》、《警鐘日報》等在一九〇〇至一九〇四年期間，共譯載了日本人士的文章十餘篇。這些有助於人們了解當時日本人對「黃禍論」的態度。

一九〇〇年《清議報》譯刊了日本**石川半山**的〈論種界之競爭〉（未註明原刊出處及時間）。文章首先對人種做了重新畫分，認為世界人種「大別」「不過有白色、黃色、黑色三種」，其獨特之處在於把白種又區別為「紅白種」和「黃白種」。作者說：「一曰紅白種，英、俄、德、法、美諸國人屬之。一曰黃白種，中國、日本、朝鮮、匈牙利、土耳其屬之。」此外他還提到有「小別」的「赭色」，指的是東南亞膚色比「黃白種」稍黑的人種。應該說這種畫分不算太牽強，但總想讓自己貼上「白色」的想法也是難以掩蓋的。

石川認為，紅白種人對其他人種構成了威脅，尤其是「赭黑兩種漸次亡滅」。他說比如「緬人日減，無他，國中富力漸為西人所併，其女子亦甘為西人妾隸，血脈紛亂，馴至其種漸竭」；再如南洋馬來土人，「自歐人入其地，土人膚色漸為白色，亦人種變遷之效也」。作者在這裡重點不是著眼於殖民地人民所受的奴役、壓迫和迫害，而是強調不同人種在通婚中的地位狀況。以為：「世上顏色白晳眉目秀朗者，皆為女子眷愛，列國皆然。乃至有色種族婦女不愛土人男子而愛白人，聯婚配偶者日眾。而見其所生之子，其膚色漸變白色。」

石川預計，紅白種和黃白種的競爭，將是二十世紀的一大關鍵。誰勝誰敗，「今日人人各異所視」。他舉例說，日本的谷鳥尾二、三宅志賀認為紅白種處於優勢，故「數年前倡禁外人入內地雜居之說。據云一旦准外人雜居，我國人腦力體力，均不足與彼族相當，為其所壓倒，竟不免衰滅」。而美國人阿連哈德克（B. Allanhardk）則透過調查、比較日本人和北美人的「體格」和「腦力」，認為：「日人體質，視美人已無大差。而日人尤長於模仿之性，又事戰爭（原文如此——作者），尤為可恐。」這些客觀地反映出當時日本人和美國人之間的互相畏懼。

〈論種界之競爭〉宣稱黃白人種「遠勝」於紅白人種，其根據：「一曰人口，二曰體力，三曰腦力。」作者列舉了眾多事例，諸如「聞英人移住於印度者，在其地三代輒失生殖力」；「南歐地方人民一移於極北，忽致凍死」；「荷蘭占有爪哇，歷有數百年，而荷種住該島者常不出三萬人以上」；河內、西貢等地，「法人來往者皆為瘴癘所侵」；還有在非洲、墨西哥、南美等地，土人「繁殖」，而白人或因怕熱，或因容易生病，故「裹足不敢入」，即使有移居者也「多致死亡」，使得這些地方的白人人口增加不多。但是「日本人南移台灣，北住千島，處於極寒極熱之地，並無減生殖力之事，其體力勝於歐人也明矣」。

文章以有幾分輕蔑的語氣談到朝鮮和中國的人口與生殖情況。他說：「朝鮮人起臥於糞穢之中，粗衣粗食，淡然自甘，略無艱苦色。若使歐人一日處於其間，克保其生者罕矣。嘗見中國人在湫隘街巷，呼吸污氣，飲用污水，殆為人間不耐。而其心氣旺盛，體力康健，克全天壽者比比皆是，西人皆詫為怪異。」他又略帶誇張地說：「中國面積四百二十一萬方里，其人口則上於四億，殆占全世界三分之一，而其生殖力尤為旺盛。以中國一國，其勢力可克與歐種抗衡。」他尤其誇大中國人的移民問題，說：「中國人之移住海外者，接踵不絕。北自西伯利（亞），南至開普（敦），到處莫不有其足跡。而其居處積月累年，生聚倍蓄。」石川列舉了南洋各地中國移民人口快速增長並「壟斷其貿易利權」的情形，還說到：「西藏土地高寒，非洲瘴癘害人。中國人一往其地，並無所損，生聚日蕃。」但是他對日本人在十九世紀末大量移居太平洋中諸島、澳洲、美國西海岸及拉丁美洲的情況卻不曾提及。

石川就人口和體質問題總結說：「蓋文明越進，奢侈越長。奢侈越長，體力越弱。無怪東西國民，其懸隔若是之甚也。生物學者巴克曼（John Bachman）嘗論歐種亡滅有日，且云寒熱氣候，能鍛鍊人體，俾其康強，其效遠勝於醫藥之力。所謂文明也者，不獨於人體力無利，適足損其天然云云，非誣言也。」總之「歐種不適於殖民之理者頗多」，而「黃白種能耐寒熱艱苦之性，復非紅白種所能企及」。

〈論種界之競爭〉認為，不僅黃白種人「其數與體力凌駕紅白種，其腦力亦可與相抗。古來先民之卓絕者，多出於東方人，其人物固不在歐人之下」。他對東西人物做了對比，說：「彼有基督、蘇格拉底、士坤度、歐給爾，我則有孔子、孟軻、老子、莊周。」「彼有亞歷山沙、勒曼施塞，我則有秦皇、漢武、忽必烈、帖木兒。」石川還駁斥了「黃白種之性株守舊習，難望於一蹴而至文明之域」的看法，稱：「日本開關以來，不出四十年，而文物燦然，政治昌明，以視歐洲，多無慚色。均是黃白種也，日本所能為，豈有別國人不能為之理？」他表示相信，在二十世紀將會看到黃白種人諸國「發奮自強，震動世界」，而「紅白之族瞠然居後」⑧的圖景。石川半山獨出心裁地把黃種人稱為「黃白種」未嘗不可，但他誇大了「黃白種」的競爭優勢，又特地標舉忽必烈、帖木兒的「功業」，雖然有為「黃白種」人鼓氣之益，但對「紅白種」人而言，適足為「黃禍論」火上加油。

日俄戰爭前後，日本有關討論「黃禍論」的文章很多，當時的中國報刊對其各方面的代表性論文有所翻譯介紹。

當時最引起中國人重視的，是曾任日本內閣首相的**大隈重信**的有關談話。大隈首先強調：「歐洲諸國誤會黃禍之真義，甚屬可悲。」認為歷史上的「黃禍」起源於「亞細亞洲東北地方」的「蠻族」，如匈奴、突厥、女真、韃靼等類，「絕非中國或日本為之渠魁」。相反，「亙古以來，被其禍者不獨歐洲諸國，即如中國和日本，亦俱被其禍」，如秦代築長城，漢朝初年屢被匈奴侵擾，「金占據滿洲，幾傾宋室」，「蒙古韃靼……入中國，創立元朝，更渡海犯日本」，都是中國和日本「被其禍」的事證。而「帖木兒、鐵木真、忽必烈攻掠歐洲一半，俱屬蒙古韃靼等種屬」，「顧攻滅東羅馬帝國，建半月旗旆於君士坦丁堡之土耳其族，亦與入中國、侵日本、掠取俄國、遠襲法德諸國之蒙古種族屬同一蠻族，亦可知也」。總之，他認為：「歐洲人所恐怖之黃禍者，其所由來固非日本人，亦非中國人。」

大隈為歷史上的中國和日本做了辯護。他說：「中國人最好和平，不欲侵略他國，但必夷狄入寇，不得已而始為之防禦。故被蠻族之禍，未曾有甚於中國者。」他當然也忘不了為日本辯解，認為「日本之被黃禍」，還並非始於元軍進攻日本，早在「神功皇后時，熊襲一族亦實與亞洲大陸之蠻夷通謀抗叛，是亦黃禍也」。然後筆鋒一轉，稱：「神功早察禍源所伏。進征三韓，以絕禍根……此豈非大舉征韓之真意哉？」把日本古代對朝鮮半島的入侵稱為「剿滅黃禍」，顯然有古為今用，為日本在十九世紀末、二十世紀初侵占朝鮮辯護的意圖。

大隈最後指出：「日本今將立於世界之大場，嶄然露其頭角，而不免為各國所妒忌，拈出黃禍二字，以圖誣陷日本。」並預測「日清兩國將同心協力侵掠歐洲」，此不過「漫為杞人之憂」。而俄國「藉口於此，以圖奪歐洲人對日本之同情」，故鼓噪「黃禍」之說不遺餘力。大隈反唇相稽說：「俄國亦曾為蒙古所征服，受約束者二百餘年。」「其體血大半化為蒙古韃靼種屬者，安知非方今俄人所以侵略四鄰、貪婪無饜哉？由此觀之，謂今之俄人為黃禍之本源，有何不可？」⑨最後巧妙地把「黃禍」的帽子反扣到了俄國頭上。

由於大隈重信位高權重，其巧論一出，即為眾多的日文文章所遵循和發揮，也得到了少數中國人的敬佩乃至恭維。如〈論大隈伯黃禍說書後〉一文的作者，出於對某些日本人「僅知利害、不顧種類之心，於中國實有所大不利」的擔心，看到大隈的談話處處把中國與日本相提並論，體現出一種「同種相攜」的傾向，禁不住大加稱讚，稱：「其用意之深遠，措詞之巧妙，可以推廣於無窮，而又有歷史以為之證，非同附會，真大政治家之緒論也。」⑩其實，大隈重信在中國王朝政權與北方「蠻族」的關係上，雖然沿用了中國傳統的歷史認識，但將其用在此時卻頗有離間中國漢民族與北方少數民族關係之意。至於其為日本侵略朝鮮辯護，視日本「武力之擴張」為理所當然的用意，也未引起譯者的批評，說明譯者對大隈重信等人存有極不切實際的幻想和期待。

當時有的日本人為避免被視為「黃禍」，尋找多種理由，力圖與中國乃至亞洲各國劃清界線。有的文章援引「法國盎列哥爾齊」的〈日本膨脹論〉中的觀點，對該文中所說的「中日兩國，實為亞細亞國民之二大宗，然不獨人種之異，即歷史所傳之立國基礎，亦全相反」津津樂道⑪。〈非同文同種〉一文，則首先從「頭顱形」、「眼窩」、「髮徑」三項，來論證中日人種之別。其次從「語言」分析，稱：「日本與烏拉爾—阿勒泰族各語皆屬交換之附著語，中國與暹邏、安南同為孤立語。」從而得出中日「兩國絕非親近之同種」的結論。作者特別強調：「就利益之關係而定各國之向背，實近年世運之所致。」日本通過維新改革，「得伍於列邦，與最強大國聯盟者，皆此世運之所賜」。故不能違背「世運」，對中國這個「老大之國，而漫然引同文同種為口實，使列國疑中日間有特別之關係，不免包藏禍心，將漸新舊習之歐美人再生黃禍之懼，而英人中持異種異教之說以反對英日聯盟者，且將以此藉口也」。因此作者把「日中提攜說」、「日中連帶論」這些本來就別有用意的主張稱為「淺見」、「謬說」，更指斥「欲以同種同文云云，就政治而利用之」為「無識已甚」⑫。

日俄戰爭之後，日本既因戰勝而得到在朝鮮半島和中國東北的大量權益，同時如同日本作家德富蘇峰所擔憂的那樣：「一方面白皙人的嫉妒、猜忌，至少也是不安，將如黑雲一般向日本湧來；另一方面，其他有色人種聽到日本勝利的號角，將如觸電一樣昂起頭來。（日本）立於兩間，欲將如何呢？如誤一步，勝利即變成亡國之端，釀成世界空前之人種大戰。」⑬鑑於當時日本白感力量不足，尤其還要繼續利用英日同盟的種種好處，日本採取了淡化「黃禍論」的態度。其思慮和態度有如一位中國評論家所說：「日人亦明知其（指「黃禍論」——作者）用意之深，斤斤然若懼其說之偶行，則己且為世界戎首，群起而攻，後事且難逆料，故越自謙抑，以結白人之歡。而主持清議者流，作為論著，以辯其說之不可信，連篇累牘，刺刺然不能已。欲以釋白人之疑，使不致旁生枝節。未幾黃禍之論亦稍息矣。」⑭日本在外交行動上，一方面繼續鞏固英日同盟，另一方面汲汲於跟舊敵俄國修補關係，尤其努力避免刺激美國這個新的「假想敵」，一九〇九年與美國達成了限制日本向美國移民的「諒解」。

但日本與歐美列強的矛盾仍然在擴大。在中國進入「民國時代」、日本同時開始「大正時代」的一九一二年三月十日，美國《華盛頓郵報》刊登了一篇未署作者名的〈黃禍論〉長文。文章大意是說，如果中國的共和革命（指辛亥革命——作者）獲得成功，中國將會接受日本的指導並與日本結盟。中國將會振興產業，擴張軍力，經過二十五年，日本和中國就能做好世界大戰的準備。戰爭從中國本土驅逐白種人開始，很快擴展到印度和波斯，接著土耳其人欣然迎接日中聯軍，於是「真正黃白人種之大衝突先在匈牙利之野開其端，結果全歐洲大陸一舉投入混沌之禍亂中」。「大日本文明協會」迅即翻譯此文並收入《歐美人之遠東研究》一書中。而在此前後，日本也出版了千葉秋甫、田中花狼的《黃禍白禍未來之大戰》，原田政右衛門的《遺恨十年：日俄未來戰》，北原鐵雄的《下一場戰爭》等預想未來的戰爭小說。且其中僅有《黃禍白禍未來之大戰》虛構日本獲勝，其他作品都預料日本在戰爭中大敗，反映出當時日本人的危懼感十分強烈。因而「黃禍」、「白禍」的文章、談話也再度頻繁登場。

一九一二年，時任早稻田大學教授、後來擔任過民政黨幹事長和齋藤內閣「拓務」大臣的**永井柳太郎**，發表了〈白禍論〉一文。文章透過對亞洲、非洲、美洲、澳洲、「太平洋洲」的土地面積和人口統計指出，從一八六〇年以來，白種人新獲取了一千萬平方英里的土地，對一億三千餘萬人進行殖民地統治。而且遭白種人虐待的不只是殖民地之「土人」，「雖是獨立國家並有高等文明者，因其皮膚非白色，又不免於同樣命運也」。書中還說：「白種人獨吞天下財富，世人豈無反感？如果說對白人的反感蔓延是有色人種之罪惡，毋寧說是白人之過錯。」該書的結論說：「誰說黃色人種是侵略性的人種？世上若有可稱為侵略性的人種，彼等白人不正名副其實嗎？」⑮此文大約是受到前述法朗士《在白色的石頭上》的啟發，首次用「白禍」為題，反守為攻的日文文章。

一九一三年十月，本來是研究東洋古代史的學者**桑原騭藏**，也在《新日本》雜誌第三卷第十一號上發表了〈黃禍論〉一文，對「黃禍論」加以批駁。文章指出：「綜觀古代歷史，匈奴或者蒙古雖曾一時侵入歐洲，但這群沙漠飄泊者是以攻掠四鄰為生的蠻民，絕不同於中國人和日本人，所以不應同樣看待。」「日俄戰爭以來黃禍論逐漸成了世界性的問題。」一方面是亞洲人「腦海裡白人的威風掃盡，白人不可戰勝的神話也就破滅了……一種新的思想，即『亞洲是亞洲人民的亞洲』開始在東洋大地瀰漫開來」；另一方面則是「反映了白人對於自己以往過於瞧不起黃色人種的一種反思，但同時又變成對之過於戒備的心理」。他分析說：「有人主張日本是黃禍的中心，有人主張中國是黃禍的中心。」

「黃禍」的具體內容集中在軍事、移民和經濟方面，而「美國在日俄戰爭以後，無論在軍事上還是經濟上，都與日本產生了利益上的差異和衝突」，「當然人種歧視的問題也是不可忽視的原因之一。繼成功排斥華人以後，美國人想用同一方法將日本人從太平洋沿岸趕走」。桑原不愧是大史學家，能對這一重大問題做出精闢的分析並扼要地抓住核心本質，客觀地描述矛盾所在，而不像別的日本學者那樣或從人種上加以巧辯，或者嫁禍於人。

桑原說：「殖民（即移民）和經濟涉及的方面很多……暫且放下不論。單就軍事方面來說，黃禍之說絕不可能成為一種事實。至少象西方的黃禍論者所說的那樣日本人或中國人採取一種攻擊的態度加害白人，擾亂世界和平的這種事態，是絕不可能出現的。」接下來他分別從中國和日本兩方面闡述了他的思考。

對於中國方面，桑原說：「中國人是世界上無比厭惡戰爭的平和的人種……與其說他們是善於征服的一族，倒不如說他們是被征服的一族。」說：「這樣厭惡戰爭的中國人會迫害威脅白人，是令人難以想像的。」他引用了一九〇八年身為駐美公使的伍廷芳在紐約所做的〈中國的覺醒〉的演講，表示認同伍廷芳所說的中國人「雖遭白人排斥、迫害，卻能夠以大人風範，以德報怨。」

對於日本方面，桑原說：「日本人或許不像中國人那樣愛好和平，但絕不會毫無理由不講道理地迫害白人。日清、日俄戰爭以後，日本被認為是好戰之國，但這是混淆事實的誣衊性的評價。」他進一步辯解說：「以日本人的氣質，不會有（中國人）這麼大的寬容。」日本人「愛國心強烈」，把「國家的尊嚴體面」看得「尤為重要」而「絕不允許被損傷」。「這種精神就必須被重視，他國人也要尊重這一精神。若白人深深懂得我國的國民性，只要不對我國主權施以壓迫，我日本人絕不會迫害白人，正當的防禦場合除外。他們絕不必擔心我日本人會採取主動進攻的姿態加害白人。」在論證日本人的「理想是和平而非戰爭」時，桑原引用了長期居留日本，對日本有深厚感情的美國傳教士奧拉梅爾·亨克利（Orramel Hinckley, 1830-1923）的著作《德國在東亞的利害關係及黃禍問題》，為日本被稱為「好戰國家」「辯證」。在辯白的最後，桑原還提出了他的一個獨特看法：「白人在歷史上、宗教上、社會上比較容易形成大團結，黃種人之間形成這樣的大團結是不可能的，黃種人聯合起來一致對抗西方亦是難以實現的。」桑原沒有申述這種看法的根據，但黃種人之間確實除了膚色之外，缺少別的認同，其較之白人的一致性和「大團結」要少，已被百餘年的歷史所證明。

桑原在為中國和日本辯白的同時，更對「白禍」做了直言不諱的批評。他說：「無論是過去還是現在，白人沒有一天不在迫害著黃種人。」諸如在南洋群島和馬來半島「殺害」、「迫害本地的中國人」，「又用武力強加威脅，中國和日本都被迫開放，且從此受盡白人的迫害」。桑原還批駁了白人自我美化的「博愛」、「偉大」、「高尚」等標榜之詞。他說，白人真的超越了一切宗教、民族的差別，實施一視同仁的博愛行動嗎？看白人東漸以來的事實，完全不是這樣的，僅從白人向中國輸出鴉片和發動鴉片戰爭一事，即可說明：「他們不僅不將其所欲施與他人，還將其所不欲強加於人。」桑原總結說，可見「在所謂的『黃禍』之前應是已存在『白禍』的……迫害黃色人種的白人卻人叫『黃禍』，這難道不是很奇怪的事情嗎」？

文章還分析了雙方的心態和情感。桑原說：「黃種人對白人的反感，大都是由於白人對黃色人種不抱半點同情，毫無顧忌、自以為是、隨心所欲的行事而引起的。」而白人「自詡是世界上最優等的種族，認為他們理應有支配世界的特權，並以此偏見評判一切事情。世上的黃種人要遵照白人的意志行事，還不能表示一點不平之感。（現在）黃種人覺醒，還尚未得到多少所謂的自由，白人便開始叫嚷起來，說黃種人是在謀反」。桑原諷刺說：「這不得不說是一件滑稽的事。」

文章的結論是：**「白禍是客觀存在的一種事實，而黃禍則是一種虛妄之想。被誤認為是黃禍之首的中國人和日本人，連自己的權益也難以保護，怎會有餘力加害白人！」**但是桑原發出警告說：「世上由虛妄變成事實的例子也很多。若白人一再不停地叫嚷『黃禍！黃禍！』並任意欺壓、迫害黃種人，從而引起黃種人的大反抗，黃禍會成為一種事實也未可知。可以說，黃白種族衝突是否會成為事實以及事實到來的遲早，完全決定於白人對黃種人的壓迫有無緩急的改變上。」⑯

這篇文章被橋川文三教授稱為「論旨並非特別新奇」，但「要領極佳」，「非東洋學泰斗寫不出來的」、「破黃禍論」的「平易的模範論文」⑰。的確，桑原的文章剖析西方「黃禍論」者的心態，揭露西方殖民主義、帝國主義在東方的侵略擴張和橫行霸道並且做賊喊捉賊的伎倆，可謂準確精到，與同時代的中國人批駁「黃禍論」的文章非常近似。但有兩點，是今天的中國讀者很容易看出來的。一是如同當時桑原輕視中國的態度一樣，桑原在辯白中國不會成為「黃禍」時，是立足於中國人缺乏愛國心，容易被征服的看法。這一認識與一九三〇年代日本大舉侵略中國的行動頗有關聯。二是桑原雖然承認日本人「不像中國人那樣愛好和平」，也不會有中國人「這麼大的寬容」，但是他進而在日本人「愛國心強烈」，不允許「國家的尊嚴體面」遭到「損傷的精神」，抵禦和反抗「白禍」等等理由之下，對日本在強大之後的對外侵略擴張做了明顯的掩飾和辯護。當然，一九三一年死去的桑原不可能對他說過的「不必擔心我日本人會採取主動進攻的姿態」一語負責，但桑原在文章最後所說的「由虛妄變成事實」無論如何都成了讖語。

大正時代，日本關於人種學的討論，尤其是否認日本屬於黃種人的言論大為減少，堅持日本人種屬於西歐系統的只有小谷部全一郎和木村鷹太郎。

小谷部全一郎當時被少數日本人稱為「學亙東西，識涌今古」的「奇士」。其實在嚴肅的學者看來，他不過是一個涉獵廣泛但根本不經「考證」就信口開河的人。他敢於毫無根據地提出「成吉思汗就是（日本貴族的重要人物）源義經」，還要寫成書送給天皇觀看。

他的《日本及日本國民之起源》雖然出版於昭和初年，但其「研究」工作和觀點早在大正初年就為人所知。他的「研究」一是從地名的讀音開始，比如他說：「閱覽亞洲的地圖，就可發現亞美尼亞（Armenia）、塔伽馬（Tagama）、哈拉（Halab）、哈蘭（Harran）等地名甚是類似我國語。對此就亞美尼亞一詞加以解釋，亞美即我的阿麼，就是天，尼是接續詞，亞就是處……因此余可斷言，天是稱西部亞細亞的阿麼之國，高天是該地的洲名塔伽馬，原用於稱該洲的古都哈蘭。」

接著就傳說中的人類遷移發揮大膽想像，稱日本人的祖先就是以色列十二支族中已經消失的十支族之一「迦得族」。天皇之所以發音讀作「彌伽得」，就是在「伽得」前面加上了美稱「彌」。還說日本每年七月十七日的「夏祭」，就是紀念挪亞方舟停在亞拉臘山的日子。小谷部然後「推定」，「迦得族」先經波斯到阿富汗到西藏。然後在西藏分為兩路，一路經符拉迪沃斯托克（海參威）到朝鮮再到日本；一路經暹邏、南中國、琉球，再到日本。他的結論是，日本的「基礎民族」是「希伯來神族的正系」，是「亞伯拉罕的子孫迦得的後裔」。橋川文三先生說，英國也有將其民族起源追溯為以色列十二支族的研究，小谷部在書中列舉了六本英國書，並做了詳細介紹⑱。小谷部的構想可能是受到了英國此類研究的啟發，但完全沒有可信的「考證」作為根據。

木村鷹太郎在一九一三年出版了《日本太古小史》，為了論證日本人種「西來」說，他嘲笑東京大學教授白鳥庫吉和京都大學教授內藤湖南等關於邪馬台國的考證為「愚昧可笑」，然後自己來了一個快刀斬亂麻的地理位置大挪移。按照他的說法，中國古代史書中出現的我國東北、朝鮮和日本的地名，統統在歐洲和北非，如「奴國」是「伯羅奔尼薩斯（Peloponnese，即伯羅奔尼撒）半島東部阿爾果利斯國（Argolis，即阿爾戈斯）之阿爾果斯（Argos，即阿爾戈斯）府」；「末盧」在希臘南部；「韓國」是「伽拉即義大利北部之總稱」；「狗邪韓國」在「義大利南部之東邊」；「帶方郡」是「塞爾特人之國」，「是古代奧地利、德意志、法蘭西一帶之名稱」等等。由此順理成章得出了「倭人傳中之倭女王國，就是吾等日本人在太古占據歐亞之中心埃及，義大利、希臘、阿拉比亞（Arabia）、波斯、印度、暹邏等均屬我國版圖」的結論。

橋川文三先生稱木村是和小谷部一類的人，「想法新奇使人吃驚」，其「浪漫」、「無稽」的解釋讓人「瞠目」。他還調侃說：「如果對方荒誕無稽地以白人為中心描寫世界歷史，這樣（以荒誕對荒誕）立論也沒什麼關係吧」，不過木村的理論還遠未徹底，「最好乾脆把日本列島作為人類發生的中心之地，不是以『東漸』而是以『西漸』來說明世界歷史，豈不是氣魄更大」⑲？不過在今天的外國讀者看來，木村令人吃驚的「大言」，不僅在意欲推翻原來以白人為中心的世界歷史，在思想深處和當時日本擴張主義者之大得嚇人的領土野心恐怕也有關係。

但是前面說到的大隈重信始終不同意日本人種「西來」說。一九〇五年冬他在一次演講中說：「有人說日本人是亞利安種族。亞利安就那麼高貴？我等不能沒有懷疑。無論怎麼說，我們的血跟亞利安不同。或許我們的血中多少混有一點亞利安的血，但因此就說日本民族是亞利安人種，這是有點牽強的論斷。」到了一九一三年，他在《經世論續篇》中把白種人與有色人種，尤其是與中國人和日本人做了對比，認為無論是「顏色」、「容貌、姿勢、舉止動作」，以及「身長」、「腦容積」，總起來說就是「體力和智力」，「有色人種到底不及白人」。具體說到日本人，大隈承認日本人「身材矮」，「知識劣於人」，「從歷史上觀察，日本人也沒有以何種偉大的發明著稱於世的」。他還批評說：「吾輩平時不正常地誇耀自己，總說絕不亞於白人。但遺憾的是以上事實（不是他們所說的那樣）。」

大隈把人種問題與「黃禍論」聯繫在一起考慮。他說：「歐洲人如此喧嚷黃禍，把遠古的歷史當作今日的夢囈，實際上是出於某種政策所需。可見歐洲人要像征服世界一樣，怎麼也要把其他民族踩在腳下」，而日本人「終究是比白人低下一等的民族」，「不堪生存競爭」，「那麼到底有無拯救之術呢」？他的回答是，日本人最後可以依靠的，就是「以天皇為中心的萬世一系」的精神傳統，這「是我民族成為世界上的優勝者的最後力量」⑳。由此可見，大隈在人種競爭問題上的思考，他不是強詞奪理地把日本人說成西來的亞利安種屬，甚至從「事實」上承認黃種人尤其是日本人自己的劣勢，目的是強化日本人的危懼意識。意在告誡日本人，不要讓那些別人都不相信的、無可靠根據的種種「日本新人種說」自欺欺人，而忘掉了自己的「根性」。為了補償日本在人種上的劣勢，大隈搬出了日本的「國粹」，即信仰和制度上「萬世一系」的皇國主義，把人種學的問題巧妙地過渡到了政治問題上。

所以，在第一次世界大戰以後，在日本學術和輿論界中，強辯日本人種屬於西來的亞利安人的說法漸漸隱退。不僅如此，日本人逐漸以黃種人乃至有色人種的代表自居。一九一九年在巴黎和會上日本代表提出了「撤銷人種歧視待遇」的議案（該議案因澳洲代表的反對未被立案），可以視為這種轉變的標誌。緊接下來，由於俄國革命後日本出兵西伯利亞，雖然日本軍隊最終被蘇俄紅軍逐出，但「出兵西伯利亞的經歷，促使日本士兵向來對歐洲人所懷有的敬畏之念消失……逐漸拋棄了歐洲優越這種神話。」

一九二〇年代，曾經擔任過日本內閣首相的**平沼騏一郎**多次表達對白種人的不信任，並「厭惡西方作風」。以平沼為中心的「國本社」極力鼓吹皇國主義的「泛亞洲主義」。西方輿論把「國本社」視為「日本法西斯主義的總根據地」㉑。而以介紹和研究尼采著名的學者生田長江，也在一九二四年發表了〈東方人之時代〉的文章，宣稱：「不管如何困難，東方人及東方文化早晚會再次支配世界，甚至將使全人類過全新的生活。對此我們深信不疑。假若不相信東方人及東方文化有一天將會取代現在的西方人及西方文化，我們就會對於人類的將來完全絕望。」他解釋說：「我們之所以提倡東方人及東方文化再次支配全球，不用多說，是認為它是拯救整個人類的唯一手段，並不只是為了滿足我們東方人自己的權勢慾望和榮譽心……因為我們做夢也不曾想過把我們東方人尤其是我們日本人看成真正的弱者。」㉒日本人在種族、國體、文化等各方面全面地形成了自我優勝的想像。

一九二〇年代後期和三〇年代初期，即日本進入「昭和時代」的頭幾年，部分日本人更以進攻的姿態談論人種與「黃禍」的問題。如前面說到的在甲午戰爭時期極端醜詆中國人的竹越與三郎，一九二八年在「經濟調查聯合會」座談會上發表題為〈即將到來的新黃禍抑制運動〉的演說，稱：「眼下各處殖民地人心動搖，對歐洲和白人的反抗心非常強烈。」之所以如此，「最近的原因是歐洲人互相殺戮，財富喪失，暴露出歐洲文明的弱點」；「反過來求其遠因……白人文明動搖的原因在於日本。故現在歐洲盛行列國必須加強對日本監視的議論」。竹越明確地說：白種人對有色人種尤其是日本人的「包圍戰」，「是否會在二十年、十年，甚至五年以後開始，這是普通人無從斷言的。但我以為時間不會太久」㉓。竹越在演說中點名提到了美國政治評家斯托爾達德（Theodore Lothrop Stoddard）的著作《有色人種如潮湧動》（*Rising Tide of Colourd Race*），這本一九二〇年出版的書警告美國人說：「歐洲戰爭給了日本自由控制中國的機會……而且中國人也的確看到了日本人計畫的優點——特別是『大東亞共榮圈』思想，在這種觀點驅使下所有的白人都將被逐出遠東。」㉔雙方都預計到了衝突難以避免。

由於日本大肆宣揚自己的「獨特精神」和「皇國主義」，鼓吹由日本來「解放受白種人壓迫的東方諸國」，連當時的日本外交評論家清澤冽都在其論文〈新黃禍論〉中承認：「**舊的黃禍論是被尋釁，新近的黃禍論則是由我方尋釁（而引起）**。」他尤其批評了當時日本的陸軍大將荒木貞夫的「日本人的精神和性格，應該跨越七海，向五大洲宣揚。如有妨礙其出路，就不惜以武力加以排除」之類的言詞。他對此提出疑問說：「作為日本人，是大肆標榜人種問題，一邊刺激世界民心一邊前進比較好呢，還是把盡量避免那種逆風作為國策較為明智呢？」他擔心地表示，如果「走前者的危險道路」，「我想黃禍論一有機會就會被提到世界上」㉕。

果然，在日本侵占了中國東北數年之後，在「七七事變」發生之前，美國的《大西洋月刊》（*The Atlantic Monthly*）一九三七年五月號上，刊出了長期未曾公布的、德皇威廉二世一九〇九年對美國作家赫爾（W. B. Hale）的談話。其中有「誰都知道在亞洲和西方，即白種人和黃種人之間有什麼事情會發生……全世界都知道決定全地球上人類命運的一大危機在很快靠近」，「日本人憎恨白人，猶如白人憎恨魔鬼。日本人是魔鬼，那是最簡單的事實。對我們而言，危險不只是日本，而是日本成為統一的亞細亞的領袖。日本統一中國——那就是威脅世界的最大的壞事」㉖等等內容。顯然美國報刊此時公開德皇威廉二世將近三十年前的這種露骨言論，完全是借古喻今。

之後隨著日本對美、英戰爭的展開，雙方互相醜化。日本稱美英為「鬼畜美英」。在澳洲的美國記者則把日軍稱為「日本蟹」。英國報紙常常刊登醜化日本人的漫畫：「日本人基本上都被畫成猴子，或者是比猴子稍微進化一點的露出齙牙、戴著眼鏡，總在尋人嘶咬的矬個兒，而且跟隨在希特勒和墨索里尼身後蹭著小步地走路。」㉗當英國戰艦「威爾斯王子」號（Prince of Wales）被日軍擊沉的時候，連英國首相邱吉爾也氣得用「黃種猴子」來稱呼日軍。一九四三年六月美國蓋洛普調查所就「戰後美國能否恢復與德日兩國國民深交」問題展開民意調查，十二日發表調查結果，顯示回答能與德國國民恢復深交的達百分之六十七，而回答能與日本國民恢復深交的僅有百分之八。而且當時美國人用來形容日本人的字眼通常是「野蠻，一如野獸，卑劣，狂熱信從，未開化，骯髒，不可信任」等等㉘。一九四四年一月，美國雜誌《財富》（*Fortune*）刊登「戰後哪些國家應該參與國際聯合組織」的輿論調查結果，顯示英國名列第一，為百分之七十二，然後依次是中國，為百分之六十七，蘇聯百分之六十五，法國百分之四十二，巴西百分之三十七，義大利百分之二十，阿根廷百分之十九，西班牙百分之十六，德意志百分之四，日本百分之二，大概居於末位。日本報紙感嘆說：「由此可見美國國民對我國的敵意程度。」㉙日本發動侵略戰爭及在戰爭中的野蠻、瘋狂行徑，使日本人的形象在國際社會中跌落到了最低點。

橋川文三教授曾從大體上概括了西方「黃禍論」的所指對象。他說：**「二十世紀前半期黃禍的中心是日本，後半期則被代以中國，這樣（總結西方人的看法）大概不錯吧。」**㉚面對來自西方的「黃禍論」，敏感的日本人迅即做出反應，他們對西方人的優越感感到氣憤，欲極力擺脫「黃禍」的魔咒，或是反守為攻，指俄國人乃至全體白人為禍，或是嫁禍於人，稱中國人為禍，為此不怕在人種上「脫亞入歐」。第一次世界大戰以後，日本人在人種上回到了黃種和有色人種的立場，以有色人種的代表和「亞洲的解放者」自居，配合自己的侵略野心，由「被尋釁」到主動「尋釁」，最終挑起了侵華戰爭和太平洋戰爭。在長達半個世紀以上的國際關係糾紛中，「黃禍論」是一個始終貫穿其中的話題，雖然對於攻辯雙方而言，「種禍」都不是實質而是藉口和說詞，但這一體現人種歧視的說詞無疑起到了毒害各方感情、凸顯種族和民族差異，為國家之間的矛盾衝突火上加油的負面作用。這當中顯然存在著人類應該記取的教訓。

註釋

①竹越與三郎：〈中國人種侵略世界〉，《清議報》第四十冊，光緒二十六年（1900）農曆三月一日出版，「時論匯錄」，第5-7頁。

②橋川文三：〈黃禍物語〉，第23-24、27-28頁。

③橋川文三：〈黃禍物語〉，第71-73頁。

④橋川文三：〈黃禍物語〉，第33-39頁。

⑤海因茨·哥爾維策爾：〈黃禍論〉中譯本，第189頁。

⑥橋川文三：〈黃禍物語〉，第 40-46 頁。
⑦橋川文三：〈黃禍物語〉，第 47-59 頁。
⑧石川半山：〈論種界之競爭〉，《清議報》第四十八冊，光緒二十六年（1900）農曆五月二十一日出版，「時論譯錄」，第 5-7 頁。
⑨〈大隈重信述黃禍〉，《中外日報》光緒三十年三月二十八日（1904 年 5 月 13 日）。
⑩〈論大隈伯黃禍說書後〉，《中外日報》光緒三十年三月二十九日（1904 年 5 月 14 日）。
⑪《論黃禍》（譯自 1904 年 7 月 20 日日本《外交時報》），《外交報》甲辰年（1904）第二十一號（總第九十期），第 6-7 頁。
⑫〈非同文同種〉（譯自 1902 年 5 月 2 日日本《時事新報》），《外交報》壬寅年（1902）第十號（總第十二期），第 17-19 頁。
⑬橋川文三：《黃禍物語》，第 89-90 頁。
⑭谷音：〈辨黃禍之說〉，《東方雜誌》第二年第二期，光緒三十一年（1905）農曆二月二十五日出版，「社說」第 32-35 頁。
⑮橋川文三：《黃禍物語》，第 151-152 頁。
⑯《黃禍論》，載桑原騭藏著，錢婉約、王廣生譯：《東洋史說苑》，北京，中華書局，2005 年 7 月，第 233-245 頁。
⑰橋川文三：《黃禍物語》，第 93 頁。
⑱橋川文三：《黃禍物語》，第 62-64 頁。
⑲橋川文三：《黃禍物語》，第 66-68 頁。
⑳橋川文三：《黃禍物語》，第 60、98-101 頁。

㉑橋川文三：《黃禍物語》，第 164、177 頁。

㉒橋川文三：《黃禍物語》，第 184-185 頁。

㉓橋川文三：《黃禍物語》，第 219 頁。

㉔理查．湯普森：《黃禍論》，第 402 頁。

㉕橋川文三：《黃禍物語》，第 221-223、402 頁。

㉖橋川文三：《黃禍物語》，第 220-221 頁。

㉗橋川文三：《黃禍物語》，第 232 頁。

㉘橋川文三：《黃禍物語》，第 236-237 頁。

㉙〈美國輿論陳說些什麼？〉，《每日新聞》昭和 19 年 3 月 12 日。

㉚橋川文三：《黃禍物語》，第 262 頁。

結語

儒者倡導「恕道」，「犯而不校」是「恕道」最精要的表達，本意是「小人」冒犯了「君子」，「君子」不要計較。因此不用說「君子」是更不會去主動冒犯別人的。據說耶穌基督也教人左臉被人打了還要把右臉送上去，這不僅是一種寬恕和仁慈，還進而視敵為友。但這種寬容、大度和高尚的德行，除了聖賢，以個體形式出現的人能夠真正做到的並不多；而在由無數個體聚合組成的民族、國家之間，「犯而不校」的情形恐怕更是少之又少。

冒犯有程度之異，更有方式的不同。在不同的民族、國家之間，最輕微的是言語冒犯，比如歧視、醜詆對方；較嚴重者是在自己權力所及的範圍內排斥、壓制、遏阻對方，違背人道和公正的普世價值，剝奪對方的權利；最嚴重者則是訴諸武力，殺戮對方的軍人和平民，攻占其領土領海，掠奪其財富和資源，甚至不惜滅其國而奴其種。而且歷史事實證明，最初透過言語體現的歧視和醜詆，總是伴隨著行動上的排斥、遏阻甚至戰爭，即不僅有「言」而且有「行」。由於任何言語都有刺激、煽動大眾感情的作用，或者是喚起大眾的某種信念與希望，甚或是煽起人們的疑慮與恐懼，達到為自己的不當行為尋找藉口的目的，博得大眾支持，同仇敵愾。所以這最初的尋釁言語，實際上隱含著製造輿論的動員作用；而被冒犯的一方也就不可能不加以注意和關切，從據理批駁、反唇相稽，直到對抗和報復，很難完全做到「犯而不校」。

對待爭辯有兩種基本態度。相信「真理（真相）越辯越明」者主張爭辯；以為「真理

（真相）不辯自明」者則不熱中爭辯。爭辯可能與「百家爭鳴」的條件、氛圍有關，所以先秦時期是中國辯者蜂起的時代。不過即使在那個時候，「好辯」也沒給人留下好印象，所以孟子要用「不得已」為自己的「好辯」做解釋。此後中國進入嚴格控制言論的專制時代，人們害怕「口舌賈禍」，漸漸從木訥變為痲木。當然這也與中國人較為相信「真理（真相）不辯自明」的態度有關。明末清初頗長於說理的王夫之雖主張論辯，但強調論辯不要被「邪曲」之談牽著走，而應以立起自己的「正論」為目標，「君子之言有物也。物也者，實也。言吾之是，非以折彼之非；言吾之直，非以辨彼之曲；言吾之正，非以爭彼之邪」，然而「是之勝非，直之勝曲，正之勝邪，操常勝之勢，揆之義而義存，建以為名而名正，何患其不勝哉」①？也就是相信，立論只要以真理、真相為歸，光明正大，對立面的邪說就會不攻自破了。客觀地說，進入十九世紀後期，中國的言論環境比以前寬鬆多了，各種輿論較前大增，但可能主要是因為語言文字隔膜之故，當時的中國人對西方「黃禍論」的言說情形知之有限，因此直接對「黃禍論」做出回應的並不多。

當然可能還有另外一種原因影響到中國人對「黃禍論」大都採取不予置辯的態度。戊戌時期的維新志士譚嗣同的想法可以作為這種態度的代表。譚嗣同基於更強調民族自省的立場，多將批評的鋒芒指向守舊、自大的「誤國之臣」和「亡國之士」，說這些人「不虛心、不自反、不自愧、不好學、不恥不若人」；表示：「吾何暇計外洋之欺凌我、虔劉我哉？責己而已矣。」②他強調中國的出路在「自強」，並以為既然「名之曰自強，則其責在己而不在人」。「任彼之輕賤我，欺凌我，我當視為兼弱攻昧，取亂侮亡，則詆毀我者，金玉我也；干戈我者，藥石我也。」③顯然這種認識有可取的一面，即凡事不忘先從自己一方找原因，不要一聽言語冒犯，一見矛盾衝突就喪失理性和冷靜，一切諉過於人而不反省自身。但是問題還有另外一面，如果對方有意尋釁，顛倒是非黑白，而受汚者完全「失語」，就會導致積非成是，世界全無公理和正義可言了。所以對待他人的「醜詆」，不必多辯但也不可不辯。

魯迅先生對待「黃禍論」的態度可謂獨樹一幟。二十世紀初年，魯迅先生在〈破惡聲論〉中曾批評當時中國人面對「黃禍論」的三種表現：一種是「自屈於強暴久，因漸成奴子之性，忘本來而崇侵略」；一種是「人云亦云，不恃自見」；一種是「援德皇威廉二世黃禍之說以自豪，厲聲而嗥」。他既著重批評了恐懼或崇拜西方侵略者的奴隸性格，也嘲笑了因「黃禍」說而自豪的虛驕自大，視其為「夢中狂人」，強調：「若夫今日，其可收豔羨強暴之心，而說自衛之要矣。」④三〇年代，即在魯迅先生晚年，也有幾篇文章涉及應該如何對待「黃禍論」的問題。如〈准風月談．黃禍〉指出，三十年前德皇威廉二世稱黃種人要席捲歐洲，中國「有些英雄聽了這話，恰如聽到被白人恭維為『睡獅』一樣，得意了好幾年」。然而這些人「一面在做『黃禍』的夢」，中國卻仍在魚爛瓦解，被他人欺凌宰割。「倘是獅子，自誇怎樣肥大是不妨事的，但如果是一口豬或一匹羊，肥大倒不是好兆頭。」這是強調中國人如果只是夢想強大或者自以為強大，會蘊含著極大的危險。當然魯迅也不苟同那種過分自卑的態度，稱：「但倘說，二十世紀的舞台上沒有我們的份，是不合理的。」⑤

三〇年代初，當標榜「民族主義文學」的《前鋒月刊》把當時中央軍與閻錫山、馮玉祥之間的中原大戰想像成蒙古人的「西征」，其後又無視日本人已經侵占中國東北三省，鼓吹「黃種人團結的重要」，謳歌「亞細亞勇士們張大吃人的血口」，客觀上配合了日本人的反蘇宣傳時，魯迅先生批評說這實在是要「先使中國人變成奴才，然後趕他打仗」，而「用民族主義來朦混讀者」⑥。而當西方的「黃禍論」者或其他人在談到中國文明、制度、現狀及中國人的性格和精神問題的時候，魯迅先生並不贊同諱疾忌醫，以為外人一說中國的缺陷就覺得是傷害了中國和中國人的尊嚴，其實更多的是認為「丟了面子」的態度。所以當美國傳教士明恩溥在其著作《中國人的素質》中較多談到中國人素質的缺陷時，辜鴻銘在〈中國人的精神．序言〉、〈約翰．史斯密（即明恩溥）在中國〉和〈中國學(一)〉等文章中力加批駁，而魯迅先生卻認為明恩溥批評中國人做事「撐場面的份量多」「這話並不過於刻毒」，他希望中國有人譯出該書，讓更多的中國人「看了這些，而自省，分析，明白哪幾點說得對，變革，掙扎，自做工夫，卻不求別人的原諒和稱讚，來證明究竟怎樣的是中國人」⑦。總之，由於魯迅先生一生最主要的是致力於與黑暗抗爭及改造國民性，因此在對待西方人的尋釁、醜詆或客觀的批評而中國人的回應又未必全然冷靜、科學的時候，他主張中國人多做「自省，分析」，「變革、掙扎，自做工夫」，既不自卑，更不自大。魯迅先生的這種態度，是同時代的日本人所沒有的，在中國人中也不多見，因而具有特別的意義。而在中國剛剛開始走向強大，即有人「未富先驕」，因而中國人的素質亟須繼續改進提高的今天，尤其值得珍視和記取。

我們還有一點自知之明，深知要寫出這樣一本系統總結之作，非我等力所能逮。但我們深信「人類共生」之理，憧憬人類和諧與世界大同，因此希望共生於地球上的不同種屬、民族和國家的人，彼此之間能逐步消除歧視、猜忌和敵意，無論是對歷史上的恩怨和現實中的分歧，都能從客觀的理性的態度出發，先求溝通和理解，真正做到「知己知彼」。但這種「知己知彼」不是為了「百戰不殆」或者「不戰而屈人之兵」，而是為了求同存異，進而「（擴）大同（縮）小異」，最終棄異求同。因此本書的內容，主要是在大量閱讀中外文獻的基礎上，再現圍繞「黃禍」這一話題展開的論辯史，雖有若干評論，但不多做人種學的、民族主義的或現代意識形態的批評。雖然歷史學從來就帶有一種「舊事重提」的特徵，但從「致用」的目標出發，人類最需要的是從中總結出有益的經驗教訓。儘管「黃禍論」並未完全成為過去式，而且其變種「中國威脅論」更不時泛起，但我們的初衷仍是清理傷口，而不是特意給人類的新舊傷口抹鹽。

註釋

①《船山遺書》，同治四年湘鄉曾氏金陵刊本，「宋論」，卷十三，第 12-13 頁。

②〈報貝元徵〉，《譚嗣同全集（增訂本）》，北京，中華書局，1981 年，上冊，第 225、210 頁。

③《仁學（四十四）》，《譚嗣同全集（增訂本）》下冊，第 361 頁。

④魯迅：〈破惡聲論〉，《河南》雜誌第八期，1908 年出版。

⑤魯迅：〈准風月談．黃禍〉，《魯迅全集》，北京，人民文學出版社，1972 年，第六卷，第 109 頁。

⑥魯迅：〈「民族主義文學」的任務和命運〉，最初發表於 1931 年 10 月 23 日上海《文學導報》第一卷第六、七期合刊，署名晏敖。

⑦〈魯迅評《中國人的素質》〉，載明恩溥著，秦悅譯：《中國人的素質》，上海，學林出版社，2001 年 5 月第 2 版，第 294、297 頁。

主要參考文獻

一、中文部分（含外文已譯書籍，按作者姓氏拼音排列）

〔德〕奧斯維德．斯賓格勒著，齊世榮等譯：《西方的沒落》（上下冊），北京，商務印書館，2001 年。

〔美〕J．M．布勞特著、譚榮根譯：《殖民者的世界模式》，北京，科學文獻出版社，2002 年。

〔美〕哈樂德．伊薩克斯著，于殿利、陸日宇譯：《美國的中國形象》，北京，時事出版社，1999 年。

〔英〕大衛．米勒主編，《布萊克維爾政治學百科全書》（修訂版），北京，中國政法大學出版社，2002 年。

〔德〕海因茨．哥爾維策爾：《黃禍論》，北京，商務印書館，1964 年。

黃新民：《世界人種問題》，上海，光華書局，1927 年。

李恩涵：《曾紀澤的外交》，台北，商務印書館，1966年。

〔英〕羅賓．科恩、保羅．甘迺迪著，文軍等譯：《全球社會學》，北京，社會科學文獻出版社，2001年。

寧騷：《民族與國家》，北京，北京大學出版社，1995年。

〔美〕蘭德爾．柯林斯、邁克爾．馬科夫斯基：《發現社會之旅》，北京，中華書局2006年。

〔美〕明恩溥著，秦悅譯：《中國人的素質》，上海，學林出版社2002年。

〔法〕皮埃爾—安德列．塔古耶夫著、高凌瀚譯：《種族主義的源流》，北京，三聯書店，2005年。

〔日〕桑原騭藏著，錢婉約譯：《東洋史說苑》，北京，中華書局，2005年。

王墨林：《後昭和的日本像》，台北，稻禾出版社，1991年。

〔德〕威德著，西庵譯：《李鴻章與俄國》，上海，東方書局，1935年。

呂浦、張振鵾編譯：《「黃禍論」歷史資料選輯》，北京，中國社會科學出版社，1979年。

〔美〕雅克．巴爾贊著，林華譯：《從黎明到衰落》，北京，世界知識出版社，2002年。

〔美〕任達：《新政革命與日本—中國，一八九八—一九一二》，南京，江蘇人民出版社，1998年。

余英時：《錢穆與中國文化》，上海，上海遠東出版社，1994年。

張灝：《梁啟超與中國思想的過渡》，南京，江蘇人民出版社，1995年。

張枬、王忍之編：《辛亥革命前十年間時論選集》，北京，三聯書店，1978年。

《戴季陶集》，武漢，華中師範大學出版社，1990年。

《唐才常集》，北京，中華書局，1980年。

《辜鴻銘文集》，海口，海南出版社，1996年。

《雷鐵崖集》，武漢，華中師範大學出版社，1986年。

《魯迅全集》，北京，人民文學出版社，1972年。

《孫中山全集》，北京，中華書局，1981-1986年。

《飲冰室合集》，北京，中華書局，1989年。

《章太炎全集》上海，上海人民出版社，1984年。

報刊

《大陸》、《大陸報》、《東方雜誌》、《廣益叢報》、《國民日日報》、《湖北學生界》、《湖北學報》、《河南》、《汗血週刊》、《紅旗》、《江蘇》、《警鐘日報》、《覺民》、《前鋒月刊》、《蘇報》、《清議報》、《外交報》、《女子世界》、

《遊學譯編》、《新世界學報》、《庸言》、《浙江潮》、《中外日報》、《中國新女界》。

二、日文部分（按姓氏筆劃排）

山口一郎：《近代中国对日观の研究》，日本亚洲经济研究所，1970年。
日本中国研究所：《中国の日本论》，日本潮流社，1948年。
户川猪佐武：《犬养毅と青年将校》，东京讲谈社，昭和五十七年。
井上清等：《日中战争と日中关系》，东京原书房，1988年。
田口卯吉：《鼎軒田口卯吉全集》（第二卷），東京經濟雜誌社，昭和二年。
田口卯吉：《日本人种の研究》，东京经济杂志社，明治三十八年。
田口卯吉：《古代の研究》，东京经济杂志社，明治三十五年。
田村圆澄：《东アジアと日本》，京都吉川弘文馆，昭和六十二年。
本多熊太郎：《欧洲情势と支那事变》，东京千仓书房，昭和十四年。
石田千之助：《欧米における支那研究》，东京创元社，昭和十七年。
竹内好等：《日本とアジア》，东京筑摩书房，1966年。
池亨吉：《日米戰爭》，東京博文館，明治四十四年。
江上波夫等：《日本と中国——民族特质の探讨》，东京小学馆，昭和五十七年。

江口朴郎：《第一次世界大战后の世界》，东京中央公论社，昭和五十八年。

远山茂树：《近代日本の政治家》，东京讲谈社，昭和三十九年。

橋川文三：《黃禍物語》，東京岩波書店，2000 年。

信浓忧人：《支那人の见た日本人》，东京青年书房，1937 年。

鱼返善雄：《中国人の日本观》，东京目黑书店，1943 年。

嵯峨隆：《戴季陶の对日观と中国革命》，东京成文堂，1998 年。

宇野俊一：《日本の历史（26）日清・日露》，东京小学馆，1976 年。

村瀬兴雄：《ファシズムと第二次世界大战》，东京中央公论社，昭和五十八年。

楢崎觀一：《滿洲、支那、朝鮮》，日本大阪屋號書店，昭和九年。

黑龍會編：《東亞先覺志士傳》，東京原書房，昭和四十一年。

三、外文著作（按作者的姓氏字母排序）

〔美〕阿利斯泰爾・布肯：《中國和亞洲和平》（Alistair Buchan, *China and the Peace of Asia*, London, 1965）

〔美〕瑪漢：《亞洲問題及其對國際政治的影響》（A. T. Mahan, *The Problem of Asia and its effect upon international Policies*, London, 1900）

〔德〕維爾特：《黃禍與斯拉夫禍》（A. Wirth, *Die gelbe und die slawische Gefahr*, Biatter,

1905）

〔美〕布朗・亞瑟：《舊中國的力量：一個不受歡迎又不能忽視的覺醒》（Brown J. Arthur, *New Forces in Old China:an Unwelcome but Inevitable Awakening*, New York, 1904.）

〔英〕亨斯曼：《中國是黃禍還是紅色希望？》（C. R. Hensman, *China: Yellow Peril? Red Hope?* SCM Press Ltd 1968, London）

〔澳〕皮爾遜：《民族生活和民族性格——一個預測》（Ch. H. Pearson, *National Life and Charater. A Forecast*, London and New York, 1893）

〔澳〕丹尼斯・沃納：《槍桿子下》（Denis Warner, *Out of a Cun, Hutchinson*, London, 1956）

〔法〕西蒙：《中國的城市》（E. Simon, *La Cite' Chinonise*, Paris, 1885）

〔英〕米切爾：《海外華僑》（E. Mitchll, *The Chinaman abroad, The Nineteenth Century*, 1894, II）

〔德〕拉采爾：《中國人的向外遷移》（F. Ratzel, *Die Chinesische A'anderung*, Brelan, 1876.）

〔德〕戈爾茨：《從歷史觀點看黃禍》（F. V. Goltz, *Die gelbe Gefahr im Lichte der Geschichte*, Leipzig, 1907）

〔美〕哈特・阿爾伯特：《一個明顯的東方》（Hart B. Albert, *The The Obvious Orient*, New York, 1911）

〔美〕漢弗萊・塞斯：《人類：種族價值與種族面面觀》（Humphrey K. Seth, *Mankind:*

Racial Values and Racial Prospects, New York, 1917）

〔法〕杜摩拉：《日本的政治經濟和社會透視》（H. Dumolard, *Le Japan Politique, economique e'tsocial*, Paris,1903）

〔美〕馬克沁：《沒有防衛的美國》（H. Maxim, *Defencelee America*, London/New York/Toronto, 1915）

〔美〕哈里森·索爾茲伯里：《中國勢力範圍》（Harrison E. Salisbury, *Orbit of China, Secher and Warbury*, Londin,1967）

〔德〕郭士立：《中華帝國史》（Karl Gützlaff, *Geschichte des Chinesischen Reiches*, Hrsg. von K. F. Neumann, Magdeburg und Tubingen, 1847）

〔俄〕諾維科夫：《白種人的前途：當代悲觀主義批判》（J. Novikov, *I'Avenir de la race blanche. Critigue du Pessimisme contemporain*, Paris, 1897）

〔美〕福斯特：《美國在東方的外交》（J. W. Foster, *American Diplomacy in the Orient*, Boston and New York: Houghton, Mifflin and Company, 1904）

〔法〕謝曼：《戈賓諾傳》（Ludwig Schiemann, *Gobineau*, II, Strapburg, 1916）

〔法〕莫尼埃：《亞洲紀行·中國》（M. Monnier, *Le Tourd'Asie. I'Empier deu Milieu*, Paris, 1899）

〔美〕朋倍利：《跨過美洲和亞洲》（R. Pumpelly, *Across America and Asia ete*, New York,

1870）

〔美〕霍夫斯塔托：《一八六〇—一九一五年美國思想界中的社會達爾文主義》（R. Hofstadter, *Social Darwinism in American Thought 1860-1915*, Philadelphia, 1945）

〔美〕理查·奧斯丁·湯普森：《黃禍論》（威斯康辛大學 1957 年博士學位論文）（Richard Austin Thompson, *The Yellow Peril, 1890-1924*, Arno Press, New York）

〔美〕愛德華·羅斯：《變化的中國人：東西方議論文化衝突下的中國》（Edward A. Ross, *Changing Chinese: the Conflict of Oriental and Western Cultures in China*. New York, 1912）

〔美〕斯奈德·路易：《人種：現代倫理的歷史》（Snyder L. Louis, *Race: a History of Mordern Ethnic Theories*, New York, 1939）

〔美〕謝弗·博伊德：《民族主義：神話和現實》（Shaffer C. Boyd, *Nationalism: Myth and Reality*, New York, 1955）

〔美〕喬治二世：《亨利·喬治傳》（T. H. George jr, *The Life of Henry George*, New York, 1911）

〔美〕西華德：《西華德環球旅行記》（*W. H. Sewards Ttavels around the Word*, ed. by O. R. Seward. New York,1973）

〔美〕威廉·弗特：《生存之路》（William Vogét, *Road to survival*, Gollancz, London, 1949）

作者介紹

羅福惠

一九四五年生，湖北武漢人。一九六三年考入華中師範大學中文系，一九六八年畢業。一九七九年考入華中師範學院歷史系章開沅先生門下研究中國近代史，一九八二獲歷史學碩士學位，後留校任教，一九八六年評為副教授，一九九一年任教授，一九九五年開始擔任博士生指導教師。研究領域主要涉及辛亥革命史、近代思想文化史、中日關係史、地域文化史等。曾獲准承擔國家社科基金課題兩項；（本課題外，另一課題為「中國近代民族主意研究」）；教育部一般課題兩項；教育部人文社會科學基地重大專案兩項；省級課題三項；台北蔣經國文教基金課題一項。二十年來在境內外發表相關論文近百篇，出版專著十餘種，另有多種編著和譯著。代表性著作有：

《章太炎思想研究》（與唐文權合著，一九八六）；

《國情、民性與近代化——以中日文化為中心》（獨著，一九八八）。；

《比較中的審視：中國早期現代化研究》（與章開沅先生共同主編，一九九三）；

《湖北近三百年學術文化》（獨著，一九九四）；

《中國民族主義思想論稿》（獨著，一九九六）；

《湖北通史》（與章開沅先生共同主編，全八卷，獨撰其中的晚清卷，一九九九）；

《辛亥時期的菁英文化研究》（獨著，二〇〇一）；

《長江流域的近代社會思潮》（獨著，二〇〇四）；

《戰中戰後；戰爭體驗和日本的中國研究》（譯著，二〇〇五）；
《辛亥革命資料新編》（主編其中兩本中文資料，一本日文檔案，二〇〇六）等。

薩依德精選Edward W. Said

當代最傑出的文化評論家
西方學術界卓然特立的知識份子典型
以東方學論述開啓二十世紀末葉後殖民思潮

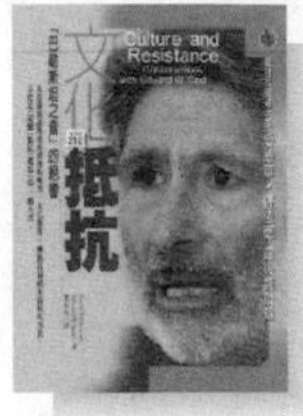

文化與抵抗

沒有種族能獨占美、智與力，
在勝利的集合點上，
所有種族都會有一席之地。

聯合報讀書人最佳書獎
讀書人版、誠品好讀書評推薦
ISBN: 986-7416-04-X
定價：300元

鄉關何處

薩依德的流離告白

美國紐約客雜誌年度最佳書獎
2000年紐約書獎
安尼斯菲爾德一伍夫書獎。

聯合報讀書人最佳書獎、中時開卷版、誠品好讀、自由時報副刊書評推薦
ISBN: 957-0411-04-X
定價：350元

遮蔽的伊斯蘭

西方媒體眼中的穆斯林世界

任何人若想要知道西方與去殖民化世界之關係，就不能不讀本書。
──《紐約時報書評》

聯合報讀書人最佳書獎、讀書人版、開卷版、誠品好讀書評推薦
ISBN: 957-0411-55-4
定價：320元

文化與帝國主義

這本百科全書式的作品，極實際地觸及歐洲現代史的每件重大帝國冒險行動，以史無前例的細膩探討19世紀法國、英國殖民系統的謀略，橫跨小說、詩歌、歌劇至當代大眾媒體的文化生產領域。
──London Review of Books

聯合報讀書人最佳書獎
中時開卷版書評推薦
ISBN: 957-0411-09-0
定價：460元

東方主義

後殖民主義是20、21世紀之交影，
全球的社會人文領域裡，
最普遍與最深遠的一股思潮
本書是知識份子與一般讀者必讀的經典。

聯合報讀書人最佳書獎、中時開卷版、誠品好讀書評推薦
ISBN: 957-8453-72-8
定價：450元

大師作品

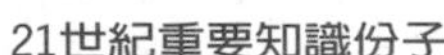

21世紀重要知識份子

杭士基Noam Chomsky

我有一艘小船，所以被稱為海盜；
你有一支海軍，所以被稱為皇帝。

海盜與皇帝

中時開卷版、誠品好讀書評推薦
ISBN: 978-986-6513-35-0
定價：350元

世界上有許多恐怖主義國家，
但是美國特殊之處在於，
官方正式地從事國際恐怖主義
規模之大讓對手相形見絀。

羅洛．梅 Rollo May

愛與意志

生與死相反，
但是思考生命的意義
卻必須從死亡而來。

ISBN:978-957-0411-23-2
定價：380元

自由與命運：羅洛．梅經典

生命的意義除了接納無
可改變的環境，
並將之轉變為自己的創造外，
別無其他。

中時開卷版、自由時報副刊
書評推薦
ISBN:978-986-6513-93-0
定價：360元

創造的勇氣：羅洛．梅經典

若無勇氣，愛即將褪色，
然後淪為依賴。
如無勇氣，忠實亦難堅持，
然後變為妥協。

中時開卷版書評推薦
ISBN:978-986-6513-90-9
定價：230元

權力與無知：羅洛．梅經典

暴力就在此處，
就在常人的世界中，
在失敗者的狂烈哭聲中聽到
青澀少年只在重蹈歷史的覆轍。

ISBN:978-986-360-068-8
定價：350元

哭喊神話

呈現在我們眼前的....
是一個朝向神話消解的世代。
佇立在過去事物的現代人，
必須瘋狂挖掘自己的根，
即便它是埋藏在太初
遠古的殘骸中。

ISBN:978-986-360-075-6
定價：380元

焦慮的意義

焦慮無所不在，
我們在每個角落
幾乎都會碰到焦慮，
並以某種方式與之共處。

聯合報讀書人書評推薦
ISBN:978-986-7416-00-1
定價：420元

尤瑟夫．皮柏 Josef Pieper

二十世紀最重要的哲學著作之一

閒暇：一種靈魂的狀態 誠品好讀重量書評推薦

Leisure, The Basis of Culture
德國當代哲學大師經典名著

本書摧毀了20世紀工作至上的迷思，
顛覆當今世界對「閒暇」的觀念

閒暇是一種心靈的態度，
也是靈魂的一種狀態，
可以培養一個人對世界的關照能力。

ISBN:978-986-6513-09-1
定價：250元

序號	書名	售價	訂購
政治與社會			
A0001	民族國家的終結	300	
D0070	信任：社會德性與經濟繁榮	390	
D0039-1	人棋盤：全球戰略大思考	280	
A0008	資本主義的未來	350	
A0009-1	新太平洋時代	300	
A0010	中國新霸權	230	
CC0047-1	群眾運動聖經	280	
CC0048	族群	320	
CC0049	王丹訪談	250	
D0003-1	改變中的全球秩序	320	
D0027	知識份子	220	
D0013	台灣社會典範的轉移	280	
D0015	親愛的總統先生	250	
CC0004	家庭論	450	
CC0019	衝突與和解	160	
啟蒙學叢書			
B0001	榮格	195	
B0002	凱因斯	195	
B0003	女性主義	195	
B0004-1	弗洛依德	250	
B0006	法西斯主義	195	
B0007	後現代主義	195	
B0009	馬克思	195	
B0010	卡夫卡	195	
B0011	遺傳學	195	
B0013	畢卡索	195	
B0014	黑格爾	195	

序號	書名	售價	訂購
啟蒙學叢書			
B0015	馬基維里	195	
B0019	喬哀思	195	
B0021	康德	195	
B0023-1	文化研究	250	
B0024	後女性主義	195	
B0025-1	尼釆	250	
B0026	柏拉圖	195	
生活哲思			
CA0002	孤獨	350	
CA0012	隱士:透視孤獨	320	
CA0005-1	四種愛:親愛·友愛·情愛·大愛	200	
CA0006	情緒療癒	280	
CA0007-1	靈魂筆記	400	
CA0008	孤獨世紀末	250	
CA0023-1	克里希那穆提:最初與最後的自由	310	
CA0011	內在英雄	280	
CA0015-1	長生西藏	230	
CA0017	運動	300	
CC0013-1	生活的學問	250	
CB0003	坎伯生活美學	360	
CC0001-1	簡樸	250	
CC0003-1	靜觀潮落	450	
CI0001-2	美好生活:貼近自然·樂活100	350	
CC0024	小即是美	320	
CC0025	少即是多	360	
CC0039	王蒙自述-我的人生哲學	280	

序號	書名	售價	訂購	序號	書名	售價	訂購
心理				**宗教·神話**			
CA0001	導讀榮格	230		CD0010	心靈的殿堂	350	
CG0001-1	人及其象徵:榮格思想精華	390		CD0011	法輪常轉	360	
CG0002-1	榮格心靈地圖	320		CD0014	宗教與神話論集	420	
CG0003-1	大夢兩千天	360		CD0017	近代日本人的宗教意識	250	
CG0004	夢的智慧	320		CD0018-1	耶穌在西藏:耶穌行蹤成謎的歲月	320	
CG0005-1	榮格・占星學	320		D0011	全球倫理與宗教對話	250	
CA0013-1	自由與命運:羅洛・梅經典	360		E0008	天啓與救贖	360	
CA0014	愛與意志	380		E0011	宗教道德與幸福弔詭	230	
CA0016-1	創造的勇氣:羅洛・梅經典	230		CD0029	宗教哲學--佛教的觀點	400	
CA0019-1	哭喊神話:羅洛・梅經典	380		CD0023-1	達賴喇嘛說般若智慧之道	280	
CA0020-1	權利與無知:羅洛・梅經典	350		CD0024-1	達賴喇嘛在哈佛：論四聖諦、輪迴和敵人	320	
CA0021	焦慮的意義	420		CD0025-1	達賴喇嘛說幸福之道	300	
CA0022	邱吉爾的黑狗	380		CD0026-1	一行禪師 馴服內在之虎	200	
宗教·神話				CD0027-1	時輪金剛沙壇城:曼陀羅	350	
CB0001-1	神話的力量	390		CD0005-1	達賴喇嘛說慈悲帶來轉變	280	
CB0002-2	神話的智慧	390		CD0002	生命之不可思議	230	
CB0004	千面英雄	420		CD0013-1	藏傳佛教世界：西藏佛教的哲學與實踐	250	
CB0005-1	英雄的旅程	420		CA0018	意識的歧路	260	
CD0007-1	神的歷史：猶太教、基督教、伊斯蘭教的歷史	460		**哲學**			
CD0016-1	人的宗教：人類偉大的智慧傳統	400		CK0006	真理的意義	290	
CD0019	宗教經驗之種種	420		CJ0003	科學與現代世界	250	
CD0028	人的宗教向度	480		E0002	辯證的行旅	280	
CD0022	下一個基督王國	350		E0009	空性與現代性	320	
CD0001-1	跨越希望的門檻(精)	350		E0010	科學哲學與創造力	260	
CD0008	教宗的智慧	200		CK0001-1	我思故我笑(第二版)	199	
CD0004-1	德蕾莎修女：一條簡單的道路	210		CK0002	愛上哲學	350	
CD0009-1	一行禪師：活的佛陀・活的基督	230		CK0004	在智慧的暗處	250	

序號	書名	售價	訂購
哲學			
CK0005	閒暇:一種靈魂的狀態	250	
CC0020-1	靈知天使夢境	250	
CC0021-1	永恆的哲學	300	
CC0022	孤兒.女神.負面書寫	400	
CC0023	烏托邦之後	350	
CC0026-1	愛情的正常性混亂:一場浪漫的社會謀反	380	
CC0041	心靈轉向	260	
CC0030	反革命與反叛	260	
文學·美學			
CC0043	影子大地	290	
CC0035	藍:一段哲學的思緒	250	
CA0003-1	Rumi在春天走進果園(經典版)	360	
CC0029-1	非理性的人:存在主義研究經典	380	
CC0015-1	深河(第二版)	320	
CC0031-1	沉默(電影版)	350	
CC0103	武士	390	
CC0002	大時代	350	
CC0051	卡夫卡的沉思	250	
CC0050	中國文學新境界	350	
CC0033	在文學徬徨的年代	230	
CC0017	靠岸航行	180	
CC0018	島嶼巡航	130	
CC0012-1	反美學:後現代論集	300	
CC0011-2	西方正典(全二冊)	720	
CC0053	俄羅斯美術隨筆	430	
CC0037-2	柏林來的藝術家(2017增訂新版)	380	
CE0001	孤獨的滋味	320	

序號	書名	售價	訂購
文學·美學			
CE0002	創造的狂狷	350	
CE0003	苦澀的美感	350	
CE0004	大師的心靈	480	
CJ0001	回眸學衡派	300	
CJ0002	經典常談	120	
E0006	戲曲源流新論	300	
E0007	差異與實踐	260	
文化與人類			
CC0010	文化與社會	430	
CC0040-1	近代日本的百年情結:日本人論	450	
CC0016	東方主義	450	
CC0027	鄉關何處	350	
CC0028	文化與帝國主義	460	
CC0044	文化與抵抗	300	
CC0032	遮蔽的伊斯蘭	320	
CC0045-1	海盜與皇帝	350	
D0023-1	遠離煙硝	330	
CC0036	威瑪文化	340	
CC0046	歷史學家三堂小說課	250	
D0026	荻島靜夫日記	320	
CC054-1	逃避主義:從恐懼到創造	380	
CD0020-1	巫士詩人神話	320	
CC0052	印第安人的誦歌	320	
CH0001	田野圖像	350	
D0009-2	在思想經典的國度中旅行	299	
D0012-1	速寫西方人文經典	299	
CC0008	文化的視野	210	

序號	書名	售價	訂購
文化與人類			
CC0009-2	生命的學問12講	300	
CC0055-1	向法西斯靠攏	460	
D0025-1	綠色經濟：綠色全球宣言	380	
D0028-1	保守主義經典閱讀	400	
CC0096	道家思想經典文論	380	
E0004	文化的生活與生活的文化	300	
E0005	框架內外	380	
歷史·傳記			
CC0038	天才狂人與死亡之謎	390	
CC0034-2	上癮五百年	350	
CC0042	史尼茨勒的世紀	390	
CK0003	墮落時代	280	
CF0001	百年家族-張愛玲	350	
CF0002	百年家族-曾國藩	300	
CF0004	百年家族-胡適傳	400	
CF0007	百年家族-盛宣懷	320	
CF0009	百年家族-顧維鈞	330	
CF0010	百年家族-梅蘭芳	350	
CF0011	百年家族-袁世凱	350	
CF0012	百年家族-張學良	350	
CF0014	百年家族-梁啓超	320	
CF0015	百年家族-李叔同	330	
CF0016	梁啓超和他的兒女們	320	
CF0017	百年家族-徐志摩	350	
CF0018	百年家族-康有爲	320	
CF0019	百年家族-錢穆	350	

序號	書名	售價	訂購
歷史·傳記			
CF0020	林長民、林徽因	350	
CF0024	百年家族-李鴻章	360	
CF0025	李鴻章傳	220	
CF0026	錢幣大王--馬定祥傳奇	390	
CF0003-1	毛澤東的性格與命運	300	
CF0013-1	毛澤東與文化大革命	350	
CF0005	記者：黃肇珩	360	
CF0008	自由主義思想大師：以撒·柏林傳	400	
CF0021	弗洛依德(1)	360	
CF0022	弗洛依德(2)	390	
CF0023	弗洛依德(3)	490	
人文行旅			
T0001	藏地牛皮書	499	
T0002	百年遊記（I）	290	
T0003	百年遊記（II）	290	
T0004	上海洋樓滄桑	350	
T0005	我的父親母親（父）	290	
T0006	我的父親母親（母）	290	
T0007	新疆盛宴	420	
T0008	海德堡的歲月	300	
T0009	沒有記憶的城市	320	
T0010	柏林人文漫步	300	
經典解讀			
D0001-1	論語解讀(平)	420	
D0016-1	老子解讀(平)	300	
D0017-1	孟子解讀(平)	380	
D0014-1	莊子解讀(平)	499	

序號	書名	售價	訂購
D0018-1	易經解讀(平)	499	
D0057	大學・中庸解讀	280	
D0019	易經–傅佩榮解讀(精)	620	
D0020	莊子–傅佩榮解讀(精)	620	
D0022	論語–傅佩榮解讀(精)	500	
D0021	老子–傅佩榮解讀(精)	420	
D0024	孟子–傅佩榮解讀(精)	500	
D0006	莊子(黃明堅解讀)	390	
大學堂			
D0010	品格的力量(完整版)	320	
D0047	品格的力量(精華版)	190	
D0002-1	哈佛名師的35堂課	380	
F0001	大學精神	280	
F0002	老北大的故事	295	
F0003	紫色清華	295	
F0004-1	哈佛名師教你如何讀大學	300	
F0005	哥大與現代中國	320	
F0006-1	百年大學演講精選	320	
F0007-1	大師與門徒：哈佛諾頓講座	250	
分享系列			
S0001-2	115歲，有愛不老	280	
S0002	18歲，無解	150	
S0003	小飯桶與小飯囚	250	
S0004	藍約翰	250	
S0005	和平:諾貝爾和平獎得主的故事	260	
S0006	扇門打開的聲音–我為什麼當老師	300	

訂購人：＿＿＿＿＿＿＿＿

寄送地址：

□□□

聯絡電話:(請詳填可聯繫方式)

(O) ＿＿＿＿＿＿＿＿

(H) ＿＿＿＿＿＿＿＿

手機 ＿＿＿＿＿＿＿＿

發票方式：

□ 抬頭：＿＿＿＿＿＿＿＿

□(二聯) □(三聯) ＿＿＿＿＿＿＿＿
統一編號

訂購金額：＿＿＿＿＿＿＿＿元

郵資費：

□免 / □ 元(未滿1500元者另加)

應付總金額：＿＿＿＿＿＿＿＿元

訂購備註：

(訂購單請連同劃撥收據一起傳真)

訂購請洽：立緒文化事業有限公司

電話：02-22192173　傳真：02-22194998

地址：231新北市新店區中央新村六街62號

立緒文化事業有限公司　信用卡申購單

■信用卡資料

信用卡別（請勾選下列任何一種）

□VISA　□MASTER CARD　□JCB　□聯合信用卡

卡號：________________

信用卡有效期限：______年______月

訂購總金額：________________

持卡人簽名：________________（與信用卡簽名同）

訂購日期：______年______月______日

所持信用卡銀行________________

授權號碼：________________（請勿填寫）

■訂購人姓名：________________性別：□男□女

出生日期：______年______月______日

學歷：□大學以上□大專□高中職□國中

電話：________________　職業：________________

寄書地址：□□□

____

■開立三聯式發票：□需要　□不需要（以下免填）

發票抬頭：________________

統一編號：________________

發票地址：________________

■訂購書目：

書名：________、______本。書名：________、______本。

書名：________、______本。書名：________、______本。

書名：________、______本。書名：________、______本。

共______本，總金額________________元。

⊙請詳細填寫後，影印放大傳真或郵寄至本公司，傳真電話：(02)2219-4998

國家圖書館出版品預行編目 (CIP) 資料

黃禍再現 / 羅福惠著. — 三版. — 新北市：立緒文化，民 109.03
面； 公分. --（新世紀叢書）
ISBN 978-986-360-152-4（平裝）

1. 民族誌 2. 民族性 3. 亞洲

730.39 109001960

黃禍再現

出版——立緒文化事業有限公司（於中華民國 84 年元月由郝碧蓮、鍾惠民創辦）
作者——羅福惠

發行人——郝碧蓮
顧問——鍾惠民

地址——新北市新店區中央六街 62號 1 樓
電話—— (02) 2219-2173
傳真—— (02) 2219-4998
E-mail Address—— service@ncp.com.tw
劃撥帳號——1839142-0號 立緒文化事業有限公司帳戶
行政院新聞局局版臺業字第 6426 號

總經銷——大和書報圖書股份有限公司
電話—— (02) 8990-2588
傳真—— (02) 2290-1658
地址——新北市新莊區五工五路 2 號
排版——伊甸電腦排版有限公司
印刷——祥新印刷股份有限公司

法律顧問——敦旭法律事務所吳展旭律師

分類號碼—— 730.39
ISBN—— 978-986-360-152-4
出版日期——中華民國 96 年 6 月初版 一刷（1~3,000）
中華民國 107年 1 月二版 一刷（更換封面）
中華民國 109年 3 月三版 一刷（更換封面）

定價◎ 380 元 立緒

大都文化 閱讀卡

姓　名：

地　址：□□□

電　話：（　　）　　　傳　眞：（　　）

E-mail：

您購買的書名：________________

購書書店：__________市（縣）__________書店

■您習慣以何種方式購書？

□逛書店 □劃撥郵購 □電話訂購 □傳真訂購 □銷售人員推薦
□團體訂購 □網路訂購 □讀書會 □演講活動 □其他______

■您從何處得知本書消息？

□書店 □報章雜誌 □廣播節目 □電視節目 □銷售人員推薦
□師友介紹 □廣告信函 □書訊 □網路 □其他______

■您的基本資料：

性別：□男 □女　婚姻：□已婚 □未婚　年齡：民國______年次

職業：□製造業 □銷售業 □金融業 □資訊業 □學生
□大眾傳播 □自由業 □服務業 □軍警 □公 □教 □家管
□其他 ______________

教育程度：□高中以下 □專科 □大學 □研究所及以上

建議事項：

愛戀智慧 閱讀大師

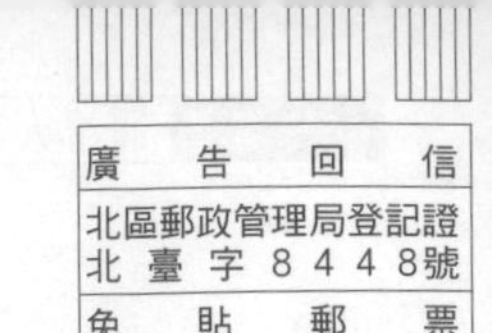

立緒文化事業有限公司 收

新北市 231

新店區中央六街62號一樓

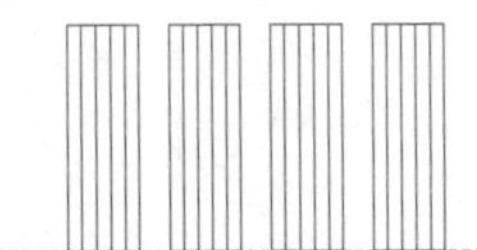

請沿虛線摺下裝訂，謝謝！

感謝您購買立緒文化的書籍

為提供讀者更好的服務，現在填妥各項資訊，寄回閱讀卡（免貼郵票），或者歡迎上網http://www.facebook.com/ncp231 即可收到最新書訊及不定期優惠訊息。